최후의 무사 신센구미

최후의 무사

신센구미

오이시 마나부 지음 · 이원우 옮김

논형

新選組 大石學 著, 中央公論

SHINSENGUMI
© 2004 OISHI Manabu

Originally published 2004 by Chuokoron-Shinsha Inc., Tokyo
This Korean language edition published 2009 by Nonhyung, Seoul
by arrangement with the proprietor c/o Chuokoron-Shinsha Inc., Tokyo

최후의 무사 **신센구미**

지은이 오이시 마나부
옮긴이 이원우

초판 1쇄 발행 2009년 11월 10일
초판 2쇄 발행 2019년 7월 15일

펴낸이 소재두
펴낸곳 논형

등록번호 제2003-000019호
등록일자 2003년 3월 5일
주 소 서울시 영등포구 양산로 19길 15 원일빌딩 204호
전 화 02-887-3561
팩 스 02-887-6690

ISBN 978-89-6357-403-5 94910
값 15,000원

이 도서의 국립중앙도서관 출판시도서목록(CIP)은
e-CIP 홈페이지(http://www.nl.go.kr/ecip)에서 이용하실 수 있습니다.
(CIP제어번호: CIP2009002206)

여기 곤도 이사미近藤勇와 히지카타 도시조土方歳三의 사진이 있다. 곤도는 하오리하카마羽織袴를 입고 칼 걸이를 뒤로한 채 다다미 위에 앉아 있는 반면, 히지카타는 머플러를 목에 감고 양복을 입고 의자에 앉아 있다.

곤도 이사미(상) 히지카타 도시조(하)

사진이 촬영된 날짜와 시간은 확인할 길이 없지만, 이 두 사진은 그들이 살다간 격동의 시대를 상징하고 있다.

곤도와 히지카타는 다마多摩의 농민에서 낭사浪士, 아이즈會津번 위탁, 막신幕臣을 거쳐 도쿠가와가德川家의 가신이 되었다. 이들 중에 새로운 국가·사회를 보다 가까이에서 생각할 수 있는 기회를 얻은 사람은 히지카타일 것이다. 그는 일 년 정도 더 연명해서 신정부군에 대항하는 오우에쓰열번동맹奧羽越列藩同盟을 직접 목격하고 하코다테箱館 정부에 참가했다. 우연히 남겨진 두 사람의 사진이기는 하지만 히지카타의 양복 입은 모습을 보니 그런 생각이 든다.

막말유신이라는 동란은 20~30대 젊은이들을 신국가의 구상과 건설에 참여하게 한 '정치의 계절'이었다. 일본 전통 의상과 양복 차림의 두 장의 사진은 이 시기를 힘껏 살아온 젊은이들의 모습이기도 하다.

  1853년(가에이[嘉永] 6) 6월 3일 페리의 내항을 기점으로 1869년(메이지[明治] 2) 5월 18일 하코다테의 고료카쿠五陵廓가 함락될 때까지 막말유신기는 다양한 국가 구상이 제시되고, 그 이념하에서 정치 투쟁이나 대규모 전쟁이 전개된 일본 역사상 유명한 동란기였다. 이러한 시기에 출현해 사라져 간 신센구미 新選組는 어떠한 집단이었으며, 역사적 의의는 무엇인지를 규명하는 것이 이 책의 과제다. ① 신센구미 탄생의 역사적 전제(신센구미 초창기의 중심 구성원이 다마와 에도 지역과 관련이 있는 것은 어떤 이유인가) ② 신센구미 활동의 정치적 기반(왜 신센구미는 교토에서 활약할 수 있었는가) ③ 신센구미 조직의 근대성(신센구미는 '무사 중의 무사', '최후의 무사'였는가) 등에 초점을 맞추어 검토하고자 한다. 이를 위해 다음과 같은 시각 과 방법을 사용한다.

  이 책에서는 신센구미의 전신인 로시구미浪士組 시대를 포함해 신센구미 의 생성, 전개 과정을 동지적 결합에서 조직화, 관료화의 과정으로서 파악하 는 시각을 견지하고 있다. 이로써 신센구미가 지닌 조직적 합리성, 근대성을 명백히 밝힐 수 있으며, 종래와는 다른 신센구미의 실상을 제시할 것이다.

  방법으로는 기쿠치 아키라菊地明 · 이토 세이로伊東成郎 · 야마무라 다쓰야 山村竜也 편 『신센구미일지新選組日誌』 상上 · 하下(新人物往來社)를 비롯해 각종 사료 및 각지의 지역 사료, 나아가 새로운 연구 성과 등을 활용해 새롭게 신센구미 의 역사를 확인하고자 한다. 현재 신센구미에 관한 다수의 간행물을 볼 수 있는데, 그 대부분이 출전을 제시하지 않아 구전되는 내용, 창작, 사실 등이 혼재된 실정이다. 이 책이 전편에 걸쳐 자세하게 주를 단 것은 무엇을 근거로 집필했는지를 밝히기 위해서다. 이 책이 신센구미에 관한 사료나 사실의 공유화를 위한 첫걸음이 됨과 동시에 새로운 신센구미상, 막말유신상의 구축에 일조할 수 있기를 바란다.

머리말 · 5

서장 | 신센구미의 시대

1장 | 다마와 에도

2장 | 로시구미 결성에서 이케다야사건까지

3장 | 혼미하는 교토 정국

신센구미의 시대

1. 개국론 대 양이론

서양의 충격

이 장에서는 신센구미가 탄생하여 활동한 시대에 대해 당시 전개된 상반되는 국가 구상론을 중심으로 개관하고자 한다. 1853년(가에이[嘉永] 6) 6월 3일 페리의 내항과 다음해(안세이[安政] 1) 3월 3일 미일화친조약의 체결은 그야말로 '서양의 충격western impact'을 나타내는 상징이며 250년 동안 이어진 '도쿠가와의 평화Pax tokugawana'를 뿌리째 뒤흔드는 것이었다.

1856년 7월 21일, 미일화친조약에 따라 미국 총영사 해리스는 시모다(시즈오카현 시모다시)에 상륙해 다음해 10월에는 통상무역을 막부에 요구했다. 12월 13일 선임로주 홋타 마사요시堀田正睦(사쿠라번주)는 통상조약을 체결해야만 한다는 취지를 조정에 전달하고 같은 달 29일에 조약체결의 가부를 다이묘들에게 자문했다.

그러나 이러한 행위는 전대미문의 조치였으며, 이후 조정과 다이묘들은 국정에 대한 발언권을 강화해 국론은 '개국론'과 '양이론'으로 나뉘었다.

때마침 막부에서는 13대 장군 도쿠가와 이에사다德川家定의 후계를 둘러싸고 기슈紀州번주 도쿠가와 요시토미德川慶福(후일의 이에모치[家茂])를 지지하는 기슈파紀州派와 히토쓰바시 요시노부─橋慶喜를 지지하는 히토쓰바시파─橋派가 대립하고 있었다. 기슈파는 이이 나오스케井伊直弼(히코네번주) 등 후다이다이묘譜代大名[1]를 중심으로 이에사다의 혈연인 요시토미를 추대했으며, 히토쓰바시파는 마쓰다이라 요시나가松平慶永(후쿠이번주), 시마즈 나리아키라島津齊彬(사쓰마번주) 등 가문家門(삼개三家[2] 이외의 일족다이묘)과 도자마다이묘外樣大名[3]를 중심으로 막부전제를 비판하며, 총명하다고 소문이 자자하던 히토쓰바시 요시노부를 추대하고 있었다.

다이로 이이의 정치

1858년 정월 8일, 로주老中인 홋타 마사요시의 교토행이 결정되고 2월 9일, 미일수호통상조약의 칙허를 조정에 상주했지만 양이를 주장하는 고메이孝明천황은 이를 거부했다.

4월 23일, 기슈파의 지지를 얻어 이이 나오스케가 다이로大老에 취임하자 이이는 이노우에 기요나오井上淸直, 이와세 다다나리岩瀨忠震를 파견하여

---

1 에도 시대, 세키가하라(関ヶ原)전투 전부터 도쿠가와(德川)의 가신이었던 다이묘들. 전국의 요지에 배치되고, 막부의 요직을 독점했다(역자주).
2 도쿠가와 이에야스(德川家康)의 9남 요시나오(義直)를 시조로 하는 비슈가(尾州家), 10남인 요리노부(頼宣)를 시조로 하는 기슈가(紀州家), 11남 요리후사(頼房)를 시조로 하는 미토가(水戸家)를 가리킴. 에도 시대에는 고산케(御三家)라 해서 존칭으로 사용되었고, 지금도 학계에선 일반적으로 고산케로 표기하지만, 마찬가지로 고로주(御老中)라고 존칭되었던 로주(老中)는 고로주로 표기하지 않으므로, 이 책에서는 삼가(三家)라고 표기한다. 고산쿄(御三卿)도 마찬가지로 산쿄(三卿)라고 한다(역자주).
3 에도 막부에서 신판(親藩)·후다이(譜代) 이외의 다이묘. 주로 세키가하라전투 이후에 도쿠가와에게 신하의 예(臣從)를 표한 다이묘들이다.

칙허 없이 6월 19일에 가나가와만에 정박해 있던 포화탄호[4]에서 해리스와 통상조약을 체결했다. 조약 내용은, 하코다테·가나가와·나가사키·니가타 ·효고의 5개 항구 개항과 자유무역 등이었는데 영사재판권의 규정, 관세자 주권의 부정, 편무적 최혜국대우의 존속 등 불평등한 요소를 포함하고 있었 다. 이 조약은 칙허를 얻지 못한 채 체결되었기 때문에 가조약이라고 불리기 도 했다. 조약체결의 결과 이이의 정치에 대한 비판이 고조됨과 동시에 양이 론과 존왕론이 급속히 가까워졌다.

6월 24일, 히토시파의 도쿠가와 나리아키德川齊昭(미토번주), 요시아쓰義篤 (나리아키의 아들), 도쿠가와 요시카쓰德川慶勝(오와리번주), 마쓰다이라 요시나가 는 정식 등성일登城日이 아님에도 등성하여, 마침 등성일이었던 히토쓰바 시 요시노부(나리아키의 아들)와 함께 이이의 무칙허 조인에 항의했다. 이에 대해 이이는 25일 장군 후계자를 요시토미로 결정하고 7월 5일에는 도쿠 가와 나리아키 등을 근신, 등성정지 등에 처했다. 그 이후 막부는 네덜란 드, 러시아, 영국, 프랑스(이상 '안세이 5개국 조약'으로 불렸다), 포르투갈, 프러시아, 스위스, 벨기에, 이탈리아 등과 수호통상조약을 맺고, 개국노선을 실질적 으로 유지해 갔다.

안세이 연간의 대탄압과 사쿠라다문 밖의 변

이이는 더 나아가 히토쓰바시파와 존왕양이파(존양파)를 가혹하게 탄압했다. 1858년 9월 7일, 이이의 배척을 꾀했던 오바마번사小濱藩士 우메다 운핀梅田雲濱 을 교토에서 체포한 것을 시작으로(후일 옥사함), 다음해 4월 22일에는 존양급진 파 구게公家(귀족을 말함)인 고노에 다다히로近衛忠熙(좌대신), 다카쓰카사 스케히로

---

4 미 해군 증기선 포화탄(The Powhatan, 2400톤급)(역자주).

鷹司輔煕(우대신), 다카쓰카사 마사미치鷹司政通(전관백), 산조 사네쓰무三条実万(전내대신) 등을 처벌했다.

8월 27일에는 도쿠가와 나리아키를 미토번에서 영구칩거, 요시아쓰를 자택근신, 요시노부를 은거근신에 처하고, 10월 7일에는 후쿠이번사인 하시모토 사나이橋本佐内와 존양파 유학자인 라이 미키사부로頼三樹三郎 등 37명을 사형 또는 기타 형벌에 처했다. 나아가 10월 27일에는 조슈번사였던 요시다 쇼인 등 23명을 사형 또는 유배형에 처했다. 이러한 강압정치는 존왕파의 격렬한 반발을 불러 일으켜 1860년(안세이 7=만엔万延 원년) 3월 3일 등성 중이던 이이는 미토낭사 등 18명에게 암살되었다(사쿠라다문 밖의 변).

2. 공무합체론 대 존왕양이론

공무합체론의 등장

이이의 사후 막부 정치幕政를 주도한 사람은 로주인 구제 히로치카久世広周(세키야도번주)와 안도 노부마사安藤信正(이와키타이라번주)였다. 그들은 막부전제에서 조정의 권위와 결부시켜 막부를 재건하는 공무합체로 노선을 전환했다.

1860년 9월 4일에 공무합체의 상징으로 고메이 천황의 이복여동생인 가즈노미야和宮와 장군 이에모치의 혼인을 발표했다. 고메이 천황은 이 혼인을 가즈노미야와 아리스가와노미야 다루히토 친왕有栖川宮熾仁親王의 약혼 등을 이유로 일단은 거부했지만, 이와쿠라 도모미岩倉具視의 건의로 양이를 조건으로 승낙한 것이었다.

존양과격파운동의 고조

그러나 존양과격파는 막부의 공무합체 노선을 혹독하게 비판했다. 12월 5일 존양과격파 낭사는 미국 공사관의 통역관인 네덜란드인 휴스켄을 미타三田(현 미나토구)에서 참살했으며, 다음해인 1861년 5월 28일에는 미토번 낭사 등 14명이 다카나와東輪에 있는 도젠지東禪寺의 영국 공사관을 습격해 서기관 올리펀트Laurence Oliphant(1829~1888)와 나가사키 영사 모리슨에게 부상을 입히는 사건을 일으켰다(도젠지사건).

1862년 정월 15일에는 미토번사 등 존양과격파 6명이 에도성 사카시타문坂下門 밖에서 로주인 안도 노부마사安藤信正에게 부상을 입혔다(사카시타문밖의 변). 3월 6일에는 조슈번에서 개국 문제로 공무합체를 도모하는 '항해원략책航海遠略策'을 주장하며 막부와 조정 사이를 주선하던 나가이 우타長井雅楽가 존양과격파인 구사카 겐즈이久坂玄瑞에게 혹독하게 비판당했다(다음해에 할복함). 7월 6일에는 번론藩論을 파약양이破約攘夷(개항 약속을 파기하고 양이를 실행하는 것)로 전환했다.

8월 21일에는 사쓰마번의 시마즈 히사미쓰島津久光(번주인 다다요시의 부) 일행이 에도에서 교토로 귀환하던 중 사건이 발생했다. 이들이 무사시노쿠니武蔵国 다치바나군橘樹郡 나마무기촌生麦村(현 요코하마시 쓰루미구)에서 말을 탄 영국인 4명과 조우했을 때, 호위 중이던 무사가 한 명을 즉사시키고 세 명에게 부상을 입혔다(나마무기사건).

12월 12일에는 조슈번 존양과격파인 다카스기 신사쿠高杉晉作 등이 에도 시나가와의 고텐야마에 있는 영국 공사관을 습격했다.

로시구미의 결성

막부를 중심으로 하는 공무합체파는 존양과격파의 움직임에 대항해 1862

년 7월 6일에 히토쓰바시 요시노부를 장군후견직(장군보좌역)에, 9일에는 마쓰다이라 요시나가松平慶永를 정사총재직政事総裁職(막부정치의 주도역)에, 그리고 윤8월 1일에는 마쓰다이라 가타모리松平容保(아이즈번주)를 교토슈고쇼쿠(교토쇼시다이, 오사카조다이, 인근다이묘를 지휘)에 각각 임명하여 체제를 강화했다.

더 나아가 막부는 민간의 무력을 이용하여 로시구미浪士組를 결성했다. 1863년 2월 4일, 에도 고이시카와小石川(현 분쿄구)의 덴쓰인傳通院에 막부의 모집에 응하여 낭사 이백 수십 명이 집합했다. 에도 우시고메牛込(현 신주쿠구)에 있는 천연이심류天然理心流 도장인 시위장(試衛館)의 곤도 이사미近藤勇와 히지카타 도시조土方歲三 등도 참가했다. 참고로 '시위試衛'라는 도장명이 등장하는 사료는 다마군多摩郡 렌코지촌蓮(連)光寺村(도쿄도 다마시) 촌장인 도미자와 마사히로富澤政恕의 일기와 고지마 시카노스케小島鹿之助의 『양웅사전兩雄士傳』에 나오는 '호는 시위試衛'의 '시위장試衛場'뿐이며, '시위관試衛館'이라는 명칭은 확인할 수가 없다고 전해진다.[5] 따라서 이 책에서는 '시위장'이라고 표기한다.

로시구미를 지휘하는 자는 쇼나이번庄内藩의 향사郷士(주조가[酒造家])로 막부의 학문소인 쇼헤이코昌平黌에서 수학한 존양가인 기요카와 하치로清河(川)八郎와, 막부의 무예연습소인 강무소講武所의 막신 야마오카 데쓰타로山岡鐵太郎(鐵舟) 등이었다. 로시구미는 1863년 2월 8일에 에도를 출발하여 나카센도中仙道를 거쳐 23일에 교토에 도착했다.

교토에 도착하자마자 기요카와는 조정에 건의를 하는데, 그 내용은 막부보다도 우선 천황에게 충성을 다하자는 것이었다. 이에 놀란 막부는 급히 에도로 귀환하라는 명령을 내렸는데 기요카와의 주장을 지지해 간토로 돌아가

---

5 多摩市教育委員会・パルテノン多摩共同企画 展, 『新選組の人々と旧富澤家』7쪽; 小島政孝, 「天然理心流近藤勇への系譜」, 『新撰組!展』, 24쪽.

양이실행을 목표로 하자는 다수파와, 장군을 위해 교토에 머물며 시중경비를 계속할 것을 주장하는 세리자와 가모芹澤鴨와 곤도 등의 소수파가 대립했다.

이로부터 며칠 후인 3월 4일 공무합체를 위해 장군 이에모치가 상경했다. 10일에 막부는 곤도 등 교토잔류파 17명을 아이즈번의 위탁(오아즈카리御預)으로 명해, 곤도 등은 계속해서 교토 시중경비에 임하게 되었다.

존양과격파운동의 절정

곤도 등이 교토에 잔류했던 1863년은 공무합체파와 존양과격파가 격돌한 해였다. 고메이 천황은 공무합체론과 양이론 양 측에 이해를 표시해, 3월 5일 장군의 대리인으로 입궐한 장군후견직 히토쓰바시 요시노부에게는 (장군에게) 정무를 위임한다는 칙서를 내린 한편, 3월 11일에는 간바쿠関白6 이하의 귀족과 장군 이에모치 이하의 여러 다이묘를 거느리고 가미가모上賀茂 신사, 시모가모下鴨 신사에 참배하고, 4월 11일에는 단독으로 이와시미즈石清水 신사에 들러 각각 양이기원을 하였다. 막부는 5월 10일을 양이실행 기한이라고 답해, 존양과격파운동은 절정을 맞이했다.

그리고 5월 10일 당일, 아무런 조치도 취하지 않는 막부와는 달리 조슈번은 시모노세키(현 야마구치현 시모노세키시)에서 미국상선을 포격하고, 23일에는 프랑스함, 26일에는 네덜란드함을 공격했다. 7월 2일에는 사쓰마번도 가고시마만에서 영국함대와 교전했다(사쓰마 - 영국전쟁).

8월 13일에는 존양파의 압력에 의해 고메이 천황의 양이기원과 친정을 목적으로 하는 야마토 행차가 포고되었다. 17일에는 존양급진파 구게인公家人

---

6 성인이 된 후의 천황을 보좌해서 정무를 통괄했던 중직, 또는 그 직에 있는 사람을 칭함. 헤이안 중기 후지와라노 모토쓰네(藤原基経)가 최초임. 게이오 3년 12월 9일(양력 1868년 1월 3일)의 왕정복고에 의해 폐지됨(역자주).

전시종 나카야마 다다미쓰中山忠光를 수령으로 한 존양과격파인 요시무라 도라타로吉村寅太郎, 마쓰모토 게이도松本奎堂 등이 야마토의 고조대관소五條代官所를 습격한 다음 조정의 직할지로 선언했다(덴추구미[天誅組]의 난). 10월 12일에는 후쿠오카번 존양과격파인 히라노 구니오미平野國臣 등이 존양급진파 구게인 사와 노부요시澤宣嘉를 옹립한 다음 이쿠노生野대관소를 점거했다(이쿠노의 변). 1864년 3월 27일에는 미토번의 존양과격파인 후지타 고시로藤田小四郎 등이 쓰쿠바산에서 거병을 했다(덴구토[天狗黨]의 난).

공무합체파의 반격과 신센구미

그러나 공무합체파도 반격을 시도했다. 1863년 8월 18일 새벽에 사쓰마, 아이즈 양 번은 궁궐御所을 철통같이 지킨 다음 나카가와노미야 아사히코친왕中川宮朝彦親王과 사쓰마번과 가까운 고노에 다다히로近衛忠熙, 기타 공무합체파 구게들을 입궐시켜 과격한 양이는 천황의 의사가 아니라며 종래의 조정의 방침을 일변시켰다. 천황의 야마토 행차는 중지되고 조슈번의 궁궐문 경비도 해임되었다. 공무합체파의 쿠데타였다(8·18정변). 그 후 도사, 요네자와, 비젠, 아와, 이나바 등의 번에도 군대를 이끌고 입궐하라는 명령이 하달되었다. 이 결과 조슈번은 교토에서 축출되었으며, 산조 사네토미三條實美 등 존양급진파 구게 7명도 조슈로 도망을 갔다(7경[卿]의 도망). 24일, 이 구게들은 관위가 박탈되고 이들과 연결된 구게들도 처벌되었다.

이날 곤도 이사미 등 로시구미 52명은 소매 부분에 흰 천을 댄 옅은 황색의 전투복을 입고, 성誠과 충忠이라는 글자를 새긴 등燈을 들고 출진해 조슈번이 도주했을 때에는 궁궐의 남문을 지켰다.[7]

---

7 『七年史』1, 続日本史籍協会叢書 1, 445쪽; 「島田魁日記」, 『新選組日記』, 190쪽.

이때의 공적을 인정받아 무가전주武家傳奏(막부와의 연락을 담당하는 조정 측 담당자)로부터 '신센구미'라는 부대명이 부여되었다. 신센구미의 성립은 바로 공무합체파의 반격 와중에 형성되었다.[8]

그 후 곤도 이사미와 히지카타는 9월 초에 부국장 니이미 니시키新見錦를 할복시키고 9월 18일에는 국장인 세리자와 가모를 암살하여 조직 내의 실권을 장악했다.

신센구미는 엄격한 규율 아래 교토 시중의 경비를 맡았으며, 존양과격파를 가혹하게 탄압하기 시작했다. 교토에서의 신센구미 활동에 대해 신센구미 대원이자 2번조 조장이었던 나가쿠라 신파치永倉新八는 회고록에서 "막부의 독수毒手"로 평했고, 고치현의 향토사 연구자인 마쓰무라 이와오松村巖는 "아이즈의 독수"라고 평했다.[9]

12월 30일에는 히토쓰바시 요시노부, 마쓰다이라 가타모리, 마쓰다이라 요시나가, 야마우치 도요시게山内豊信, 다테 무네나리(伊達宗城(우와지마번주) 등 공무합체파의 유력 다이묘들이 조정의 참여參與에 임명되어 참여회의가 설치되었다. 1864년 정월 13일에는 시마즈 히사미쓰도 임명되었다. 15일에는 장군 이에모치가 재상경하고, 2월 15일에는 요시나가가 교토슈고쇼쿠에, 가타모리가 군사총재직에 취임하는 등 공무합체파 체제가 강화되었다. 그 후 히토쓰바시 요시노부(금리수위총독(禁裏守衛總督)·섭해방어지휘(攝海防禦指揮)와 아이즈번(번주 가타모리는 교토슈고쇼쿠에 재임명), 구와나번桑名藩의 양 번으로 구성된 '일회상一會桑 권력'이 조정과의 관계를 강화하면서 교토 정국의 주도권을 잡아가고 있었다.[10]

---

8 島田魁, 「島田魁日記」, 『新選組日記』, 190쪽.
9 永倉新八, 『新装版·新撰組顛末記』, 新人物往来社, 1998년, 121, 123쪽; 松村巌, 「維新史談」菊池明·伊東成郎·山村龍也 편, 『新選組日誌·コンパクト版上』, 新人物往来社, 2003년, 116쪽.
10 井上勳, 「将軍空位時代の政治史」, 『史学雑誌』 제77편 11호, 1968년; 家近良樹, 『幕末政治と討幕運動』, 吉川弘文館, 1995년; 동 『孝明天皇と「一会桑」』, 文春新書, 2002년 외.

신센구미의 활동과 존양파의 괴멸

1864년 6월 5일, 존양과격파는 교토에서 세력을 만회하기 위해서 아사히코 친왕과 마쓰다이라 가타모리를 습격하기로 했다. 이를 탐지한 가타모리 휘하의 신센구미는 히토쓰바시, 아이즈, 구와나, 히코네彦根, 요도淀 등의 번들과, 교토 마치부교쇼京都町奉行所11 등과 협력하여 기온祇園, 기야마치木屋町, 산조거리三條通り그 밖의 장소를 일제히 수사했다.

이 과정에서 교토 가와라마치河原町 산조三条에 있는 여관 이케다야池田屋를 급습했고 조슈, 히고, 도사번 출신의 존양과격파 30명 중 다수를 살상 내지 체포했다(이케다야사건).

이에 대해 조슈번은 후쿠하라 에치고福原越後 등 3명의 가로家老가 군대를 이끌고 상경해, 7월 19일에 아이즈, 사쓰마 양 번의 군사와 대궐문인 하마구리문蛤御門 부근에서 전투를 벌였다(하마구리문의 변, 또는 금문禁門의 변). 이때 조슈군이 궁궐御所을 향해 발포를 했기 때문에 조정은 막부로 하여금 조슈번 토벌의 칙명을 내렸다.

7월 24일, 장군 이에모치는 조슈번 토벌을 제번에 명해 35개 번 15만 병력을 히로시마에 집결시켰다(1차 막부-조슈전쟁). 8월 5일에는 영국, 프랑스, 미국, 네덜란드 4개국 함대 17척이 시모노세키를 공격하고 육전대가 상륙해 연안 포대를 파괴하고, 이에 14일 조슈번은 4개국에 항복했다(시모노세키전쟁).

시모노세키전쟁 후 조슈번에서는 존양과격파가 후퇴하고 보수파俗論黨가 대두했다. 10월 21일, 조슈번은 막부에 대해 사죄하고 후쿠하라 등 세 명의 가로에게 자결을 명했다. 그 해 12월, 막부는 싸우지도 않고 철병령을

---

11 마치부교(町奉行). 에도 막부의 직책명. 지샤부교(寺社奉行)·간조부교(勘定奉行)와 더불어 삼부교 중의 하나. 로주에 소속되어 에도 시내의 행정·사법·경찰 등 민정 전반을 통괄했다. 교토·오사카·슨푸(駿府) 등에도 설치되었는데, 단순히 마치부교라 할 때는 에도의 마치부교를 말하며, 다른 곳은 지명을 붙여 불렀다(역자주).

내리고 1차 막부 - 조슈전쟁은 종결되었다.

사쓰마 - 조슈 양 번의 동맹성립

그러나 그 후 조슈번에서는 1865년(게이오 원년) 정월 2일에 다카스기 신사쿠高杉晋作
등이 시모노세키를 점령하고 3월에는 번주 모리 다카치카毛利敬親가 급진파
의 주장을 받아들여 번론을 양이에서 개국으로 전환했다. 이에 대해 막부는
2차 조슈 정벌을 결정하고, 5월 12일에 기슈번주 도쿠가와 모치쓰구德川茂承
를 조슈 토벌의 선봉총독에 임명하였으며, 16일에는 장군 이에모치가 에도
를 떠나 오사카성에 입성한 다음부터는 친정체제를 갖추었다.

9월 21일, 이에모치는 조슈 토벌征長의 칙허를 받아 내고 11월 7일에 히코
네번 이하 31개 번에 출병을 명했다. 당시 사쓰마번도 영국과의 전쟁에서 대패
한 후로 번론을 양이론에서 개국론으로 전환시키고 있었다. 1866년 정월 21일
(22일이라고도 함) 도사번의 사카모토 료마坂本龍馬와 나카오카 신타로中岡慎太郎의
주선으로 사쓰마와 조슈가 반막부의 공수동맹을 맺었다. 6월 7일 2차 조슈
정벌이 시작되었지만 전쟁은 장기화되어 7월 20일 장군 이에모치가 오사카성
에서 병사하자, 8월 21일 조슈 정벌을 정지하라는 칙허가 내려졌다.

민중운동의 고조

정치의 격동과 더불어 전국 각지의 도시나 농촌에서는 민중운동이 고양되었
다. 1866년 5월 세쓰 지방의 니시노미야(현 효고현 니시노미야시)에서 민중이 쌀을
싸게 팔 것을 요구하는 사건을 발단으로 오사카 일대에서 폭동이 일어났다.

5월부터 6월 초에는 에도의 빈민 등이 쌀가게, 전당포, 술집 등의 호상을
습격해서 시중이 소란스러웠다. 6월의 2차 조슈 토벌이 진행될 당시에는

무사시 지방의 15개 군, 고즈케上野 지방의 2개 군에서 빈농, 채무자, 고용인 등 10여만 명이 고리대금업자, 외국무역상, 쌀가게 등과 같은 호농, 호상 520여 채를 파괴했다(부슈잇키[武州一揆]).

이들 민중폭동이나 파괴의 원인은 개항에 의한 경제적 혼란, 흉작, 조슈 토벌에 따른 쌀값 등귀 등이었다. 폭동을 일으킨 민중은 빈부의 차를 해소하기 위한 '세상 고치기(요나오시[世直し])', '세상 평등하게 하기(요나라시[世均し])'를 주장했다. 막부는 이러한 민중운동 때문에 토대가 흔들리기 시작했다[12].

3. 도막론 대 토막론

토막론의 대두

이 무렵 '도막론倒幕論'과 '토막론討幕論' 사상이 혼재해 있었다. 통상적으로 '도막론'이 공의정체론, 대정봉환론, 토막론 등을 포함한 막부제 폐지 전반을 지칭하는 말이라면, '토막론'은 무력을 통해 막부를 멸하고 도쿠가와가를 국정의 중추에서 배제하는 것을 목표로 하는 말이었다.

1866년 12월 5일 도쿠가와 요시노부德川慶喜가 15대 장군에 취임했다. 같은 달 25일에는 공무합체를 지지하던 고메이 천황이 급사하고 무쓰히토睦仁 친왕(메이지 천황)이 뒤를 이었다. 고메이 천황의 죽음에 대해서는 두창痘瘡설과 독살설이 있다[13].

---

12 佐藤誠郎, 『幕末・維新の政治構造』, 校倉書房, 1980년.
13 독살설로서는 ねずまさし, 「孝明天皇は病死か毒殺か」, 『歴史学研究』 제173호, 1954년; 伊良子光孝, 「天脈拝診日記」, 柳原正典 편, 『滋賀県医師会報』 제334호, 1976년; 石井孝, 「反維新に殉じた孝明天皇」, 『幕末悲運の人びと』, 有隣堂, 1979년; 병사설로서는 吉田常吉, 「孝明天皇崩御をめぐって」, 『日本歴史』 제16호; 小西四郎, 『日本の歴史・開国と攘夷』, 中央公論社, 1966년; 原口清, 「孝明天皇は毒殺

이후 '토막론'의 힘이 커져 1867년 5월 21일에는 도사번의 이타가키 다이스케板垣退助, 나카오카 신타로와 사쓰마번의 사이고 다카모리西郷隆盛 등이 교토에서 토막을 밀약하기에 이르렀다.

공의정체론의 전개

'토막론'의 대두에 대해 공무합체파는 열후회의列侯會議를 축으로 구미의 의회제도를 도입해 상원(朝廷·諸侯)과 하원(번사·서민)의 이원제에 근거한 공의정체론公議政體論을 전개했다. 1867년 6월 10일, 곤도를 포함한 신센구미 105명은 막부의 신하가 되었다. 6월 22일, 사쓰마번의 사이고 다카모리西郷隆盛·오쿠보 도시미치大久保利通 등은 도사번의 고토 쇼지로後藤象二郎·사카모토 료마坂本龍馬와 사쓰마-도사맹약薩土盟約을 맺고 대정봉환 후에 공의정체를 수립하기로 합의했다.

그러나 한편으로 9월 18일 사쓰마번의 오쿠보는 조슈번의 기도 다카요시木戸孝允 등과 양 번의 출병맹약을 맺었고, 20일에는 조슈의 기도 등과 아키번(히로시마)의 우에다 오토지로植田乙次郎 등이 마찬가지로 맹약을 맺었다(사쓰마-조슈 - 아키 세 번의 맹약薩長芸三藩盟約).

그 후 토막파 구게인 이와쿠라 도모미岩倉具視와 오쿠보 등이 획책하여 10월 13일에는 사쓰마, 14일에는 조슈로 각각 토막의 밀칙을 내렸다.

이보다 이른 10월 13일에 공의정체파인 전 도사번주 야마우치 도요시게山内豊信는 토막파에게 선수를 쳐 장군 요시노부에게 대정봉환을 건백建白했다.

토막의 밀칙을 알아차린 요시노부는 14일 대정봉환을 단행했고 다음날 조정은 이를 허락했다. 요시노부의 목표는 대정봉환 후에도 정치의 주도권을 장악하는 데 있었다.

されたのか」, 藤原彰他 편, 『日本近代史の虚像と実像』 1, 大月書店, 1990년이 있다.

왕정복고 선언

그러나 토막파는 요시노부의 목표를 봉쇄하고, 12월 9일 이들의 주도하에 사쓰마, 오와리, 후쿠이, 도사, 아키의 번병이 궁궐문을 장악하고 천황이 학문소에서 왕정복고의 포고문大號令을 발포했다.

포고문의 내용은, 요시노부의 대정봉환과 장군직 사퇴의 승인, 에도 막부의 폐지, 총재·의정·참여라는 새로운 직을 설치, 진무 천황의 창업정신으로 복고, 개화정책의 채용 등이었다.

이날 밤 어전회의(고고쇼회의)에서는 삼직과 5개 번의 중신이 참석하여 도쿠가와의 처분을 의논했다. 이 자리에서 야마우치 도요시게와 마쓰다이라 요시나가 등 공의정체파는 도쿠가와 요시노부의 열석列席을 주장했지만, 이와쿠라 등의 토막파는 요시노부의 관직 사퇴와 영지 반납을 강경하게 주장해 공의정체파를 압도했다.

4. 보신전쟁의 전개

보신전쟁의 발발

다음해인 1868년(게이오 4, 메이지[明治] 원년) 정월 2일, 오사카성에 있던 전前장군 요시노부는 구막부군, 아이즈, 구와나번 등의 1만 5000의 병력을 출진시켜 3일에 교토 남쪽인 도바鳥羽·후시미伏見에서 사쓰마·조슈번 등의 4500의 군대와 전투에 들어갔다.

그러나 구막부군은 사쓰마군에게 밀렸고, 4일에는 조정이 사쓰마·조슈군을 관군으로 인정했기 때문에 순식간에 열세에 빠졌다. 6일 밤 요시노부는 해로를 통해 에도로 탈출했으며 7일에 구막부군은 패배했다.

이 도바·후시미의 전투를 시작으로 다음해 5월까지 약 1년 6개월간, 동일본 각지에서 신정부군과 구막부군·도쿠가와 측 제번들과의 전투가 행해졌다(보신(戊辰)전쟁).

곤도 이사미는 전년도인 1867년 12월 18일에 이전에 신센구미 대원들이었던 자들에게 저격을 당해 오사카성에서 요양하고 있었기 때문에 도바·후시미전투에는 히지카타가 신센구미 150명을 인솔하고 후시미 부근에서 사쓰마·조슈군과 싸웠다. 전투에 패배한 후, 신센구미는 해로를 통해 에도로 도망을 쳤는데 이때 대원들은 약 40여 명이었다.[14]

에도성의 함락

신정부군은 도카이도東海道·도산도東山道·호쿠리쿠도北陸道의 세 개의 간선을 통해 에도로 진격했다. 2월 12일, 도쿠가와 요시노부는 우에노上野에 있는 간에이지寬永寺 다이지인大慈院에 칩거를 하고 공순·사죄의 의사를 표명했다. 23일에는 구막부의 신하 일부가 우에노를 점령하고 쇼기타이彰義隊를 결성했다.

신센구미는 구막부군 일부와 고요진무대甲陽鎮撫隊를 결성했다. 3월 1일, 진무대는 고슈의 가쓰누마勝沼에 출진해 이타가키 다이스케板垣退助가 인솔하는 신정부군과 싸웠지만 패해 에도로 돌아왔다.

이때 나가쿠라 신파치永倉新八나 하라다 사노스케原田左之助 등은 곤도의 지도력을 비판하고 정공대靖共隊를 조직했다. 그 후 곤도 등은 시모사의 나가레야마下総流山에 포진을 했지만 신정부군에게 포위당하고 말았다. 4월 3일에 투항한 곤도는 25일 이타바시板橋(현 도쿄도 이타바시구)에서 참수되었다.

---

14 永倉新八, 『新撰組顛末記』, 165쪽.

3월 13, 14일의 회담에서 사쓰마번의 사이고 다카모리와 도쿠가와 가신인 가쓰 가이슈勝海舟가 에도성을 무혈로 신정부군에게 넘겨주는 교섭에 성공했다. 14일에 는 메이지 천황이 교토 궁궐에서 신정권의 기본방침인 5개조의 서문을 공포했다.

4월 11일, 신정부군이 에도성으로 들어오고 요시노부는 고향인 미토로 은퇴했다. 4월 4일, 사이토 하지메齋藤一가 이끄는 신센구미는 에도를 탈출해 아이즈로 향했다. 한편 곤도의 구명운동을 하고 있었던 히지카타 등도 에도 를 탈출해 고노다이鴻ノ台에서 구막부군과 합류해 우쓰노미야宇都宮성 등을 전전했지만 4월 23일 우쓰노미야전투에서 히지카타는 부상을 입었다.

5월 3일, 도호쿠 지역의 25개 번은 상호원조와 협력관계에 입각해서 오우열번동맹奧羽列藩同盟을 결성하고 거기에 호쿠에쓰北越의 6개 번을 추가해 서 오우에쓰열번동맹奧羽越列藩同盟을 결성했다. 동맹은 린노지노미야 고겐법 친왕輪王寺宮公現法親王(후일의 기타시라카와노미야 요시히사 친왕北白川宮能久親王)을 맹주로 맞 아들여, 중심기관인 공의부公議府를 시로이시白石성에, 군사국軍事局을 후쿠시 마에 설치하고 아이즈, 쇼나이 양 번과 연계해 정부군에 대항했다.[15]

보신전쟁의 종언

에도에서는 5월 15일에 신정부군이 오무라 마스지로大村益次郎(조슈번)의 지휘하 에 우에노를 공격하여 하루 만에 쇼기타이를 괴멸시켰다(우에노전쟁).

이후 신정부군은 간토를 장악하고 7월 17일에 에도를 도쿄로 개칭했다. 7월 말에는 나가오카, 니가타를 점령하고 호쿠에쓰北越전쟁을 종결시켰다.

9월 8일에는 연호를 메이지로 개원하고 20일에는 메이지 천황이 교토를 출발해 도쿄로 향했다(10월 13일에 도쿄 도착). 이 무렵, 신정부군은 오우에쓰열번

---

15 佐々木克, 『戊辰戰爭』, 中公新書, 1977년, 121~123쪽.

동맹을 와해시키고, 22일에는 아이즈를 함락시켜 도호쿠전쟁을 종결시켰다.

그동안 구막신으로 해군부총재였던 에노모토 다케아키榎本武揚가 8월 19일에 막부함대 8척을 인솔해 에도만을 탈주하고 여기에 도호쿠제번의 번병들이 합류했다. 히지카타 등 신센구미도 우쓰노미야, 아이즈 등을 전전轉戰하다가 센다이에서 에노모토군榎本軍과 합류했다. 구막부군은 10월 26일에 하코다테의 고료카쿠를 점령하고, 30일부터 신센구미는 하코다테 시중단속에 들어갔다.

12월 15일, 사관士官 이상의 선거에 의해 에노모토는 총재, 히지카타는 육군부교대우陸軍奉行並로 선발되고 하코다테 정부가 수립되었다. 동(同) 정부는 이 지역을 개척통치하기로 함과 동시에 신정부군의 진공에 대비했다.

1869년 3월 25일, 히지카타 등은 선제공격을 계획하고 미야코만宮古灣(현 이와테현 미야코시)에서 해전을 감행했지만 실패했다. 4월 초, 신정부는 공격을 개시했고 신센구미는 구막신으로 하코다테 정부의 육군부교인 오토리 게이스케大鳥圭介의 지휘하에 아리카와有川에서 싸웠지만 고전을 한 뒤 벤텐다이바弁天台場에서 농성을 했다.

5월 11일, 히지카타는 신센구미를 구원하러 가는 도중 유탄에 맞아 전사했다. 벤텐다이바의 신센구미는 15일에 항복했다. 18일에는 고료카쿠가 해방되고 하코다테전쟁은 종결되어 마침내 보신전쟁은 끝이 났다.

이상, 1863년 3월의 미부壬生 낭사 결사에서 1869년(메이지 2) 5월의 신센구미 괴멸까지의 6년간은 바로 막말유신의 정치과정과 겹치는 격동의 시대였다.

다음 장부터는 로시구미 성립에서 신센구미 해체까지의 실태를 사료에 근거하여 명백히 규명함과 동시에 신센구미의 역사적 위치를 고찰하고자 한다.

1장

다마와 에도

1. 다마와 에도의 관계자들

다마의 관계자들

곤도 이사미, 히지카타 도시조, 오키타 소지沖田総司 등 신센구미 초창기(미뷔[壬生] 로시구미) 중심 멤버들은 다마多摩와 에도江戸에 연고를 둔 사람들이었다. 우선 이들의 경력을 살펴보자. 이하의 경력에서 특별히 언급이 없는 자들은 오이시 마나부大石學 편 『신센구미정보관』의 「제3장 신센구미관계인물장」(教育出版, 2004년)에 따랐다.

곤도 이사미

곤도 이사미近藤勇는 1834년(덴쾨[天保] 5) 무사시노쿠니武蔵国 다마군多摩郡 가미이시하라촌上石原村(현 도쿄도 조휘[調布]시)의 농민 미야카와 히사지로宮川久次郎의 3남으로 태어났다. 어릴 때의 이름은 가쓰고로勝五郎, 나중에 가쓰타勝太로 칭했다. 1838년도의 가미이시하라촌의 호적부(宗門人別長)에 의하면 미야카와가는 규모가 7석石8승升2합合의 6인 가족이었으며, 다마군 오사와촌(현 미타카시)

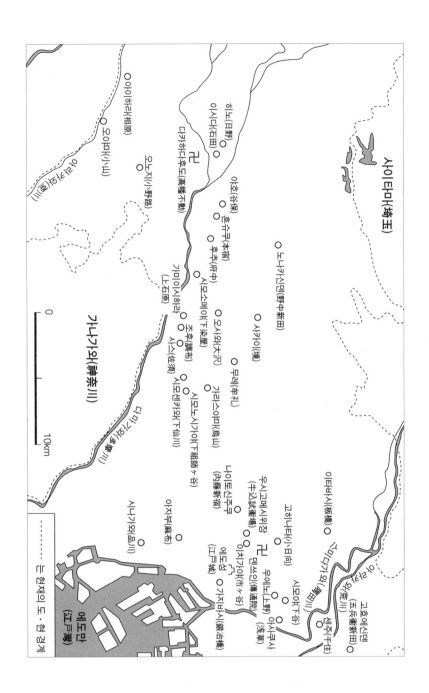

에 있는 선종의 류겐지에 소속되어 있었다. 1847년의 가미이시하라촌 호적부(宗門人別書上帳)[1]에 의하면 이 시기에 7, 8석은 전체 86가구 중 11~14위에 해당하며(가장 많은 층은 5두(斗)에서 1석 사이로 29가구), 중류 중에서 상층급에 속했다. 이들은 1836년 당시 농민인 조부 겐지로源次郎, 아버지 히사지로, 어머니 미요(또는 에이), 큰형 오토지로音次郎(또는 音五郎), 둘째형 구메조粂蔵(또는 粂次郎, 惣兵衛), 가쓰고로(곤도 이사미) 등 6인 가족이었다.

1848년 11월 11일에 천연이심류天然理心流인 곤도 슈스케近藤周助에 입문해 다음해 6월에 천연이심류 비법(원문은 모쿠로쿠(目錄))을 받았다.[2] 10월 19일에 슈스케의 양자가 되어 슈스케의 친가의 성인 시마자키島崎를 사용했다. 「양자 건에 대해 말씀 드립니다(差し出し申す養子の事)」(미야카와가宮川家 소장)라는 서류는 곤도 슈스케가 이사미의 아버지인 겐지로(구명 히사지로)에게 보낸 것으로, "금번 귀하의 자식을 우리 집 양자로 맞이하고 싶다고 말씀드렸던 바, 곧바로 허락하여 주셨기에 저희 집에서 양자로 맞이하였습니다"[3]라는 글에서 보이듯, 슈스케가 부탁을 하여 이사미를 양자로 맞이했음을 알 수 있다. 이 서류의 보내는 사람으로는 에도 우시고메牛込에 살고 있는 곤도 슈스케, 그리고 관리인世話人인 야마다야 곤베山田屋権兵衛, 가미후다촌上布田村의 겐베源兵衛, 그리고 수취인으로는 겐지로, 야고로弥五郎로 되어 있다.

1858년의 히노숙日野宿 역의 고즈텐노샤牛頭天王社(히노시 야사카(八坂) 신사)의 봉액에는 "시마자키 이사미=후지와라 요시타케島崎勇藤原義武"라고 되어 있어 이 무렵 이사미勇를 사용하고 있었던 것을 알 수 있다.[4] 1860년 3월 29일, 산쿄三卿[5]

---

1 「中村七朗家文書」, 調布市史編集委員会 편, 『調布市史』 중권, 調布市 발행, 1992년, 558쪽.
2 「天然理心流極意書」, 佐藤昱, 『聞きがき新選組・新装版』, 新人物往来社, 2003년, 67쪽.
3 NHK・NHKプロモーション 편, 『新選組!展』, 38쪽.
4 日野市ふるさと博物館 편, 『新選組のふるさと日野』, 36쪽.
5 도쿠가와 장군가의 일족으로 다야스(田安)・히토쓰바시(一橋)・시미즈(清水)의 삼가를 가리킨다. 다야스가는 8대 장군 요시무네(吉宗)의 자식 무네타케(宗武), 히토쓰바시는 무네타다(宗尹),

의 하나인 시미즈淸水가의 가신인 마쓰이 야소고로松井八十五郎의 장녀인 쓰네와 결혼을 했다. 야소고로는 시미즈가의 근신(奧詰 또는 近習番)이었다.[6] 쓰네는 1837년 9월 10일생으로 이사미보다 세 살 어렸다.[7] 1862년에 장녀 다마가 태어났다.[8] 다마는 이사미가 처형된 후, 1876년에 이사미의 큰형인 오토고로의 둘째 아들 미야카와 유고로를 곤도가의 양자로 맞이하여 유고로와 결혼했다.[9]

곤도 이사미는 1861년 8월 27일, 천연이심류를 4대째 계승한 뒤, 그 날 후추의 로쿠쇼노미야六所宮의 동쪽 광장에서 야외 시합, 조련을 선보였다. 이때 곤도 슈사이는 제자들에게 초청장을 보내 조련에 초대하였다.

초대장에 의하면, 자신은 고령이기에 4대째를 이사미에게 상속시켰다, 조련을 선보임에 즈음해서 후추府中의 로쿠쇼노미야六所宮에 제자들을 모아서 야외 시합 및 조련을 행하니 꼭 참석해 주길 바란다, 자기에게 해 준 것처럼 앞으로는 이사미에게도 따뜻한 성원을 부탁드린다, 그러니 연로하시거나 혹은 최근에 쉬고 있는 사람들에게도 연락을 해서 모두 함께 참석해 주기를 바란다, 후추에서의 집합은 마쓰모토루松本樓에서 한다, 라고 되어 있다.[10]

당일 참석하지 못했던 다마군 오노지촌의 촌장 고지마 시카노스케小島鹿之助에게 보낸 사토 히코고로佐藤彦五郎의 서간에 의하면, 이때의 대진표(赤·白)는 [표 1-1]과 같다. 싸움은 동군(적)이 현무 중에서 10명 정도 깃발 담당자旗本를 선발해 서군(백)의 깃발 담당자에게로 돌격할 때, 이와 동시에 엇갈리게 서군의 청룡대가 동군 쪽으로 돌격하게 되어 난전이 되었다. 서로가 돌격의 고함

시미즈는 9대 장군 이에시게(家重)의 자식 시게요시(重好)로부터 시작된다.
6 深井雅海・藤實久美子 편, 『江戸幕府役職武鑑編年集成』, 제25~36권, 1998~99년, 東洋書林.
7 「近藤家除籍謄本」, 『新選組日誌』 상, 23쪽.
8 「龍源寺過去帳」, 『新選組日誌』 상, 42쪽.
9 『調布市史』 중권, 498쪽.
10 1861년 8월 「口上書」, 多摩市富澤家文書多摩市教育委員会・パルテノン多摩共同企画展, 『新選組の人々と旧富澤家』 6쪽; 『新選組!展』, 40쪽.

[표 1-1]

본 진	
총대장 하타모토위사(旗本衛士) 군사(軍師) 군부교(軍奉行) 군감찰관 북 징	곤도 이사미 에도 7인 데라오 야스지로 오키타 린타로 하라다 주지 에도 2인 오키타 소지 이노우에 겐자부로

동군(적색)		서군(백색)
하기하라 다다시	대장	사토 히코고로
히노의 이시다 7인 /사토 가시로 나카무라 다키치로/ 다니 사다지로 히지카타 도시조/ 오가와 곤스케	하타모토 위사	호도쿠보(程久保) 사람 7인
	감찰관 역활자	이노우에 마쓰고로/ 기타
대장 사사키 슈키치/ 에도 사람 기타 부장 1인/ 전사 5인	선진 주작	대장 에도 사람 부장 1인/ 전사 5인
대장 가토 가몬/ 후추 사람 부장 1인/ 전사 5인	이진 청룡	대장 가게야마 신노조/ 에도 사람 부장 1인/ 전사 5인
대장 아사쿠라 료헤이/ 오치가와 사람 부장 1인/ 전사 5인	삼진 백호	대장 스즈키 요시스케/ 호리노우치 사람 부장 1인/ 전사 5인
대장 히노 노부쿠라/ 히노 사람 부장 1인/ 전사 5인 야마나미 게이스케/ 에도 사람 이노우에 이치로/ 기타	후진 현무	대장 가스야 산시로/ 후추 사람 부장 1인/ 전사 5인

1861년 9월 6일자 「小島鹿之助宛て佐藤彦五郎書簡」(『新選組日誌』 상, 32~33쪽)에서 인용.

을 질렀으며, 서군의 대장인 사토 히코고로는 직접 동군 쪽으로 돌격했다. 잠시 싸움이 중지되었을 때, 동군의 대장이 항복했다는 소식이 전해지고 본진에서 오키타 소지沖田総司가 북을 울렸다. 그런데 동군의 강병 9명이 서군의 깃발 담당자들을 습격해 서군의 진열이 무너지면서 대장인 사토 히코고로가 이노우에 이치로井上一郎와 야마나미 게이스케山南敬助에게 잡히고 말았다. 동군의 대장을 자세히 보니 상처도 하나 입지 않고 태연하므로 결국 서군의 패배로 끝났다. 곧이어 양군은 전열을 풀어 헤쳐서 싸우게 되었다. 서군 대장 사토는 오야마小山의 미타케도御岳堂에 있는 동군 대장 하기하라 다다시

萩原絣를 붙잡아 굴복시키고 서군 일동은 승리의 함성을 질렀다.[11] 이는 천연이심류의 격렬한 시합의 모습을 잘 보여 준다.

곤도의 일화로는 자주 자기의 주먹을 입속으로 넣었다 뺐다 하면서 "가토 기요마사는 입이 커서 나처럼 주먹을 자유롭게 입 속에 넣었다 뺐다 할 수 있었다고 하는데, 나도 가토처럼 출세하고 싶다"고 웃으면서 얘기한 적이 있다고 전해진다.[12] 1863년 2월에 로시구미에 참가해 후일 미부로시구미, 신센구미 국장이 된다. 곤도의 묘는 각지에 있는데 그중 하나가 생가인 미야카와가와 인연이 있는 류겐지龍源寺에 있다.

히지카타 도시조

히지카타 도시조土方歲三는 1835년 무사시노쿠니武藏国 다마군多摩郡 이시다촌石田村(현 도쿄도 히노日野시)의 호농인 히지카타 하야토요시아쓰土方隼人義諄의 4남으로 태어났다. 태어나기 수개월 전에 아버지가 돌아가시고 세 살때 어머니마저 잃어 큰형인 하야토 다메사부로為三郎의 손에 양육되었다. 다메사부로는 눈이 안 보여 둘째 형인 기로쿠喜六가 대를 이었다고 한다.[13] 도시조는 6남매 중에 막내로 누나가 둘 있었다. 11살 때 에도의 마쓰자카야松坂屋 포목점에 말단 점원丁稚으로 취직했지만, 곧 고향으로 돌아와 시집간 누나 노부가 있는 히노숙역의 촌장 사토 히코고로의 집에서 기숙을 했다. 그곳에 머물면서 가까운 도장에서 검술을 배웠고, 집에서 전해오는 '이시다 가루약石田散藥(타박상·접골에 관한 약)'을 파는 행상을 했다고 한다.

1851년에 천연이심류에 입문해, 1859년 3월 9일에 정식으로 곤도 슈스

---

11 「文久元年九月六日付小島鹿之助宛て佐藤彦五郎書簡」, 小島資料館 소장, 『新選組日誌』 상, 32~34쪽; 佐藤昱, 『聞きがき新選組·新装版』, 59쪽.
12 子母澤寛, 『新選組始末記』 초판, 1928년, 中公文庫, 1977년, 20쪽.
13 佐藤昱, 『聞きがき新選組·新装版』, 170~173쪽.

케의 문인이 되었다.[14]

1862년도 이시다촌의 호적부에 의하면 도시조의 가세는 39석 7두 8합으로, 가족 수는 12명(남자 9명, 여자 3명)이며 그중에 하인, 하녀가 각 1명씩 있었다. 다마군에서는 대가족으로 상층에 속하는 정도라고 할 수 있다.

1863년 로시구미에 가입해 상경한 다음 신센구미 부장副長이 된다. 부장으로서 에도에 잠깐 돌아왔을 때 도쓰카촌戸塚村에 있는 먼 친척인 샤미센야三味線屋의 오코토於琴와 약혼했지만 결혼에 이르지는 못했다고 한다.[15] 1869년(메이지 2) 5월 11일 하코다테의 고료카쿠 전투에서 전사했다. 묘는 히노시 세키덴지石田寺에 있다.

이노우에 겐자부로

이노우에 겐자부로井上源三郎는 1829년 히노숙역日野宿의 하치오지八王子 센닌도신千人同心이었던 이노우에 후지사에몬井上藤左衛門의 2남으로 태어났다. 하치오지 센닌도신은 1590년에 도쿠가와가 다마군 하치오지 주변에 토착시킨 약 1000명의 향사鄕土(농촌에 거주하는 무사)이며, 가이甲斐 국경의 경비를 임무로 하고 있었다. 평상시에는 경작을 하면서 야리부교槍奉行의 지휘하에 닛코日光의 도쇼구東照宮의 화재경비 등에 임했다.

1866년 3월 호적부 기초자료(宗門人別調帳下書)에 의하면 이노우에가家는 히노숙역 호센지寶泉寺에 적이 올라 있었으며, 가세는 13석 5두 4승, 당주인 마쓰고로松五郎는 센닌도신으로 근무하고 있었고, 처와 마쓰고로의 아버지, 동생이 겐자부로 이하 3명, 마쓰고로의 아이가 4명, 하인 1명과 말 한 필이 있었다.[16]

---

14 「天然理心流神文帳」, 『新選組日誌』 상, 21쪽.
15 佐藤昱, 『聞きがき 新選組·新装版』, 173~174쪽.
16 日野市新選組まちおこし室製作, 『図録日野宿本陣』, 日野市 발행, 2004년, 32쪽.

1848년 3월 겐자부로는 곤도 슈스케로부터 천연이심류 비법을 받고,[17] 그 후 곤도 이사미와 함께 로시구미에 참가했다. 1865년에는 신센구미 6번조 조장을 맡았으며,[18] 1868년의 도바·후시미전투에서 전사했다.[19]

위에 소개한 사람들은 모두가 다마 지역 유력가의 2남에서 4남이었다.

에도의 관계자

한편, 에도와 연고가 있는 자는 다음과 같다.

오키타 소지

오키타 소지沖田総司가 태어난 해는 1842년 또는 1844년이라고도 전해진다. 무쓰노쿠니陸奥国 시라카와번白川藩(현 후쿠시마현 시라카와시)의 번사인 오키타 가쓰지로沖田勝次郎(22俵2人扶持)의 장남으로 에도의 아자부에 있는 번저藩邸에서 태어났다고 한다. 미쓰와 긴이라는 이름의 두 명의 누나가 있으며, 오키타가의 적이 올려져 있는 센쇼지専稱寺의 신도 명부에는, 1845년 10월 20일 소지가 4살(혹은 두살) 때 아버지가 사망한 것으로 되어 있다. 유년기에 탈번脫藩하여 9살 때 곤도 슈스케의 문하생으로 들어가 천연이심류를 배웠다.[20] 1856년 4월 20일 15살(13살) 때는 곤도 이사미와 함께 조후調布의 시모센가와촌에 출장교습을 다녔다.[21] 곤도와 함께 로시구미에 참가하여 상경, 1864년 11월에는 신센구미의 1번조 조장을 맡고 있었는데,[22] 병에 걸려 에도로 돌아온 뒤

---

17 日野市ふるさと博物館 편,『新選組のふるさと日野』, 38쪽.
18 西村兼文,「新撰組始末記」, 新人物往来社 편,『新撰組史料集』, 1995년, 25쪽; 子母澤寛,『新選組始末記』, 212쪽.
19 西村兼文,「新選組始末記」, 新人物往来社 편,『新撰組史料集』, 52쪽.
20「沖田家文書」,『新選組日誌』상, 14~15쪽.
21「剣術稽古覚帳」, 調布市史編纂委員会 편,『調布の近世史料』하, 1987년, 415쪽.
22「行動録」,『新選組日誌』상, 276쪽.

1868년 5월 30일에 병사했다.[23]

나가쿠라 신파치

나가쿠라 신파치永倉新八는 1839년 마쓰마에번松前藩 에도 상주연락 역定府取次役인 나가쿠라 간지永倉勘二(150석)의 장남으로 에도 시모야下谷(현 다이토구[台東区])의 번저에서 태어났다. 8살 때 검술 수행에 뜻을 두어 신도무념류神道無念流에 입문했다. 19살에 탈번하여 심형도류心形刀流의 쓰보우치 슈메坪內主馬의 도장에서 사범대리를 역임하며 곤도 이사미가 운영하는 시위장試衛場에 출입하는 객원검객이 되었다.[24] 로시구미에 참가하면서 상경, 1865년 6월 신센구미의 2번조 조장이 되었다.[25] 막말유신기를 살아남아 1915년에 오타루小樽(현 홋카이도 오타로시[小樽市])에서 사망했다.

도도 헤이스케

도도 헤이스케藤堂平助는 1844년에 에도에서 태어났다. 이세노쿠니伊勢国 쓰번번주津藩藩主인 도도 다카유키藤堂高猷의 서자라고도 전해진다.[26] 지바 슈사쿠千葉周作의 현무관玄武館 도장에서 북진일도류北辰一刀流의 비법을 취득하고 로시구미에 참가하며 상경, 1865년 신센구미의 8번조 조장이 되었다.[27] 1867년 3월에 신센구미와 결별하고 천황능지기御陵衛士가 되었으나 11월에 교토 아부라코지油小路에서 신센구미에게 살해당했다.

23 「京都ヨリ会津迄人数」, 『新選組日誌』 하, 211쪽.
24 永倉新八, 『新撰組顛末記』, 15~22쪽.
25 西村兼文, 「新撰組始末記」, 『新撰組史料集』, 25쪽.
26 「殉節両雄之碑」, 永倉新八, 『新撰組顛末記』, 225쪽.
27 子母澤寛, 『新選組始末記』, 25쪽.

야마나미 게이스케

야마나미 게이스케山南敬助가 태어난 해에 대해서는 1833년, 1835년, 1838년 등의 여러 설이 있다. 무쓰노쿠니 센다이仙台의 검술지도자 야마나미 모山南某('山南'를 '산난'이라고도 읽기도 함)의 2남인 그는, 유랑하는 몸이 되어 에도로 떠나온 뒤, 북진일도류의 비법을 전부 전수받았다(免許皆伝)고 한다(오노파일도류[小野派一刀流]라고도 함). 로시구미에 합류하면서 상경, 신센구미 부장, 총장28을 역임했다. 1865년 2월에 신센구미를 탈주했으나 발각되어 대원 규정 위반으로 할복했다.29

하라다 사노스케

하라다 사노스케原田左之助는 1840년에 이요노쿠니伊予国 마쓰야마번松山藩(현 아이메현[愛媛県]) 무가의 하인(주겐[中間])의 자식으로 태어났다. 창술을 배우다 에도에서 곤도를 알게 되었고, 시위장에 출입하게 되었다. 로시구미에 참가해서 상경, 후일 신센구미의 10번조 조장을 맡았다. 미부壬生의 주둔소에서 술에 취하면 배를 드러내고 두들기면서 "쇠붙이의 맛을 모르는 놈들과는 다르다. 할복의 흔적을 봐라"고 하면서 왼쪽에서 한 일자로 배를 반쯤 가른 상처의 흔적을 보여 주었다는 일화가 남아 있다.30 1868년 우에노의 쇼기타이 전투에서 사망했다고 전해지지만 상세한 것은 알려지지 않고 있다.

이들 모두는 번사 또는 낭인으로 에도에서 시위장이나 곤도 이사미와 인연을 맺게 되었다.

이상과 같이 신센구미 초창기 중심 멤버는 다마나 에도와 인연이 있는 자들이었다.

---

28 子母澤寛, 『新選組始末記』, 98쪽; 子母澤寛, 『新選組始末記』 212쪽, 『新選組物語』 초판, 1932년; 中公文庫, 1977년, 14쪽.

29 永倉新八, 『新撰組顛末記』, 123~125쪽; 西村兼文, 「新撰組始末記」, 『新撰組史料集』, 23쪽.

30 子母澤寛, 『新選組始聞遺』 초판, 1929년, 中公文庫, 1977년, 26~60, 115쪽.

2. 다마 · 에도와 시위장

천연이심류와 곤도가

다마와 에도의 관계는 그들이 배운 천연이심류에 상징적으로 나타난다. 우선, 천연이심류天然理心流의 종가인 곤도가近藤家에 대해서 살펴보자.[31]

천연이심류의 창시자인 곤도 구라노스케나가히로近藤内蔵之助長裕는 생년 미상이지만, 도토미노쿠니遠江国(현 시즈오카현[静岡県])에서 태어나 여러 지역에서 수행을 거듭하여 히타치노쿠니常陸国(현 이바라키현[茨城県])의 가지마신궁鹿島神宮에서 검술의 오묘함을 터득했다고 전해진다. 천연이심류는 검술, 유술, 봉술, 기합술의 네 가지 종합무술이며, 검술은 손잡이가 굵고 무거운 목도를 사용하고 작은 것을 사용하지 않는다. 기력·마음가짐에서 적을 압도하는 실전적 검법이라고 알려져 있다. 나가히로의 도장은 다마 지역에서는 다마군 도부키촌戸吹村의 촌장 사카모토가坂本家의 저택부지 안과 에도의 야겐보리薬研堀(현 주오구[中央区])에 있어 많은 문하생들을 모집했다. 현재 다마 지역에서 확인이 가능한 최초의 문하생은 하치오지 센닌도신인 마키타 쓰나하치蒔田綱八와 고바야시 간고小林勘五 두 사람으로 되어 있다.[32]

2대 당주인 곤도 산스케노리마사近藤三助方昌는 1774년 도부키촌의 촌장인 사카모토 도에몬坂本戸右衛門의 장남으로 태어났다. 천연이심류 초대 당주 곤도 구라노스케에 입문해 구라노스케가 사망하기 직전에 유파의 비법奥義을 전수받았다고 한다. 그는 1807년 구라노스케가 사망하자 2대를 계승했다. 1843년『신찬무술류조록新撰武術流組録』에는, "그 문하에 곤도 산스케노리

---

31 이하 곤도가에 관한 기술에 대해서는, 太田和子,「多摩·試衛館時代」,『新選組情報館』, 38~47쪽; 吉岡孝,『江戸のバガボンドたち』, ぶんか社, 2003년, 333~350쪽 참조.
32 小島政孝,『武術·天然理心流』상, 小島資料館, 1978년,『八王子千人同心史』통사편, 八王子市教育委員会発行, 1992년, 514쪽.

마사가 있어 종문을 이었고, 무사시노쿠니(부슈[武州]) 하치오지에 거주했으며 문인이 많았다"라고 기록되어 있어, 하치오지 지역에 천연이심류가 보급되어 있었음을 알 수 있다. 1811년에는 에도 고히나타小日向(현 분쿄구 및 신주쿠구)의 류케이바시隆慶橋에 도장을 개설했다. 노리마사는 1819년 4월에 출장교습지인 다마군 아이하라촌에서 급사했는데, 후계자가 정해져 있지 않아 3대째가 결정될 때까지는 시간이 걸렸다고 전해진다.

시위장의 개설

3대 당주인 곤도 슈스케쿠니타케近藤周助邦武는 1792년 다마군 오야마촌의 순번제年番 촌장인 시마자키 규에몬島崎休右衛門의 5남으로 태어났다.

1811년에 천연이심류의 2대 당주인 곤도 산스케에 입문해서 1814년 봄에는 자택에 도장을 개설하고 다음해 봄에 후데라는 여성과 결혼했다. 하치오지숙역 등에 거주했는데 1826년에 오야마촌으로 돌아왔다. 1830년에 3대째를 계승해서 곤도 슈헤이近藤周平라고 개명했다. 1839년 고라야시키(현 신주쿠구)에 시위장을 개설했는데 문인의 대부분은 다마의 호농층이었다고 한다.[33]

1858년 8월에 히노숙역의 고즈텐노샤에 봉액奉額을 하는데 액자에는 히노 주변의 슈스케 문하생 25명의 이름이 연명되었다. 이 가운데 이노우에 마쓰고로井上松五郎(겐자부로의 형)·사토 히코고로佐藤彦五郎·이노우에 겐자부로井上源三郎·오키타 소지로沖田惣次郎·시마자키 이사미島崎(近藤)勇 등의 이름이 보인다.[34] 1860년 9월 30일에 후추숙역의 로쿠쇼궁에서 품새型 시합의 봉납奉納이 있었는데, 참가자 중에는 곤도 슈스케, 이사미 외에 오야마촌의 시마자키 겐야島崎弦弥, 히노숙역의 이노우에 마쓰고로, 렌코지촌蓮光寺村의 도미자와

---

33 町田市史編纂委員会 편, 『町田市史』 상권, 町田市 발행, 1974년, 1426쪽.
34 日野市ふるさと博物館 편, 『新選組のふるさと日野』, 36쪽.

주에몬富沢忠右衛門·시모야호촌 촌장 혼다 가쿠안本田各庵, 에도 측의 데라오寺尾, 미네오峯尾 등의 이름이 보인다.[35] 슈스케는 자식이 없었기 때문에 1861년 8월에 4대 당주를 양자인 이사미에게 넘겨주고 은퇴했다. 은퇴 후에는 슈사이周斎라고 칭했다.

이처럼 천연이심류의 종가는 2대 이후 4대 곤도 이사미까지 다마 지역의 농민출신자가 계승했던 것이다.

다마에 출장교습

이미 말한 바와 같이, 천연이심류 도장은 에도와 다마의 하치오지에 있었다. 같은 유파의 문인이 에도에서 다마로 출장교습을 오는 것을 보면 두 지역 간의 깊은 관계를 알 수 있다. 앞서 기술했듯, 곤도 이사미의 양부 슈스케는 오야마촌의 자택에 도장을 개설했고, 1852년에 곤도 이사미는 다마군 오노지촌에 처음으로 슈스케를 대신해서 교습을 나갔다. 1861년 정월 15일, 16일에는 히노의 후루야古谷(또는 古屋)도장에서 곤도, 히지카타, 야마나미, 이노우에 등이 수련을 하였다. 1862년 오노지촌에서 이루어진 출장교습은 곤도가 7회, 히지카타가 4회, 오키타가 6회, 야마나미가 1회로 기록되어 있다.[36]

다마군 시모센가와촌下仙川村의 다나베 쇼조田辺正三家 소장의 1854년, 1856~1858년의 「검술교습기록장剣術稽古覚書帳」(2권)에 의하면 곤도가의 양자가 되어 사범을 맡았던 이사미는 슈스케를 대신해 시모센가와촌의 다나베가를 시작으로, 가까운 지역의 기타노北野(현 미타카시), 사즈佐須(현 조후시), 무레牟(현 미타카시), 가라스야마烏山(현 세타야구), 사카이境(현 무사시노시), 시모소시가야下祖師ヶ谷(현 세타야구) 등을 돌며 교습을 하였다. 1856년 4월 20일에는 곤도와 오키타가

---

35 「諸用留」, 『新選組日誌』상, 26쪽.
36 町田市史編纂委員会 편, 『町田市史』상권, 1427~1428쪽.

다나베田辺家에 와서 교습을 하였다.[37] 또 1859년 4월 20일에는 오키타가 오노지의 고지마 집에서 출장교습을 하였다.[38] 1857년 4월 20일, 21일 양일에는 다나베 쇼조 등이 에도 우시고메에 있는 시위장을 찾아와 오키타 소지에게 교습을 받았다.[39]

다마 지역의 시위장 문하생들은 렌코지촌蓮光寺村 촌장 도미자와 주에몬, 히노의 센닌도신인 이노우에 마쓰고로, 히노숙역의 사토 히코고로, 오노지촌의 요세바寄場조합(광역 치안조직) 총대인 고지마 시카노스케, 같은 마을 촌장 하시모토 미치스케橋本道助, 촌장분가인 하시모토 사이조橋本才蔵, 시모야호촌 촌장 혼다 가쿠안의 장남 혼다 도사쿠本田東朔 등의 지역유력 농민들이었다. 천연이심류의 종가 3대 슈스케에서 이사미로 대가 바뀔 때 다마 지역의 유력자들은 한 사람이 한 냥씩 갹출해서 백인계百人講를 결성해 이사미의 시위장을 재정적으로 지원했다.[40] 천연이심류는 다마 지역의 유력자층을 기반으로 발전한 것이다.

앞에서 언급한 1861년 8월 27일 곤도 이사미의 4대 당주 계승식 때 치러진 야외 시합은 바로 이들 다마 지역과 에도 지역의 관계자들이 모인 가운데 행해졌던 것이다.

신센구미 네트워크의 존재

그런데 곤도 이사미 등의 신센구미는 교토에서 활동하고 있을 시기에도 이들 다마의 유력자나 에도의 지인들 사이에 정보망(네트워크)을 형성하고 있었다.

[표 1-2] ~ [표 1-5]는 곤도 이사미, 히지카타 도시조, 오키타 소지, 이노우

---

37 「劍術稽古覚帳」, 調布市史編纂委員会 편, 『調布の近世史料』 하, 1987년, 415쪽.
38 「小島家日記」, 『新選組日誌』 상, 22쪽.
39 調布市史編集委員会 편, 『調布市史』 중권, 499쪽.
40 太田和子, 「多摩·試衛館時代」, 『新選組情報館』, 45쪽.

[표 1-2] 곤도 이사미 편지

번호	연월일(음력)	내용	수취인	출전
1	1859년(안세이 6) 3월 5일	가지카와씨 맹세문 (梶川氏神文之呼)	고지마 시카노스케 (小島鹿之助)	e상21
2	1859년(안세이 6) 10월 12일	곤도집안 분쟁건 (拙宅差縺之條)	고지마 시카노스케 (児島鹿之助)	a39
3	1960년(안세이 말년) 4월 19일	돈 대출 부탁함 (金談之無心申入)	미야카와 오토고로 (宮川音五郎)	e상24, h122
4	1960년(안세이 말년) 12월 15일	연습 마무리 출장원 (稽古納御出張願)	히지카타 도시조 (土方歳三)	e상27, h121
5	1861년(분큐 원년) 6~7월인지	쇠사슬 속옷 완성 (鎖着込出来仕)	고지마 시카노스케 (児島鹿之助)	a42, n32
6	1863년 1월 18일	야마오카 데쓰타로의 호출 (山岡鉄太郎御呼出)	사토 히코고로 (佐藤彦五郎)	e상48
7	1863년 3월	포부를 대략 기술한 글 (志大略相認書)	곤도 슈사이 외 16명 (近藤周斎他十六名)	a58, b47, c17
8	1863년 5월인지	기요카와 일건 외 (清川一件他)	시마자키 유사부로 외 17명 (萩原多賀次郎他十七名)	a51, h124, i35
9	1863년 6월 5일인지	오사카 스모선수와의 난투사건 (大阪力士乱鬪事件)	고지마 시카노스케 (小島鹿之助)	e상93, h127, i36
10	1863년 10월 15일	상서(上書, 이번의 개혁[今般改革])	마쓰다이라 히고노카미님 앞 (松平肥後守様御用中)	a61, e상130
11	1863년 10월 15일	구상원서 (口上願書)	마쓰다이라 히고노카미님 공용중 (松平肥後守様御公用中)	a61, e상130
12	1863년 10월 20일	산조나와테사건 외 (三條縄手事件他)	사토 히코고로 (佐藤彦五郎)	b62, c28, e상131, j188
13	1863년 10월 20일	기온 이치리키에서의 연설(祇園一力演説)	미상(不詳)	e상128
14	1863년 10월 30일	기온 이치리키에서의 연설 외 (祇園一力演説他)	사토 히코고로 외 17명 (佐藤彦五郎他七名)	a61
15	1863년 11월 29일	나가이 몬토님 면회 외 (永井主水殿面会他)	사토 히코고로 외 17명 (佐藤彦五郎他七名)	e상135, l7

16	1863년 12월 27일	미부낭사 가명 일건 (壬生浪士疑名一件)	오자와 분지로 (小沢文次郎)	e상140
17	1864년(겐지원년) 5월 20일	신센구미 탈퇴원 외 (局中離散願他)	나카지마 지로베 (中島治郎兵衛)	a71, e상169, h135
18	1864년 5월 20일	신센구미 탈퇴원 외 (局中離散願他)	고지마 시카노스케 (小島鹿之助)	a70
19	1864년 6월 8일	이케다야사건 (池田屋事件)	곤도 슈사이 외 15명 (近藤周斎他十五名)	f572, g256, h136
20	1865년 (게이오 원년) 3월 18일	히지카타를 내려보내는 건의 (土方氏差下し他)	가게야마 신노조 (蔭山新之丞)	a107
21	1865년 3월 20일	도가이(東涯)· 요시오의 그림을 맡김(良雄二副御預)	고지마 형님 (고지마 시카노스케 [小島鹿之助])	e상300, k127
22	1865년 윤 5월 7일	다니아이 야시치 병사 외 (谷合弥七病死他)	다니아이 간이치 (谷合勘吉)	e상317, h145
23	1865년 8월 18일	고이누마 가와세 다자이사건 외 (鯉沼某川瀬太宰事件他)	고지마 시카노스케 (小島鹿之助)·하시모토 미치스케(橋本道輔)	e상346, k129
24	1865년 9월 20일	조슈정벌건 외 (長征之事他)	미야카와 오토고로 (宮川音五郎)·미야카와 소베(宮川惣兵衛)	a70
25	1865년 10월 29일	조저의 대변동 건의 (廟堂之大変動他)	사토 히코고로 (佐藤彦五郎)· 고지마 시카노스케 (小島鹿之助)	e상359
26	1865년 11월 4일	히로시마까지 출장 (広島迄出張)	사토 히코고로 (佐藤彦五郎)· 고지마 시카노스케 (小島鹿之助)·가스야 료준(粕谷良循)	a114, c30, h148, n33
27	1866년 2월 5일 이후	오이시 구와지로 생가 1건 (大石鍬次郎生家一件)	미상(不詳)	e하14
28	1867년 6월	건백서(建白書): 조슈정벌건 (長州征伐之儀)	야나기하라 사키미쓰 (柳原前光)·산조 사네나루 (三條実愛)	e하62

29	1867년 9월 22일	참관할 마음 있음 (参館可致心得有之)	고토 쇼지로 (後藤象二郎)	e하71, h151
30	1867년 9월 26일	귀하를 만나 말씀드리고 싶음 (得貴面申上度候)	고토 쇼지로 (後藤象二郎)	e하71
31	1867년 9월 27일	두 가지의 좋은 물건 수령했음 (二美品添拝受仕)	고토 쇼지로 (後藤象二郎)	e하71
32	1867년10월 5일	건백서 사본 열람 청원서 (建白之写拝見願)	고토 쇼지로 (後藤象二郎)	e하72
33	1867년 11월18일	지로의 잠적건 (二郎事潜伏之儀)	미우라 야스타로 (三浦休太郎)	e하82, h152

출전표의 난에 있는 부호는 각각 a:『新選組!展』, b:『新選組のふるさと日野』, c:『特別陳列・新選組』,
e:『新選組日誌』상・하, f:『藤岡屋日記』제11권, g:『官武通紀2』, h:『新撰組史料集』,
i:『図録日野宿本陣』, j:『聞きがき新選組』, k:『小島家日記30』, l:『幕末史研究32』,
n:『小島資料館目録』, 숫자는 쪽을 나타낸다. 작표 협력에 야나기사와 리사(柳沢理沙) 씨.

[표 1-3] 히지카타 도시조 편지

번호	연월일(음력)	내용	수취인	출전
1	1860년(만엔 원년) 12월 2일	약품을 살펴본 건에 대하여 (御薬品見に付)	고지마 노모 (小島御老母)	a39, d13
2	1863년(분큐 3) 정월 중순	장군의 상경에 수행을 한 건에 대하여 (御上洛御供に付)	고지마 시카노스케 (小島鹿之助)	d18, m9
3	1863년 3월 26일	저의 귀향에 대해 전혀 알지 못함 (小子帰国一向相分 不申)	고지마 시카노스케 외 1명 (小島鹿之助他一名)	d23, h123
4	1863년 11월	마쓰모토 스케스케건 외 (松本捨助之儀他)	고지마 시카노스케 (小島鹿之助)	a82, d27, h129
5	1863년 11월	저의 귀향은 언제쯤 될 지 알 수 없음 (拙義下向之程難斗)	히라타 다효에 외 1명 (平忠兵衛他一名)	d37
6	1864년(겐지 원년) 정월 12일	장군상경 오사카 경비 (御上洛浪花警固)	히라타다 우에몬 외 1명 (平忠右衛門他一名)	c33, d43, e상145, h132
7	1864년(겐지 원년) 4월 12일	각서(覚, 하치카네 이쓰[はちかね壱ツ])	사토 히코고로 (佐藤尊兄(彦五郎)	b61, c35, d48, e상160, h133

8	1864년 4월 12일	입궐 때(御参内之砌)	사토 히코고로 외 1명 (佐藤彦五郎他一名)	d51, h134
9	1864년 4월 12일	상경하여 봉공함 (上京仕別段御奉公)	미상(不詳)	d54
10	1864년 6월 20일	이번 달 5일의 전공 (当月五日の戦功)	사토 히코고로 (佐藤彦五郎)	d57
11	1864년 7월 2일	조슈인 후시미까지 (長州人伏見迄)	사토 히코고로 (佐藤彦五郎)	d59
12	1864년 8월 19일	교토가 일변함 (京都一へん)	고지마 시카노스케 (小島鹿之助)	d61
13	1864년 8월 19일	교토 및 조슈의 형세 (上方筋幷に防長之 形成)	고지마 시카노스케 외 1명(児島尊兄 [小島鹿之助]他一名)	d69
14	1864년 9월 16일	미우라 게이노스케 위탁 외 (三浦敬之助預り他)	가쓰 아와노카미 (勝阿波守, 가이슈[海舟])	a109, d72, e상263, h141
15	1864년 9월 21일	가미미조촌 화재 위문 외 (上溝村火事見舞他)	고지마 시카노스케 (小島鹿之助)	c36, d77
16	1864년 10월 9일	포술조련(砲術調練)	곤도 이사미 외 1명(近藤勇他一名)	b68, c37, d83, e상269, j189
17	1865(게이오 원년)년 2월 9일	천하일대사건 (天下一大事之事)	사토 히코고로 (佐藤彦五郎)	d94, e상292, j191
18	1865년 3월 1일	니시혼간지로 여숙 바꿈(西本願寺江旅 宿替り)	사토 히코고로 (佐藤彦五郎)	d103, e상297
19	1865년 7월 22일	조슈로 향발 외 (防長発向他)	이노우에 마쓰고로 (井上兄[松五郎])	c39, d125, e상341
20	1865년 11월 2일	히로시마에 용무가 있어 출발 (広島御用として発向)	곤도 슈사이 외 3명 (近藤老先生[周斎]他 三名)	d129
21	1865년 12월 12일	곤도 외 히로시마로 감 (近藤外広島へ罷越)	이노우에 마쓰고로 (井上松五郎)	c39, d136, e상367
22	1866년 정월 3일	신춘을 축하함 (新春之御吉慶)	사토 요시사부로 (佐藤芳三郎)	d142, e상284
23	1866년 정월 3일	신춘을 축하함 (新春之御吉慶)	히지카타 하야토 외 1명 (土方隼人他一名)	d145, e상285
24	1866년 2월	나의 단도 (小生さし口之刀)	사토 히코고로 (佐藤彦[佐藤彦五郎])	d147
25	1866년 3월 29일	조슈일대 일건 (防長一件)	미야카와 양 형 외 (宮川両兄他)	d153, l17

26	1866년	조슈사건 관군의 사정이 좋지 않음 (防長事件官軍不都合)	평작평형(平作平兄)	b74, d157
27	1867년 정월 6일	나이를 한 살 더 먹음(加年之曆始)	하시모토 양가(橋本御両家)· 고지마 시카노스케 (小嶋兄(鹿之助)	a74, m13
28	1867년 11월 1일	속달편지로 알림 (以飛札致啓上)	미상(不詳)	d167, h151
29	1868년 8월 21일	이나와시로 몰려오다 (猪苗代江押来ル)	아이즈번 가로 나이토 스케에몬씨 (内藤君[会津藩家 老内藤介右衛門])· 오하라씨(小原君)	d177

출전표의 난에 있는 부호는 각각 a:『新選組!展』, b:『新選組のふるさと日野』, c:『特別陳列・新選組』, d:『全書簡集』, e:『新選組日誌』상·하, h:『新撰組史料集』, j:『聞きがき新選組』, l:『幕末史研究32』, m:『幕末史研究35』, 숫자는 쪽을 나타낸다. 작표 협력에 야나기사와 리사(柳沢理沙)씨.

[표 1-4] 오키타 소지 편지

번호	연월일(음력)	내용	수취인	출전
1	1865(게이오 원년)년 정월 2일	신춘을 축하함 (新春之御吉慶)	고지마 시카노스케 (小島鹿之助)	a73, d92, h142, n38
2	1865년 3월 21일	야마나미가 사망함 (山南死去仕侯)	사토 히코고로 (佐藤彦五郎)	b72, c45, d113, h144
3	1865년 7월 4일	미야카와 노부키치 는 같은 조임 (宮川信吉は同組)	미야카와 오토고로 (宮川音五郎)	a73, d118
4	1865년 12월 12일	교토와 오사카 형세도 변함이 없음 (京阪形勢も無替侯)	사토 히코고로 (佐藤彦五郎)	d122, h147
5	1866년 정월 3일	신춘을 축하함 (新春之御吉慶)	고지마 시카노스케 (小島鹿之助)	d140, h143, n39
6	1867년 정월 10일	개원을 축하함 (改年御吉例)	고지마 시카노스케 (小島鹿之助)· 하시모토 미치스케 (橋本道助)· 하시모토 사이조 (橋本才蔵)	d164, h150
7	1867년 11월 12일	히지카타(土方)· 이노우에 두사람 상경함 (井上両氏上京)	미야카와 오토고로 (宮川音五郎)	a109, d171, l22

[표 1-5] 이노우에 겐자부로 편지

번호	연월일(음력)	내용	수취인	출전
1	1865(게이오 원년)년 7월 1일	만푸쿠지까지 찾아옴 (万福寺迄御尋被下)	이노우에 마쓰고로 (井上松五郎)	e상334
2	1865년 9월 22일	장군 입궐에 대하여 (将軍参内に付)	이노우에 마쓰고로 (井上松五郎)	b73

출전표의 난에 있는 부호는 각각 a:『新選組!展』, b:『新選組のふるさと日野』, c:『特別陳列·新選組』, d:『全書簡集』, e:『新選組日誌』상·하, h:『新撰組史料集』, j:『聞きがき新選組』, l:『幕末史研究32』, n:『小島資料館目錄』, 숫자는 쪽을 나타낸다.
작표 협력에 야나기사와 리사(柳沢理沙) 씨.

에 겐자부로가 보낸 편지 목록이다. 그들이 때때로 교토의 상황을 에도나 다마의 관계자들에게 알려주고 있었다고 추측된다.

이 중에 곤도 편지書簡 7에 있는 1863년 3월자「포부를 대략 기술한 글志大略相認書」은 곤도 등이 교토에 잔류하게 된 사정이나 아이즈번에 위탁頂り 되기까지의 경위, 나아가서는 자신의 결의를 밝힌 글이었다. 이 편지의 말미 에 있는 수취인명 부분에는 곤도 슈사이 이하 17명의 이름이 기록되어 있으며, 다 읽었다는 표시印나 날짜月日, 혹은 회송처가 기록되어 있다. 이 기록에 의하 면 곤도 슈사이는 4월 17일에 시마자키 유사부로島崎勇三郎에게 이 서간을 보냈 으며, 유사부로는 이 서간을 가게야마 신노조蔭山新之丞에게, 가게야마는 데라 오 야스지로寺尾安次郎에게, 데라오는 19일에 하기와라 다가지로萩原多賀次郎에 게 전달했다. 이 외에 날짜는 분명하지 않지만 하치오지의 다니아이谷合家家 로부터 하기와라 다다시萩原糾·한조半三 양가에 돌린 기록도 보인다.

곤도 편지 8의 1863년 5월로 추정되는 편지는 미부로시구미가 결성된 경위를 기록하였다. 수취인은 하기와라 다가지로 이하 10명이며, 곤도는 말 미에 "이상의 분들이(이 편지를) 차례로 돌려 볼 수 있도록 부탁드립니다右の御樣方 へ御順達の程伏して願い奉り候"라고 요청했다. 이 편지의 수취인 부분에도 다 읽었다 는 표시印나 날짜月日, 회송처가 기록되어 있다.

곤도 편지 14의 1863년 10월 30일부의 편지는, 10월 10일의 기온의 요정 이치리키一力의 모임에서 여러 번들의 섭외역周旋掛을 상대로 곤도가 시세론時勢論을 연설한 것 등이 기록되어 있다. 이 편지도 수취인이 사토 히코고로 이하 8명, "그 외 여러분들外御一統様"로 되어 있다.

개인 앞으로 보낸 편지에도 예컨대, 곤도 편지 12의 1863년 10월 20일부 편지는, 8월 24일에 히라노 구니오미平野國臣를 추적한 산조나와테三条縄手 사건이나, 신센구미 내의 조슈번 첩자를 살해한 사건 등을 사토 히코고로에게 알린 것이지만, 말미에 "이노우에 씨, 고지마 씨, 하시모토 씨, 친족 일문에게 도 잘 부탁드립니다"라고, 다마의 호농들이나 시위장의 문하생들에게 잘 전해 달라고 부탁하고 있다.

히지카타 이하 시위장 출신의 신센구미의 중추적인 인물들은 다마나 에 도의 지인들에게 빈번하게 교토의 상황을 알려 주고 있었다.

네트워크상의 사람들

그러면 이러한 편지의 수취인들은 어떠한 인물들이었는지 살펴보자. 앞에 서 소개된 인물들은 생략한다.

데라오 야스지로

데라오 야스지로寺尾安次郎는 도쿠가와가 산쿄三卿의 하나인 다야스가田安家 의 가신으로, 1865년, 1866년, 1868년에 식료관계 재정담당자賄組頭를 지냈다.[41]

---

41 深井雅海・藤實久美子 편, 『江戸幕府役職武鑑編年集成』 제35~36권, 1999년, 東洋書林.

사토 히코고로

사토 히코고로佐藤彦五郎(俊正)는 1827년에 다마군 히노숙역의 촌장인 히코우에몬의 장남으로 태어났다. 어머니 마사는 도시조의 아버지인 이시다촌의 히지카타 하야토의 여동생이고, 아내인 노부는 도시조의 누나다. 가스가 안세이샤春日庵盛車라는 아호俳号를 가지며, 다마의 하이쿠계에서 활약했다.

1837년 11살의 나이에 히노숙역의 촌장을 계승한 그는 1850년에 곤도 슈스케에게 입문해 1854년에는 천연이심류의 비법을 전부 전수받았다. 그리고 1866년 거주지 부지 내에 연습장을 마련했다. 『삼국지』에서 힌트를 얻어 곤도 이사미, 고지마 시카노스케와 함께 의형제를 맺었다. 곤도 이사미가 로시구미에 참가해 상경한 뒤로 다마의 천연이심류와 시위장의 관리를 맡았다. 1863년 히노숙역의 농병대장이 되어 1866년 부슈잇키武州一揆 때 농병대를 이끌고 출동했다. 1868년 고슈甲州(현 야마나시현) 가쓰누마勝沼전쟁에서는 가스가 사카리春日盛로 변명을 하고 히노숙역 농병대의 일부를 가스가대春日隊로 명명한 뒤 곤도 이사미 등이 소속된 고요甲陽진무대와 합류했다. 가쓰누마의 패전 후 관군으로부터 도망치기 위해 은신했는데 여러 촌에서 구명운동을 하여 같은 해 윤 4월 4일에 사면되었다.

1870년(메이지 3) 촌장직에서 물러난 다음, 1888년에 곤도와 히지카타를 위한 '순절양웅지비殉節兩雄之碑'를 다카하타산高幡山 곤고지金剛寺(다카하타후도[高幡不動], 현 히노시[日野市])에 건립하는 등 곤도와 히지카타의 명예회복에 진력했다.

고지마 시카노스케

고지마 시카노스케小島鹿之助는 1830년 다마군 오노지촌의 촌장 고지마 쓰노사에몬마사노리小島角左衛門正則의 장남으로 태어났다. 시호는 다메마사為政로, 1847년에 오노지촌 요세바조합 35개 촌의 총대가 된다. 1848년 곤도 슈스케에게 입문한다. 그의 아버지도 천연이심류에 입문했으며, 저택 내에 도장이 있었다. 다마의 천연이심류 유력문하생 중의 한 사람으로 곤도 이사미, 사토 히코고로와 의형제를 맺었다. 한학을 공부한 교양인이었으며, 이사미에게 사상적 영향을 미쳤다고 한다.

교토에 있는 곤도나 히지카타로부터 빈번하게 편지를 받았다. 아내인 히사는 히지카타의 사촌이었고, 조부 마사토시政敏는 히지카타의 조모 노에 와 오누이 관계였다. 1866년에는 농병대를 조직해 대장이 되었다. 1868년, 가쓰누마전쟁 때 고요진무대에 참가하려고 하였으나 합류전에 고요진무대 가 패하는 바람에 성사되지 못했다.

메이지 시대가 되자 곤도와 히지카타의 현창운동을 하기 시작해 1888 년에는 사토 히코고로 등과 함께 다카하타산 곤고지에 '순절양웅지비'를 건립했다.

미야카와 오토고로

미야카와 오토고로宮川音五郎는 1830년 다마군 가미이시하라촌에 태어났 다. 곤도 이사미의 큰형으로 시호는 광신光信이다. 1848년 11월에 동생 구메지 로·가쓰고로(이사미)와 함께 곤도 슈스케에게 입문했다. 이사미가 상경한 후에는 사토 히코고로나 고지마 시카노스케 등과 함께 곤도가와 시위장을 관리했다.

오키타 린타로

오키타 린타로沖田林太郎는 1826년 다마군 히노숙역의 이노우에 마쓰고 로의 분가인 이노우에 소조井上宗藏의 동생으로 태어났다. 1847년경에 시라 카와번사白河藩士 오키타 쇼지로沖田勝次郎의 장녀 미쓰(오키타 소지의 누나)와 결혼 해 가록 22표俵 2인 부양扶持42인 오키타沖田가家를 상속했다. 후일 곤도 슈스케에 입문했다.

그 후, 시라카와번을 떠나 1863년에 로시구미에 참가하여 상경했지만, 기요카와 하치로清河八郎 등과 함께 에도로 돌아왔다. 이후 로시구미는 쇼나이번庄内藩(현 야마가타 현[山形県山形県])에 위탁되어 신초구미新徴組로 개칭되었는데 린타로는 5인 부양扶持 25냥 녹봉을 받는 소책임자小頭가 되었다. 동년 7월에는 이치가야(현 신주쿠구[新宿区])에 거주하게 되었다. 1868년에 신초구미가 쇼나이번에서 철수함에 따라 이주하였다가 1874년경에 귀경했다.

미야카와 소베

미야카와 소베宮川惣(総)兵衛는 1832년에 다마군 가미이시하라촌에 태어났으며, 곤도 이사미의 둘째형이다. 구메지로粂次郎라고 불리며, 시호는 종신宗信이다.

1848년에 형 오토고로音五郎, 동생 가쓰고로(곤도 이사미)와 함께 곤도 슈스케에게 입문을 했다. 그 후, 노나카신덴 젠자에몬野中新田善左衛門조組(고다이라[小平市])의 사토佐藤가家의 양자로 들어가서 사토 소베佐藤惣兵衛로 칭했는데, 나중에 본가로 돌아와서 미야카와 소베로 칭했다. 1864년에 상경하지만 곧 고향으로 돌아와서 같은 해 9월, 곤도 이사미가 에도에서 대원을 모집했을 때 새로참가한 대원들과 함께 다시 상경했다.

가스야 료준

가스야 료준粕谷(屋)良循은 히지카타 도시조의 셋째 형으로 시모소메야下染谷(현 고가네시[小金井市]·후추시[府中市])의 의사 가스야 센료粕谷(屋)仙良의 양자가 되어 료준으로 불렸다. 1863년에 곤도 이사미가 상경한 뒤로 곤도의 양부인 슈스케의

---

42 주군으로부터 가신에게 급여된 봉록. 에도 시대에는 한 사람이 하루 현미 5합(玄米五合)을 표준으로 해서 1년 치를 쌀이나 돈으로 지급함을 말한다 (역자주).

주치의가 되었다.[43]

　이상 살펴본 바와 같이 시위장 출신의 신센구미 중심 멤버들은 다마의 유력자나 에도의 지인들과 네트워크를 형성하고 있었다.

　마지막으로 쓰루마키 다카오鶴券孝雄는 교토에 있는 신센구미와 이 네트워크를 통해서 전달된 정치정보에 관해서, "그들(신센구미)은 당시 다마 지역 지도층에게는 정보원으로서, 혹은 정치의식을 형성하는 매개로서 매우 중요한 존재였다. 신센구미는 교토에서 전개되는 가장 최첨단의 정치 동향 담당자였으며, 그들이 가져다 주는 정치·정국 정보는 최신, 최고도의 것이었다. 그들의 정치적, 당파적인 입장을 경유한 정보나 사상은 지역지도자들의 시대인식, 국가관념, 정치의식에 깊은 영향을 끼쳤다"고 다마 지역의 정치의식, 정치사상에 중요한 영향을 미친 점을 지적했다.[44]

　신센구미 네트워크는 시위장 시대에 구축된 '다마↔에도'의 인간관계를 기초로 교토에서의 로시구미·신센구미의 활동전개와 더불어 '다마·에도↔교토'로 발전시킨 것이었다. 곤도 등 신센구미의 중심 멤버들은 다마 지역의 유력가와의 관계를 배경으로 교토에서 활동을 한 것이었다.

3. 에도의 수도 기능

수도 에도

이상으로 신센구미의 중심 멤버가 다마와 에도에 깊은 관계를 가지는 점을

---

43 『新選組日誌』상, 35쪽.
44 鶴券孝雄 ,「『国家の語り』と『情報』: 地域指導層の国家·社会意識と諸活動をめぐって」, 新井勝紘 편, 『民衆運動史 4·近代移行期の民衆像』, 青木書店, 2000년, 284쪽.

살펴봤다. 그러나 이 두 지역의 밀접한 관계는 에도 말기에 갑자기 형성된 것이 아니라 약 250년간 이어진 에도 시대를 지나면서 형성, 강화된 것이었다.

우선, 에도의 도시적 성격을 살펴보기로 하자. 1600년의 세키가하라전투에서 승리한 도쿠가와 이에야스는 1603년에 정이대장군征夷大將軍이 되어 에도에 막부를 개설했다. 이후 1867년에 막부가 소멸할 때까지 에도는 정치의 중심=수도로서 기능했다. 에도 시대를 통해서 다마는 에도와의 유대를 강화해 왔던 것이다.45 에도가 수도인 점에 대해서 에도 막부가 편찬한 역사서인『도쿠가와실기德川實記』에는, 세키가하라전쟁 후에 도쿠가와 이에야스와 그의 아들 히데타다가 전국 지배의 거성을 에도성으로 결정한 것이 기록되어 있다. 1613년에는 이에야스가 에도성은 법령, 정령政令이 나오는 곳인 동시에 전국의 다이묘가 근무하는 곳이라고 말한 내용이 기록되어 있다.46

또한 8대 장군 요시무네吉宗는 막부 고용 유학자인 무로 규소室鳩巢와 참근교대제參勤交代制에 대해 대화를 하던 중, 3대 장군 이에미쓰대까지는 에도가 한적해서 '국군国郡'=수도로서의 모습을 갖추지 않았기 때문에 당시의 로주 등이 상의해서 참근교대제를 시작했다고 말하고 있다.47 요시무네의 말의 진위는 별도로 하더라도 그가 에도를 수도로서 인식하고 있었음을 알 수 있다.

막말유신기에 막부의 신하였던 가쓰 가이슈勝海舟도 1868년 3월 사이고 다카모리西鄕隆盛와의 회담에서, 대정을 봉환한 이상 에도는 일본皇国의 수도首府이며, '일본의 수도皇国の 首府', '천하의 수도天下の 首府'인 에도에서 도쿠가와 때문에 전투를 해서 '국민'을 살해하는 사태를 유발하는 일은 도쿠가와 요시노부德川慶喜도 바라는 바가 아니라며,48 에도가 수도라는 인식하에 전쟁의 재화

---

45 大石学,『首都江戸の誕生』, 角川選書, 2002년.
46 黒板勝美・国史大系編集会 편,『新訂増補国史大系・徳川実記』제1편, 吉川弘文館, 1981년, 234, 607쪽.
47『新訂増補国史大系: 徳川実記』제9편, 吉川弘文館, 1982년, 252쪽.

로부터 지킬 것을 주장했다.

이처럼 에도 시대를 통하여 에도는 정치, 행정의 중심=‘수도’로서 인식
되었다. 에도에는 장군을 비롯해 직속의 하타모토, 게닌이 거주하고 있었
다. 또한 참근교대에 의해 격년으로 에도에서 생활을 해야 했던 전국의 약
260의 다이묘가 상·중·하의 저택을 짓고 거기에서 근무하는 가신들도 다수
생활하고 있었다. 게다가 그들의 일상생활을 뒷받침하는 상인이나 직인들
도 다수 거주하여 에도는 수도로서의 경관을 갖추기에 이르렀다. 에도의
인구에 대해서는 여러 설이 있지만, 5대 장군 쓰나요시綱吉 치세(1680~1709)인
겐로쿠元禄(1688~1704) 시대에 이미 100만 명에 달해 있었다고 한다.

외교의 중심

에도는 또한 외교의 중심지였다. 3대 장군 이에미쓰는 간에이 연간寛永年間
(1624~1644)에 쇄국체제를 확립했다. 쇄국체제라는 것은, ① 나가사키長崎를 경
유해 중국, 네덜란드와, ② 쓰시마対馬를 경유해 조선과, ③ 사쓰마薩摩를 통해서
류큐琉球와, ④ 마쓰마에松前(현 홋카이도)를 통해 아이누 민족과 교류하는 시스템
을 말한다. 이러한 네 개의 외교통로四つの口 중에 통일적인 국가를 형성하지
않았던 아이누 민족과 국교를 회복하지 않았던 중국을 제외한 조선, 류큐,
네덜란드와의 외교는 에도를 무대로 전개되었다. 조선과의 관계는, 1636년
최초의 통신사(장군에게 보낸 사절)가 내일한 이래로 1811년까지, 새 장군이 취임했
을 때나 기타 경사가 있을 때 등 전부 9회에 걸쳐 이루어졌다. 그러다 1811년
이후로는 재정악화 등의 이유로 쓰시마에서 통신사를 맞이하게 되었다.

류큐사절은 1634년에 장군 이에미쓰가 상경을 했을 시에 장군 취임을

---

48 勝海舟全集刊行会 편, 『勝海舟全集 1: 幕末日記』, 講談社, 1976년, 35쪽.

축하하기 위해 사절을 파견한 것을 시작으로, 새 장군이 취임할 때마다 경하사慶賀使를, 그리고 새 류큐왕이 즉위할 때마다 사은사謝恩使를 에도에 파견했다. 이는 1850년까지 18회에 이른다.

네덜란드는 유럽국가 중에서 일본과 유일하게 통상을 한 국가였다. 막부는 1639년에 포교에 열심인 구교국가 포르투갈과의 통상을 중지하고 네덜란드(동인도)와 나가사키의 데지마出島에서 통상을 하기로 했다. 데지마에는 동인도회사의 지점인 상관商館이 설치되어 에도 시대의 통상을 담당했다. 이 상관의 책임자는 상관장(カピタン)이었으며, 그 또한 매년(1790년 이후는 4년에 1번) 에도를 찾았다. 에도에서의 숙소는 1641년 이후부터는 이전에 포르투갈인의 숙소였던 나가사키야 겐에몬長崎屋源右衛門의 집이었다. 상관장이 에도에 체재하는 동안에는 나가사키야長崎屋에 많은 난학자蘭学者들이 방문하여 서양 지식을 흡수했다.

외국인의 에도 인식

일본을 방문한 많은 외국인들도 에도를 수도로 인식하고 있었다.

예를 들면 1690년부터 1692년까지 네덜란드 동인도회사의 의사로서 나가사키의 데지마에 체재하고 있었던 독일인 의학자 켐펠Englebert Kaempfer은 에도를 "전全왕국의 수도"[49]로 규정했으며, 1719년 조선통신사에 수행을 했던 신유한은 도쿠가와 이에야스가 수도를 오사카에서 에도로 옮겼다고 기록하고 있다.[50]

네덜란드 동인도회사의 부속의사로 1775년부터 1년간 식물조사를 위

---

49 「江戸参府旅行日記」, 『エルギン卿遣日使節録』, 岡田章雄 역, 新異国叢書, 雄松堂出版, 1968년, 193쪽.
50 「海游録」, 강재언 역, 平凡社東洋文庫, 1974년, 122쪽.

해 일본에 체재한 스웨덴 식물학자 툰베리Carl Peter Thunberg는 그의 저서『에도 참부수행기江戸參府隨行記』[51]에서 "수도首府 에도"로 표현하였다. 러시아 해군소령 골로빈은 1811년에 구나시리도国後島 측량 중에 막부 관리에게 붙잡혀 2년 3개월간 감옥생활을 했는데, 그의 견문기인『일본부로실기日本俘虜實記('俘虜'는 포로라는 뜻)』[52]에서 에도를 수도로 표현하였다.

에도 시대에 일본에 온 외국인들 또한 에도를 수도로 인식하고 있었다.

막말의 수도 외교

그러면 막말기의 외교에 있어 수도 에도는 어떤 역할을 수행했을까. 1854년 3월 3일, 미일화친조약이 체결되어 시모다下田와 하코다테箱館를 개항하였다. 그 후 화친조약은 영국, 러시아, 네덜란드와도 체결된다.

이어서 1858년 6월 19일, 미국 총영사 해리스는 미일수호통상조약을 체결했다. 그 내용은, 하코다테箱館・가나가와神奈川・나가사키長崎・니가타新潟・효고兵庫(현 고베시 효고구)를 개항하고 외국인 거류지를 설치해서 자유무역을 실시한다는 것이었다. 수호통상조약은 네덜란드, 러시아, 영국, 프랑스와도 체결되고(안세이 5개국 조약), 1860년에는 프러시아와도 체결되었다. 이 조약은 조약국에게 영사재판권을 인정하고 일본의 관세자주권을 부정하는 등 불평등한 내용의 조약이었다. 게다가 막부의 다이로大老인 이이 나오스케가 조정의 허가도 받지 않고 조약을 체결했기 때문에 막부의 정치幕政를 비판하는 존왕양이운동이 고조되어 나오스케는 1860년 3월 3일 에도성 사쿠라다 문 밖에서 암살당한다.

통상조약이 체결됨에 따라 시바芝에서 시나가와品川에 이르는 도카이도

---

51 「江戸參府隨行記」, 高橋文 譯, 平凡社東洋文庫, 1994년, 20, 139, 158, 196쪽.
52 『日本俘虜實記』, 德力愼太郎 譯, 講談社學術文庫, 1984년, 하, 11, 70, 163쪽.

연선東海道沿線에 있는 사원에 공사관이 설치되었다. 에도 아자부麻布(현 미나토구[港区])의 젠푸쿠지善福寺에는 1859년에 미국 공사관이 개설되고, 해리스가 공사로 취임했다. 미타 다이마치三田台町의 사이카이지済海寺에는 프랑스 공사관이, 시바 이자라고마치伊皿子町의 조오지長応寺에는 네덜란드 공사관과 스위스 공사관이, 가미타카나와上高輪의 도젠지東禅寺에는 영국 공사관, 시바 니시쿠보西久保의 덴토쿠지天徳寺에는 러시아 공사관, 아카바네赤羽문 밖의 조조지增上寺에는 프러시아 공사관이 각각 개설되었다.

이리하여 시바·시나가와 지역은 수도 교외의 외교무대로서 중요한 역할을 수행함과 동시에, 1860년 존왕과격파에 의한 미국 공사관 통역관 휴스켄 암살, 1861년 도젠지의 영국 공사관 습격 등, 심각한 정치적 사건이 일어난 장소이기도 했다.

이상과 같이, 에도 시대를 통해 도시 에도는 수도로서 인식되어 수도의 기능을 축적, 강화해 왔다.

4. 다마와 에도의 역사적 관계

에도 주변 지배체제의 특징

다음으로 다마와 수도 에도의 관계에 대해 살펴보고자 한다. 앞서 언급한 것처럼, 다마와 에도는 에도 시대를 통해 관계를 강화해 왔는데, 그 주요한 요인으로는, ① 다카바鷹場 제도, ② 신전 개발, ③ 가도街道, ④ 상수원 등 네 가지 요소를 들 수 있다. 다마를 포함한 에도 주변지역은 상기 요인들 때문에 에도의 수도 기능을 유지·강화했다는 점에서 수도권이라고도 부를 수 있는 지역이었다.[53]

네 개의 요인 중 우선 매사냥터鷹場(다카바) 제도에 대해서 살펴보자. 수도 에도의 주변지역은 막부령幕府領, 개인령私領, 사원령寺社領이 복잡하게 섞인 (犬牙錯綜) 지배체제를 취하고 있었다. 이는 장군의 거처将軍の御膝元인 에도 주변 에 강력한 영주가 존재하거나 대규모의 농민봉기가 일어나는 것을 방지하 기 위해, 혹은 재해에 의한 하타모토 영지의 피해를 분산시키기 위해서라고 추측된다.

그러나 복잡한 지배체제는 치안을 불안정하게 하는 요인이기도 했다. 예를 들어, 막부령에서 범죄를 저지른 범인이 개인령이나 사원령으로 도망 을 친 경우, 막부 관리의 경찰권이 미치지 못해 해당 영주와 교섭을 벌이는 사이 범인이 또 다른 영지로 도망을 가버리는 등의 사태가 발생할 수 있었다.

에도 주변지역에 대해서는 다음과 같은 기록이 남아 있다. "장군거처 주변인 부요武陽(무사시노쿠니)의 농민은 매를 기르는 장소로서, 때로는 에도 방어의 요충지이기에 타국의 농민과는 달라, 곤겐님権現様께서도 연민의 정 을 가지시고 우군으로 생각하셨다",[54] 즉, 도쿠가와 이에야스権現様는 에도 주변 무사시노쿠니武蔵国의 농민을 매사냥의 용무와 전시의 요새란 점에서 다른 영지의 농민과는 달리 특별히 연민의 정을 가지고 있었다는 것이다. 에도 주변의 농민은 에도 막부·도쿠가와가와 일체이며 동지라고 인식되었 던 것이다.

무사시노쿠니, 특히 에도 주변지역은 명백히 타 지역에서는 볼 수 없는 정치적·군사적 기능과 성격을 강하게 지니고 있었다. 이 지역은 또한 장군 ·도쿠가와가의 영역이라는 의미에서 '오바御場', '오바쇼御場所'라고도 불렸다 (즉 '御'자를 붙여 불렸다는 의미−역자주). 이러한 성격을 중시해서 에도 주변지역을

---

53 大石学, 『多摩と江戸: 鷹場·新田·街道·上水』, たましん地域文化財団, 2000년.
54 「松平左近将監風説集」, 国立公文書館内閣文庫所蔵.

'에도성성부지江戸城城付地'라고 하기도 했다.[55] 그리고 이 '에도성성부지'의 성격을 잘 보여 주는 것이 매사냥터 제도였다.

다카바 제도의 정비

이에야스가 매사냥(매를 이용한 사냥)을 좋아한 것은 널리 알려져 있는데, 이에야스는 매사냥에 대해서 오락을 위해서 뿐만 아니라 민중의 고통이나 무사의 기풍을 관찰하기 위해, 더 나아가 장군 자신의 건강이나 군사훈련을 위해서 실시해야만 한다고 말하였다.[56] 에도 주변지역은 매사냥터 설정에 의해 복잡한 지배체제를 넘어서 일원적인 장군의 영역으로서 의미가 부여되었던 것이다.

이에야스의 손자인 3대 장군 이에미쓰도 매사냥을 즐겼다. 이에미쓰는 1628년에 에도로부터 대략 반경 20km의 지역에 매사냥터 법도鷹場法度를 시행하여 통일적인 지배를 행하는 한편, 1633년에는 그 외곽 약 20~40km 지역에 삼가三家(尾張·紀伊·水戸)를 위한 매사냥터를 설치하고, 매사냥에 사용하는 매를 관리하는 응장鷹匠(다카조), 매사냥터를 관리하는 도리미鳥見, 매의 먹이를 모으는 에사시餌差라는 직제의 정비를 행하는 등 매사냥터 제도의 기초를 닦았다.

그러나 5대 장군 쓰나요시 시대가 되면 '쇼루이아와레미노레이生類憐みの令'(살아있는 짐승들의 살생을 금하는 법령)와 관련해서 매사냥은 중지되고 매사냥터 제도나 매사냥터와 관계된 직책도 폐지되었다.

8대 장군 요시무네吉宗는 1716년(교호[享保] 원년) 8월, 장군 취임과 동시에 교호개혁의 일환으로 매사냥터 제도를 부활·정비하고, 에도로부터 반경 20km 이내의 지역을 장군의 매사냥터로 지정했다. 다음해에는 장군 매사냥터 바깥쪽 20~40km의 지역에 삼가의 매사냥터를 재설치했다. 이러한 조치

---

55 大石学, 『享保改革の地域政策』, 吉川弘文館, 1996년, 제2편 제1장, 제2장.
56 『新訂増補国史大系·徳川実記』 제1편, 361쪽.

는 요시무네가 매사냥을 좋아했다는 점, 이에야스의 고사故事에 의거해 권위를 강화하려고 한 점 외에도, 막부 주도의 수도권 재편이라는 의의를 가지는 것이었다. 즉, 겐로쿠 기간(1688~1704)의 매사냥의 폐지로 에도 주변지역에 대한 막부의 규제력이 약화되어 농민 주도의 개발에 의한 지역분쟁이나 소동이 증가하고 있었기 때문이다.[57]

요시무네는 매사냥터 제도의 부활을 통해서 이 지역을 장군의 영역으로 재편성한 것이었다. 우선 영주 지배 지역의 혼재를 뛰어넘어 에도 주변의 매사냥터를 가사이葛西(현 아라카와 하류荒川下流 지역), 이와부치岩淵(기타구北区 주변), 도다戸田(사이마타현 도다시埼玉県 戸田市 주변), 나카노, 메구로, 시나가와 등의 6지역으로 구분하고 구역마다 도리미 관리를 설치해서 매사냥터를 관리하게 했다.

또한 노가타령野方領, 세타가야령世田谷領 등 '령領'을 단위로 후레쓰기触次(관청에서 나온 명령을 전달하는)역을 설치해 다카노鷹野(매사냥을 말함) 관리소를 통해서 이것을 통괄했다. 령은 관에서 나온 문서(触廻状)의 전달, 다카바 인부 비용의 부담, 매사냥터 관리의 숙박 비용 부담, 다카노 관리소에 여러 가지 서류의 신고·전달, 에도성 내에서 재배할 채소류의 종자·초목류, 관상용으로서의 곤충류 등 에도성에 상납할 물건의 부담 단위로서 기능을 했다.

매사냥터 지역의 일체화와 행락지 정비

매사냥터 제도의 부활에 의해 매사냥터 지역의 촌들은 동질화·일체화되어 갔다. "가와사키령·이나게령도 다른 매사냥터 지역과 같습니다(川崎領·稲毛領も御場一同の義に御座候)",[58] "매사냥터 지역은 모두 같이 취급해야 한다고 생각합니다(御場所の儀は一体の儀と存じ奉り候)",[59] "매사냥터 지역은 모두가 동일한 것(御鷹場は

---

57 木村礎·伊藤好一 편, 『新田村落』, 文雅堂書房, 1960년, 76쪽.
58 東京都大田区史編さん委員会 編, 『大田区史』資料編·平川家文書 1, 大田区発行, 1975년, 193쪽.

一統の事)",[60] "매사냥터의 명목인 이상은 모두가 같은 것이기에(御拳場[將軍鷹場]の 名目に候上は一統の儀に付)"·"아라카와 북쪽의 령은 모두가 매사냥터이므로 동등하 게 취급해 주기를 바랍니다(荒川北領は一体御拳場に付, 平等の取り計い願い上げ奉り候)",[61] "영 내 모두를 균일(동질)하게 해야 한다고 생각하며(領内一統の平均すべく存じ奉り候)"·"땅 강아지의 상납할 분량도 동일한 비율로 한다(右の分螻蟲上納御一統の割合に仕り候)"[62] 등은 모두가 에도 주변지역의 사료에서 인용한 것인데, 매사냥터 지역의 촌 들이 동질화·일체화되어 가는 모습을 엿볼 수 있다. 교호개혁시의 매사냥터 제도의 부활은 에도 주변지역을 수도권으로서 장군의 휘하에 일원적으로 편성하는 역할을 했다.

요시무네는 또 수도권 정비의 일환으로서 에도의 동서남북에 행락지를 정비했다. 동쪽 근교의 스미다강 둑에 벚꽃나무를, 서쪽 근교의 나카노에 복숭아나무를, 북쪽 근교의 오지 아스카산에 소나무를, 남쪽 근교의 시나가 와 고텐야마에 단풍나무를 각각 심어 서민의 행락지로 삼았다. 다마가와玉川 상수원 지역에 있는 고가네이의 벚꽃나무도 요시무네의 지시에 의해 심어 진 것이었다. 요시무네의 정책은 행락지의 재편성이기도 했다.

단지 이들 동서남북의 행락지가 모두 장군의 매사냥터였다는 점은 주목 해야 할 것이다. 서민의 행락은 어디까지나 매사냥터 내에서 장군에게 하사 받은 지역이라는 형태를 취했던 것이다.

---

59 寛延二年, 「乍恐以書付奉願上候」, 東京都立大学付属図書館 소장, 堀江家文書.
60 渡辺家文書研究会·新宿区立歴史博物館 편, 『武蔵国豊島郡 角筈村名主渡辺家文書』 제1권, 新宿区教育委員会 발행, 1992년, 314쪽.
61 北区史編纂調査会 편, 『北区史』, 資料編·近世 2, 東京都北区 발행, 1995년, 598~599쪽.
62 近世村落史研究会 편, 『三鷹市史料集』 제1집, 三鷹市史編纂委員会 발행, 1969년, 140쪽. 이상, 다카바 지역의 일체화·동질화에 대해서는, 大石学, 「享保期鷹場制度復活に関する一考察」, 竹内誠 편, 『近世都市江戸の構造』, 三省堂, 1997년 참조.

무사시노의 개발

에도와 다마의 관계를 강화시킨 두 번째의 요인은 신전 개발이었다. 장군 요시무네는 다마군에 펼쳐져 있는 무사시노武藏野의 개발을 추진했다.

이 지역은, "무사시노신전新田은 다마多磨, 이루마入間, 니자新座, 고마高磨의 4개 군郡에 걸쳐 있으며, 옛날에는 망망한 황야였다"[63]고 전해지듯 이전에는 허허벌판이었는데, ① 신마치촌, 온타촌, 도요다신전, 스나가와신전, 야가사키촌 등 에도 시대 초기의 토호들의 손에 의한 고촌古村의 성립, ② 오가와신전, 사카이촌, 다카이도신전, 니시쿠보촌, 렌자쿠신전, 기치조지촌 등 에도 전기(1624~1704)의 토호나 에도시로부터 이주한 이주민에 의해 개발된 고신전古新田의 성립과 같은 두 번의 개발 전성기를 거쳐, 가도나 용수로를 따라 개발이 진행되었다.

③ 교호개혁(1716~1745)의 신전 개발은 막부 주도하에 남아있던 무사시노의 대지면臺地面을 개발하는 것이었다. 무사시노 지역은, "논이 적고 밭이 많으며, 토양은 척박한 야토野土이므로 유기비료의 힘을 빌리지 않으면 오곡이 생식할 수 없다"[64]고 하듯이 생산력이 열악한 밭이 많았다. 이 때문에 에도 시중의 분뇨를 비료로 사용해 신전 경영을 가능하게 한 것이었다.

무사시노신전 개발과 육성은, 당시 마치부교町奉行(에도의 치안 책임자)였던 오오카 에치젠노카미 다다스케大岡越前守[65]忠相가 농정(地方御用)을 겸임하여 수행한 것이었다. 이는 100만 도시로 성장한 수도 에도에 채소, 곡류 등을 공급

---

63 蘆田伊人 편집교정, 『新編武藏風土記稿』 제7권, 大日本地誌大系 13, 雄山閣, 1981년, 19쪽.
64 『新編武藏風土記稿』, 제7권, 19쪽.
65 기본적으로는 율령제에서 관직의 4등급 중 최고위를 말함. 가미라는 음에 해당하는 하는 한자는 부처에 따라 다르다. 무가사회에서 사용되는 '무슨무슨(지방명)守'는 실제 그 지역을 통치하는 지방수령이 아닌 형식상의 호칭이나, 다이묘의 급에 상응하는 칭호가 사용되었다. 그리고 장군 이하 삼가, 산쿄는 조정의 태정관 내의 관직명이 수여되었다. 장군은 보통 내대신(內大臣)이 수여되었다(역자주).

하는 기능을 강화하기 위한 것이었음을 의미한다. 에도 주변의 동부 지역은 지세地勢 관계상 에도 시대 초기부터 논 중심으로 개발되었으며, 에도 시장의 채소, 곡류의 공급은 주로 다마 지역이 담당하게 되었다.

신전 개발은 오오카를 '책임자(오카시라御頭[66])'로 하는 관리집단이 막부의 농재정 관료기구인 간조쇼勘定所와 경합과 대립을 하면서 진행되었다. 1736년, 오오카가 신전검지를 단행하여 토지 소유자를 확정한 뒤 무사시노신전(新新田) 82개 촌이 성립되었다.

이상과 같이 교호개혁기에 마치부교겸 농정책임자 오오카에 의해서 에도(채소의 수요와 분뇨의 공급)와 무사시노(채소의 공급과 분뇨의 수요)를 연결하는 거대한 사이클이 형성되었다. 이것은 다마 지역이 에도의 수도 기능을 직접적으로 뒷받침하는 수도권으로서 정비, 강화된 것을 의미한다. 오오카 다다스케는 마치부교로서 수도 에도를 개조했을 뿐만 아니라, 농정관료로서 수도권의 정비도 수행했던 것이다.

고슈가도

다마와 에도의 관계를 강화하는 제3의 요인은 가도다. 다마와 에도를 동서로 연결하는 가도로 고슈가도甲州街道, 오메青梅가도, 이쓰카이치五日市가도가 있었다.[67]

고슈가도는 정식으로는 '고슈도추甲州道中'라 불렸으며 에도 시대의 주요 가도인 다섯 가도 중 하나였다. 나이토신주쿠内藤新宿(도쿄부 신주쿠東京都 新宿)에서 고후(야마나시현 고후山梨県 甲府)를 거쳐 시모스와下諏訪(나가노현 스와군 시모스와마치

---

66 武相史料刊行会校注, 『高翁家禄』, 武相史料叢書三, 1962년, 1쪽.
67 이하, 고슈, 오메, 이쓰카이치가도의 기술에 대해서는, 大石学, 『首都江戸の誕生』, 113~138쪽 참조.

[長野県 諏訪郡 下諏訪町])에 이르러 나카센도中山道와 합류하는 길이다. 숙역宿驛은 총 45곳이 있었으며, 각 숙역에는 25명·25필의 인마를 상비하는 것이 원칙이었다. 1604년에 다카이도高井戸(스기나미구[杉並区])숙역이 개설되었는데, 가도가 정비된 것은 이 무렵이었다. 원래는 다카이도(상하로 나뉘어져 있었다)가 제1의 숙역이었는데, 에도로부터 약 16㎞ 정도 떨어져 있었기 때문에, 1698년에 그 중간지점인 시나노노쿠니信濃国 다카토번주高遠藩主 나이토内藤氏의 저택 북쪽에 숙역을 신설하고 나이토신주쿠라고 불렀다. 나이토신주쿠는 오메가도의 분기점 역할을 했는데, 1718년에 일시 폐지되었다가 1772년에 재개한 이래로 크게 발전했다.

다마의 하치오지(도쿄부 하치오지시[東京都 八王子市])숙역도 에도 시대 후기에는 견직물의 집산지로서 번성했는데, 30여 군데 숙박시설旅籠이 있었다. 하치오지에는 에도 방어를 위하여 간토 18대관代官과 센닌도신이 집주해 있었으며, 물자의 이동을 감시하기 위하여 고보토케 검문소小佛關所(현 하치오지시[八王子市])를 비롯해, 사카이가와境川(야마나시현 후에후키시 사카이가와초[山梨県 笛吹市 境川町]), 쓰루세鶴瀬 (동현 히가시야마나시군 야마토초[同県 東山梨郡 大和町]), 야마구치(기타코마군 하쿠슈마치[北巨摩郡 白州町]) 에 각각 초소ロ留番所가 설치되었다.

에도 시대를 통하여 시나노노쿠니의 다카시마, 다카토, 이이다, 가이노쿠니甲斐國의 고후甲府 등의 여러 번들이 참근參勤교대시에 고슈가도를 이용했다. 또한 에도성으로 장군용의 우지차 항아리를 운송(茶壷道中)할 때나 고후에 근무하는 관리들, 하치오지의 센닌도신, 대관소의 관리 등도 왕래를 했다. 그 외에 말을 이용하여 고슈산의 포도·배·담배·솜, 가이산의 비단 등이 상품으로서 에도로 수송되었다.

기술한 바와 같이, 곤도 이사미는 가미이시하라촌, 히지카타 도시조는 이시다촌, 이노우에 겐자부로는 히노숙역의 출신이며, 출장교습지나 지원자의 네트워크 등도 고슈가도를 중심으로 전개되고 있다. 이 가도와 주변지역은 곤도 등 신센구미의 탄생에 있어 중요한 지역이었다.

오메가도 · 이쓰카이치가도

주요가도인 고슈가도의 보조적인 역할을 수행한 것이 샛길 왕복도인 오메青梅가도였다. 다마의 오메 지역은 이에야스가 간토로 이주했을 시기에 석회 제조를 개시했는데, 게이초 연간(1596~1615)에 에도성 수축(公儀普請)이 시작되자 오메가도가 정비되어 대량의 석회가 에도로 수송되었다. 천수각天守閣 공사시에는 2500표俵가 운반되었다. 오메석회는 에도시에도 판매되어 에도시 중심(城下町) 건설에도 큰 역할을 했다.

오메가도는 나이토신주쿠에서 오메까지 44㎞의 도정으로, 나카노, 다나시, 오가와, 하코네가사키의 4개소에 숙역을 설치했다. 오메부터 그 앞으로는 숙역이 없고 다마천을 따라 산길 36㎞ 정도를 지나 고슈甲州에 도달하기 때문에 '고슈 이면가도'로도 불렸다. 1707년 이후, 에도로의 석회 수송은 신가시천新河岸川의 배를 이용하게 되자 오메가도의 공용 수송은 감소하게 되어 숙역의 기능도 저하했다.

한편, 에도 시대 중후기에는 다마에서 에도로 채소나 목면직, 견직물, 오메직물 등이 수송됨과 동시에 에도 서민의 미타케산御嶽山 참배길로서도 번성하게 되었다. 석회를 수송하는 길로 정비된 오메가도는 에도 시민의 생활과 깊은 관계를 맺는 가도로 변화한 것이었다.

이쓰카이치五日市가도는, 마바시촌馬橋村(현 스기나미구(杉並区))에서 오메가도에서 갈라져, 기치조지촌, 고가네이신전, 스나가와촌, 이나촌에 다다른다.

이쓰카이치 지역에서는 전국 시대의 고호조後北条 시대 이래, 5일과 10일에 정기시定期市가 열렸다. 1590년의 에도성 개축시에 석축이나 동기와를 제조했다고 전해지며, 이에야스의 이주 이래, 에도성이나 무가武家들을 대상으로 숯을 굽고 있었다. 이것들은 이쓰카이치가도를 통해 에도에서 팔렸다. 막말인 게이오慶應 연간(1865~1868)에는 숯 거래가 20만 표에 이르렀으며, 에도 시중 숯 소비의 대부분을 공급하고 있었다.

간다상수와 다마가와상수

다마와 에도의 관계를 강화하는 네 번째 요인은 상수上水다. 에도의 식수는, 전국 시대 중 오타 도칸大田道灌이 지배하던 시기에는 이노카시라못井の頭池에서 흘러나오는 물과 아카사카못赤坂溜池에서 솟아나는 물로 충당하였다. 그러나 1590년, 간토로 이주할 때 즈음 도쿠가와 이에야스는 물 부족을 염려해 가신인 오쿠보 다다유키大久保忠行에게 명하여 이노카시라에서 흘러나오는 물을 간다상수神田上水로 정비하게 하였다. 이에야스는 이 작업의 성공을 매우 기뻐하여 오쿠보 다다유키에게 '몬도主水'라는 이름을 하사했다. 이때 이에야스는 '몬도'라고 읽으면 물이 탁해진다고 해서[68] 다다유키에 한해서 '몬토'라는 청음으로 읽게 했다고 한다.

그 후 번저藩邸의 증가와 시가지의 확대 등으로 물의 수요가 증가했기 때문에 막부는 새로이 다마천에서 물을 끌어오기로 한다. 이것이 다마가와상수玉川上水다. 공사는 1653년 4월에서 11월에 걸쳐 행해졌다. 에도의 조닌 혹은 농민이라고도 알려진 쇼에몬庄右衛門・세이에몬淸右衛門 형제의 책임 아래 (請負人) 공사가 시작되어, 다마천의 하무라羽村에서 요쓰야四谷의 오키도(현 신주쿠新宿)까지 약 43㎞의 수로가 완공되었다. 더 나아가 두 형제는 도라노문虎の門 (미나토쿠港区)까지 수도부설공사를 완료해 다마가와성姓이 하사되었다. 간다・

---

68 일본어에서 と(토)로 읽으면 청음이며, ど(도)로 읽으면 탁음이 된다(역자주).

다마가와 두 상수는 에도 시대에 에도성이나 에도시의 보급로lifeline 기능을
했다.

간다·다마가와 두 상수는 에도성이나 에도시뿐만 아니라 다마의 여러
촌과도 깊은 연관이 있었다. 막부의 공사담당관(부신부교[普請奉行])인 이시노
히로미치石野広通가 1788년에서 1791년에 걸쳐 저술한 『상수기上水記』에는
두 상수의 개발과 실태가 기록되어 있다. 이 중 다마가와 상수의 물갈래 33개
소의 개설시기를 보면 8대 장군 요시무네 치세인 교호 - 겐분기享保 - 元文期
(1716~1741) 이전이 11개소, 교호 - 겐분기가 11개소, 그 이후가 3개소, 기타
불명이 8개소로 되어 있다. 즉, 다마 지역은 에도 초기에서 8대 장군 요시무네
시대에 걸쳐서 대규모로 개발되었던 것이다.

이상, 다마 지역은 수도 에도의 성장에 대응해 수도권으로서의 기능과
성격을 강화하면서 그 경관을 바꿔간 것이었다.[69]

군사시설의 설치

1853년 6월 페리함대의 에도만 침입사건은 사회에 큰 충격을 주었다.

막부는 서양군사기술을 도입하여 대규모의 군제개혁을 단행하였다.
또한 수도 에도의 방어를 위하여 다양한 군사시설을 설치했다. 동년 8월에는
이즈니라야마(伊豆韮山 (시즈오카현[静岡県])의 대관 에가와 다로사에몬히데타쓰
江川太郎左衛門英龍의 건의에 따라 에도만 방비를 위해 시나가와品川 앞바다 입구沖
에 포대 건설台場이 개시되어 낮과 밤에 걸친 돌관공사가 진행되었다. 당초에
는 12개소에 포대 건설이 예정되어 있었는데 재정상의 이유로 공사는 1년
후에 제6포대까지 진행되고 중지되었다(제4포대도 공사가 반쯤에서 중단되었다).

69 大石学, 『首都江戸の誕生』135~138쪽.

같은 해 8월에는 유시마湯島의 바바馬場(분쿄구文京区)에 대포 제조장을 설치하고 서양식 대포의 주조를 시작했다. 11월에는 미토번에 군함 건조를 명하고, 다음해에 이시카와지마石川島(주오구中央区)에 제조장을 설치했다. 1853년 12월에는 도시마군 쓰노하즈촌角筈村(신주쿠新宿)에 조련장을 설치하기도 했다.

1854년 정월, 페리가 재차 일본을 방문해서, 3월에는 화친조약을 체결했지만 막부의 수도방어 강화는 멈추지 않아, 1864년에 다키노가와滝野川(기타구北区)에 반사로를 설치하고, 쓰쿠다지마佃島(주오구中央区)에 포대를 구축하기도 했다.

이러한 군사체제의 강화에는 에도 주변의 매사냥터 제도도 활용되었다. 예를 들면, 쓰노하즈 조련장에서 하타모토들이 군사훈련을 할 때에는 매사냥 관리소의 지휘하에 다마 지역을 포함한 매사냥터의 농민들에게는 '령嶺'을 단위로 취사인부 등의 부역이 부과되었고, 새로 설치된 병량관계관청의 지휘하에 매사냥터 연락원(후레쓰기역)의 지시에 따라 령 단위의 비상병량담당 인부 역할도 맡게 되었다.

막부는 또한 에도 근교 각지에 수차를 이용한 화약 제조를 명령했다. 그러나 쌀이나 보리 등을 찧던 수차 담당자들이 화약 제조에 익숙지 못했기 때문에 폭발사고가 잇달았다.

1854년 3월 5일에는 이타바시板橋숙역의 농민 다우에몬太右衛門의 수차가 폭발해 부근의 농가에 불이 붙어 다수의 사상자가 생겼다. 같은 해 4월 6일에는 우시고메야라이시타牛込矢来下(신주쿠구新宿区)에 있는 와카사노쿠니若狭国 오바마번저小浜藩下屋敷의 수차가 폭발했다. 같은 달 22일에는 에바라荏原군 고야마촌小山村(시나가와구品川区)의 농민 쇼베庄兵衛의 수차장에서 폭발이 일어나 수차 건물이 날아가고 세 명이 죽었다. 요도바시淀橋(신주쿠구新宿区)의 수차장에서는 인근 농민들이 불안을 느껴 수차의 이전을 마치부교쇼에 탄원했는데, 그러던 차에 6월 11일 폭발이 일어났다. 수도권 방위를 위한 군사시설의 확대·강화가 그대로 그 지역 주민의 생활을 직접적으로 위협하게 된 것이다.

1867년 8월, 막부는 프랑스 군사교관의 의견에 입각해서 고마바駒場(메구로구[目黒区])에 있는 야외연습장을 확대하고자 기도했지만, 농민들의 반대로 이루지 못했다. 11월 도쿠마루가하라徳丸ヶ原(이타바시구[板橋区]) 연습장 확대 계획도 농민들의 반대에 의해 중지되었다. 막부 말기 수도권에서는 군사시설을 둘러싸고 주민운동이 전개되었던 것이다.

이상에서 살펴본 바와 같이 막부 말기에 위기가 심화됨에 따라 에도 주변지역의 군사시설은 그 기능을 강화해 갔는데, 이는 에도 시대를 통하여 이 지역이 견지해 온 기본적인 성격=정치적·군사적 성격의 최종적이고도 전면적인 발전상황을 나타내는 것이라 하겠다.[70]

교육시설의 정비

이 시기, 막부는 군사개혁과 관련하여 교육시설을 정비했다. 1856년 4월, 막부 신하들을 위한 무예조련소인 강무소講武所를 쓰키지築地의 뎃포즈鉄砲洲에 개설했다. 다음해 4월에는 강무소 내에 군함교수소(후일 군함조련소)가 개설되어 이에 육해군의 교육시설이 갖추어지게 되었다. 1858년 정월에는 엣추지마越中島(고토구[江東区])에 강무소 총대조련소가 설치되었다. 강무소는 후에 간다의 오가와마치小川町(지요다구[千代田区])로 이전했고 1866년 11월에는 육군소로 개칭해 포술훈련장으로 삼았다.

---

70 大石学, 『享保改革の地域政策』 종장; 大石学, 「近世後期: 幕末維新期における江戸周辺の地域編成」, 関東近世史研究会 편, 『近世の地域編成と国家』, 岩田書院, 1997년.

1855년 정월에는 간조부교勘定奉行(막부의 재정담당 최고책임자)인 가와지 도시아키라川路聖謨가 서양의 군사 서적이나 포술 서적 등을 번역하기 위해 그때까지 네덜란드 서적의 번역기관이었던 반쇼와게고요蕃書和解御用를 독립시켜 구단사카시타九段坂下(지요다구[千代田区])에 양학소를 개설하고 서양 서적의 번역과 서양 교육을 실시하였다. 양학소는 같은 해 2월 11일에 반쇼시라베쇼蕃書調所로 개칭하고, 간다의 오가와초小川町로 옮겨서 양학 연구와 외교문서의 번역을 담당했다. 1862년 5월 18일에는 요쇼시라베쇼洋書調所로 개칭하고 히토쓰바시문一橋門 밖으로 옮겼다. 다음해 8월 29일에는 이 기구를 확장해 개성소로 개칭하고 1869년(메이지 2) 정월에는 개성학교로, 그 다음에는 도쿄대학으로 발전했다.[71]

이상, 신센구미 탄생의 역사적 전제로서 다마와 에도의 에도 시대 초기 이래의 관계 강화의 역사를 살펴보았다. 막부 말기에 내외의 긴장이 고조됨에 따라 두 지역이 정치적·군사적 기능과 성격을 강화해 가는 가운데 곤도 등이 로시구미, 신센구미에 참가하게 된 것이었다.

---

71 大石学, 『首都江戸の誕生』, 229~232쪽.

2장

로시구미 결성에서 이케다야사건까지

1. 로시구미 시대

로시구미 계획

신센구미의 모체인 로시구미는 하타모토인 마쓰다이라 다다토시松平忠敏와 존왕양이파 낭사浪士인 기요카와 하치로淸河八郎에 의해 구상되었다. 마쓰다이라 다다토시는 도쿠가와 이에야스의 6남 다다테루忠輝를 조상으로 하는 나가사와長澤의 마쓰다이라가에서 태어났다. 유강류柳剛流[1]의 검술가이며, 1854년 막부가 무예훈련소인 강무장(강무소의 전신)을 창설했을 때 검술교수劍術敎授方로서 채용된 인물이었다.

한편, 기요카와는 데와노쿠니出羽国 쇼나이번庄内藩의 주조가酒造家에 태어나 존왕양이운동에 참가했다. 1859년 에도 간다의 오다마가이케お玉が池 (지요다구[千代田区])에 사숙私塾을 개설하고, 1860년에는 사쓰마번사 이무타 쇼

---

1 유강류(柳剛流)는 심형도류(心形刀流)를 배운 오카다 소에몬(岡田總右門)이 창시한 유파로, 다리를 많이 치며 공격하는 유파다.

헤이(伊牟田尙平) 등과 함께 미국 공사관의 통역관인 네덜란드인 휴스켄을 암살했다. 1861년에는 존왕양이 결사인 호미회虎尾會를 결성했다. 이 모임에는 나중에 강무소의 검술교수보좌역劍術敎授方世話役2을 지낸 막신 야마오카 뎃슈山岡鉄舟 등이 포함되어 있었다. 기요카와는 같은 해 5월 20일, 료고쿠의 서화회 모임에서 귀가하는 도중 자신을 감시하던 조닌을 살해하여 지명수배되었다. 다음날 에도를 빠져나와 존양과 지사의 결집을 목표로 여러 번들을 유세하면서 돌아다녔다. 다음해 4월에는 5월에 시마즈 히사미쓰島津久光(사쓰마 번주의 부친)가 상경하는 것을 계기로 거병 계획을 세웠지만, 4월 23일에 히사미쓰가 교토 후시미에 있는 여인숙 데라다야寺田屋에 번병을 보내서 자기 번 출신의 존양과격파를 탄압했기 때문에(데라다야사건寺田屋騷動) 미수로 끝났다. 그 후, 마쓰다이라 다다토시를 통해서 막부에 낭사의 대사면과 로시구미의 결성을 권유했다. 1862년 10월 16일, 기요카와의 의견을 받아들여 마쓰다이라 다다토시는 막부에 낭사들의 활용을 건백했다. 불평낭사를 그대로 방치하면 소동을 일으킬 우려가 있으므로 그들을 조직해서 의견을 청취하고, 우수한 인재를 등용하면 천하의 인심은 막부로 돌아올 것이라는 내용이었다. 그를 위해 에도 근처에 사는 낭사 중에서 중심적인 인물을 발탁해야만 하며, 기요카와를 그 인물로 규정했다.

이 건의를 수용해서 12월 9일, 막부는 마쓰다이라 다다토시를 낭사담당관浪土取扱에 임명했다. 19일에는 감찰관目付인 스기우라 바이탄杉浦梅潭과 이케다 슈리池田修理가 낭사담당 감찰관이 되고, 전 감찰관이었던 우도노 규오나가토시鵜殿鳩翁長鋭가 마쓰다이라 다다토시와 함께 낭사담당 대표자浪土取扱頭取가 되었다. 또한 야마오카와 구보타 지부에몬窪田治部右衛門이 낭사단속관浪土取締

---

2 세와야쿠(世話役)라는 단어는 문맥에 따라 관리역, 시중역, 보좌역 등으로 번역했다(역자주).

에 임명되었다. 그런 다음에 마쓰다이라 다다토시는 낭사 우두머리로서 지명수배 중인 기요카와의 사면을 신청했다. 막부 내에서는 강한 반대가 있었지만, 1863년 정월 19일에 데와 쇼나이번주 사카이 다다스미酒井忠篤의 승낙을 얻어 기요카와가 정치에 입문하는 길을 열었다.

한편 이보다 앞선 정월 16일, 강무소부교지배 마쓰오카 요로즈松岡万(쓰모루라고도 했음)가 낭인단속관에 임명되고, 26일에는 마쓰다이라 다다토시가 낭사담당관에서 면직되고 후임에는 장군근신小納戶인 주조 긴노스케中條金之助가 임명되었다.3

이렇게 해서 막부의 낭사 취급 체제가 정비되고, 드디어 지역, 신분, 집안에 구애되지 않고 누구라도 지원할 수 있는 로시구미가 결성되기에 이르렀다.

곤도 이사미 등의 참가

낭사 모집의 정보를 입수하고 곤도 이사미 등 시위장 관계자는 우시고메의 니고한자카二合半坂(지요다구千代田区)에 있는 마쓰다이라 다다토시의 저택을 방문했는데, 낭사 모집의 목적이 장군 상경시 경호임을 듣고 그 자리에서 가입을 결정했다고 한다.4

1863년 정월 15일, 히지카타 도시조는 오노지촌의 고지마가를 방문해서 칼을 빌리고, 16일에는 곤도가 쇠그물 속옷(구사리카타비라鎖帷子)을 빌렸다. 17일에는 오키타 소지와 야마나미 게이스케가 고지마가를 방문을 했는데, 모두가 로시구미에 참가하기 위한 준비와 인사였다.5

3 이상 로시구미에 대해서는 三野行徳, 「浪士組時代」, 『新撰組情報館』, 54~59쪽을 참조.
4 永倉新八, 『新撰組顚末記』, 29쪽.
5 「小島家日記」, 『新選組日誌』 상, 45~47쪽.

2월 5일, 에도 고이시카와小石川의 덴쓰인傳通院 산내의 다이신료大信寮에서 우도노 규오로부터 행로道中와 교토 체류시의 여러 가지 주의사항을 지시받았다. 동시에 상경에 필요한 여러 직책(道中目付, 道中世話役, 道中取締手附)이 결정되었다. 그런데 시모자와 간子母沢寛의 『신센구미 시말기新選組始末記』에 의하면, 곤도 이사미는 감찰관 소속 이케다 도쿠타로池田徳太郎의 보조역으로 행로 중 숙소 배당을 지시받아 본대보다도 앞서 가서 각 숙역에 들러 숙소 배당을 하게 되었다고 하나 상세한 것은 알 수가 없다. 그리고 「진충보국용사 성명록」에는 이때 시위장 출신의 참가자로서 히지카타, 야마나미, 오키타, 나가쿠라, 도도, 하라다의 이름이 실려 있다.[6] 『동서기문東西紀聞』에 의하면, 2월 8일 낭사관리역浪士世話役으로 기요카와 하치로, 야마오카 데쓰타로, 이시하라(자카) 소준石原(坂)宗順, 이케다 도쿠타로, 가와노 히코지로河野彦次郎의 5명이 임명되었지만 실제는 기요카와 혼자서 처리하는 상태였다. 낭사 한 조마다 말 한필과 수당으로서 한 사람 당 5냥씩, 그리고 이와는 별도로 행로 비용이 지급되었다. 같은 날인 8일, 로시구미는 덴쓰인을 출발해서 나카센도를 통해 교토로 향했다. 낭사 중에는 젊은이와 노인이 섞여 있었고, 긴 머리를 묶은 자, 삭발한 자 등도 있었으며, 전투용 모자를 쓴 자, 도롱이(볏짚으로 엮은 비웃)를 입은 자, 큰 칼을 찬 자, 창을 든 자, 활을 든 자 등등 각양각색의 무구를 휴대한 기묘한 모습을 한 집단의 행로였다.[7]

1863년 2월 9일, 로시구미는 혼조숙역本庄宿(사이마타현 혼조시[埼玉県 本庄市])에 들어갔는데, 여기서 숙소 배당에 빠진 세리자와 가모芹沢鴨가 화를 내면서 큰 화톳불을 피우자, 숙소 배당을 책임지고 있던 곤도 이사미와 이케다 도쿠

---

6 「沖田林太郎留書」, 『新選組日誌』 상, 50쪽; 子母澤寛 『新選組始末記』, 43쪽; 「尽忠報国勇士姓名録」; 『新選組日誌』 상, 50~53쪽.
7 『東西紀聞』 1, 175~176, 199쪽.

타로가 사죄를 했다는 일화도 전해진다.[8]

기요카와 하치로의 건백

2월 23일, 교토에 도착한 로시구미는 미부촌壬生村의 민가나 사원에 분숙했다. 곤도 등은 지역의 유력자인 야기 겐노조八木源之丞의 저택을 할당받았다. 당시 야기가에는 당주인 겐노조 외에, 장남 슈지로秀二郎, 차남 다메사부로八木為三郎, 3남 유노스케勇之助가 있었다.[9]

이날 밤, 기요카와 하치로는 대원 중에 중심이 되는 자들을 본진인 신토쿠지新德寺(나카교구[中京区])로 소집해서, 로시구미가 상경한 목적은 존왕양이의 뜻을 궁중御所에 건백하는 데 있다고 선언했다. 데와노쿠니 쇼나이번 출신인 마타노 도키나카俣野時中의 조사에 의하면, 이때 신들린 것 같은 기요카와의 박력있는 모습에 모두가 공포에 질려 아무도 이의를 제기하는 자가 없었다고 한다.[10]

다음날인 24일, 기요카와 하치로는 235명이 서명한 건백서를 학습원 국사참정담당자学習院国事参政掛에게 제출했다.

①이번에 로시구미가 상경한 것은 장군 이에모치가 천황의 명령을 받아 양이를 실행하는 것을 주선하기 위해서다.

②만약에 조정과 막부 사이에 이견이 있을 경우에는 자신들은 몇 번이라도 주선을 하지만, 아무리 해도 잘 되지 않을 경우에는 존왕의 뜻을 관철할 생각이다.

---

8 永倉新八, 『新撰組顛末記』, 31~32쪽.
9 「廻状留」, 『新選組日誌』 상, 63쪽; 子母澤寛, 『新選組遺聞』, 219쪽.
10 俣野時中, 『史談会速記録』 제41집, 합본8, 原書房, 77쪽. 이하, 『史談会速記録』의 쪽수는 합본의 쪽수임. 그리고 이하의 건백서 전문은 『史談会速記録』 합본8 외에, 『東西紀聞』 1의 183쪽에도 실려 있다.

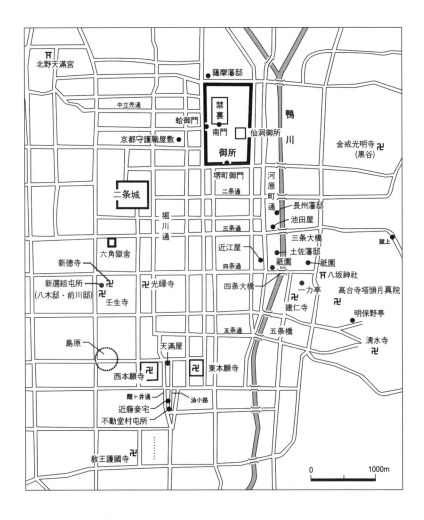

③ 자신들은 막부의 도움(世話)으로 상경했지만, 봉록이나 관위는 받지 않고 오직 존왕양이라는 대의를 위해 활동할 것이며, 천황의 명령을 방해하는 자는 막부의 관리일지라도 용서하지 않는다.

즉, 기요카와의 주장은 막부와의 관계를 버리더라도 천황에게 충의를 다한다는 존왕양이론이었다.

「회람장 모음집廻狀留」에 의하면 28일 곤도 이사미는 6번조의 책임자小頭로 되어 있으며, 28일부터 29일에 걸쳐 로시구미는 교대로 궁궐御所 견학을 다녀왔다. 마타노에 의하면 29일 신속하게 양이를 행할 것을 명하는 칙명勅諚이 내렸으며, 간바쿠로부터는 기요카와의 건백建白이 천황의 귀에도 들어가서 매우 감격했음을 알리는 서한이 전달되었다.

이 칙명을 받고서 양이가 절박해졌기 때문에 의견이 있는 자는 신토쿠지로 모이도록 지시가 내려졌다.[11] 이 석상에서 로시구미는 기요하라를 중심으로 양이를 위해 에도 귀환을 주장하는 에도귀환파와, 곤도와 세리자와를 중심으로 이에 반대하는 교토잔류파로 분열되었다. 곤도 등은 교토에 온 것은 장군의 지휘하에 교토를 경비하기 위해서라며, 마타노가 "서로 격론을 벌인 결과 마침내 칼로서 결판을 짓자는 식의 상황이 된 모양이다"라고 하듯, 대립은 극한까지 다다랐다고 한다.[12]

곤도 이사미의 주장

이 무렵의 곤도의 주장은 그의 편지 7에서 간취할 수가 있다. 1863년 3월 부의 「포부를 대략 기술한 글志大略相認書」은, 당시의 곤도의 편지를 모은 것이다. 이 중 3월 10일자 교토슈고쇼쿠인 아이즈번주 마쓰다이라 가타모리松平容保 앞으로 보낸 편지에서, 곤도는 세리자와 가모 등 16명과 함께 교토에 잔류할 것을 탄원하였다.

탄원서에서 곤도 등은 "조정을 지키는 것은 물론, 동시에 장군을 경호하여, 그럼으로써 일본이 당한 치욕을 씻기 위해", "조정 및 장군을 수호하면서

---

11 「廻狀留」, 『新選組日誌』 상, 65~66쪽.
12 俣野時中, 『史談会速記録』 제41집, 합본8, 89~91쪽.

양이를 수행한다"고, 조정公과 장군武을 함께 수호함을 기술하고 있다.

또한 곤도는 「포부를 대략 기술한 글」에 실려 있는 3월 23일자 편지에서, "조정 및 장군을 수호하면서"라고 조정과 장군의 수호를 말하면서, 이어서 추가적인 부분(尚々書き)에서 "표면적으로는 진충보국을 표방하면서 뒤로는 도쿠가와가의 권위를 깎으려는 이런저런 간계가 획책되어, 아직도 교토는 평온하지 않다"고, 교토에서 도쿠가와의 권위를 깎으려는 움직임을 억압할 의도를 표명하고 있었다.

나아가 곤도는 「포부를 대략 기술한 글」의 3월 22일자로 보이는 편지에서는, 23일 장군의 에도 귀환 전에 "공무합체건, 해안방어 준비를 위한 책략 등을 사전에 듣고 싶다"면서 공무합체를 위한 구체적인 대책을 묻고, "이미 공무公武의 사이가 벌어진 다음"이라며, 조정과 막부의 이반을 걱정하고 있었다.

앞서 언급한 기요카와의 주장이 조정과 막부의 사이가 벌어졌을 때 조정 편에 설 것을 분명히 한 존왕양이론이었는 데 반해, 곤도의 주장은 존왕양이를 주장하면서도 막부의 권력 강화를 전제로 한 조정과 막부의 일체화이며, 정국의 안정을 도모하려는 공무합체론이었음을 알 수 있다. 로시구미가 기요카와 등의 에도귀환파와 곤도 등의 교토잔류파로 분열한 것은, 사상적으로는 존왕양이론과 공무합체론으로 분열한 것이라 볼 수 있다.

교토잔류

귀환파와 잔류파의 대립은 격렬했는데, 곤도는 편지 8에서, 기요카와와 하치로 등 6명을 "낙양洛陽에서 효수해야만 한다"고, 교토에서 효수하는 것도 생각했다고 기록하였다.

이러한 상황 속에서 3월 3일에는 우도노와 야마오카는 로시구미에게, 작년 8월의 나마무기사건의 처리를 둘러싸고 요코하마에 영국함대가 도래해 금후 전쟁을 개시할 가능성이 있으니 서둘러서 에도로 귀환하도록 지시를 내렸다.13

한편 3월 10일 교토슈고쇼쿠 마쓰다이라 가타모리는 니조조二条城에서 막부의 로주로부터 교토의 치안유지를 위해서 진충보국의 뜻이 있는 낭사를 모아서 지휘하도록 지시를 받았다.14 같은 날, 세리자와와 곤도 등 교토잔류파 17명은 장군 재경 중의 경호와 시중경비를 할 수 있도록 아이즈번에 청원했는데, 12일 밤 12시에 '아이즈번위탁会津藩預り'의 신분이 될 것을 통지받았다(「포부를 대략 기술한 글」의 곤도 편지 7).

3월 13일, 기요카와 등의 에도귀환파는 교토를 출발(「포부를 대략 기술한 글」에 의하면 27일에 에도 도착), 15일에는 곤도 이사미, 세리자와 가모 등 교토잔류파 총 24명(10일 당시보다 늘어남, 단 사료상으로 이름을 확인할 수 있는 자는 23명)은 아이즈번에 위탁된 것을 정식으로 통지받았다.15 이후, 그들은 아이즈번의 지휘하에서 시중경비에 임하게 되었다.

교토잔류파 24명은 대략 세 그룹으로 구성되어 있었다

첫 번째는, 곤도 등 시위장 출신의 8명으로, 곤도, 히지카타, 오키타, 이노우에, 나가쿠라, 야마나미, 하라다, 도도 등이다. 3월 중에 기록된 「포부를 대략 기술한 글」 중의 문서에 사이토 하지메斎藤一가 서명을 하고 있어, 잔류한 뒤 오래되지 않아 참가한 것으로 생각된다. 사이토 하지메는 에도 출신으로, 1864년 6월의 이케다야사건에 참가, 1865년 5월경에는 3번조 조

---

13 俣野時中, 『史談会速記録』 제41집, 합본8, 83쪽.
14 『会津藩庁記録』 1, 335~343쪽.
15 『会津藩庁記録』 1, 389쪽.

장, 검술사범이 되었다. 보신전쟁에서는 신센구미의 대장으로서 신정부군과 시라카와, 아이즈에서 싸웠다.

　두 번째는, 세리자와 가모를 중심으로 하는 5명이다. 이하 이 멤버들의 약력을 살펴보자.

세리자와 가모

　세리자와 가모芹沢鴨는 생년 불명으로 히타치노쿠니 나메카타군 세리자와촌常陸国 行方郡 芹沢村(현 이바라키현 나메카타군 다마쓰쿠리마치[茨城県 行方郡 玉造町])의 호농(미토번사라고도 함) 세리자와 사다미키芹沢貞幹의 자식으로 태어났다. 미토낭인이다. 신도무념류神道無念流를 수련했다. 덴구당天狗黨에 관계했다고도 전해지지만, 사실 여부는 불분명하다. 그 후 막부의 모집에 응모해서 로시구미에 참가했다. 상경 중에 행로단속역道中取締手附에 임명되었고, 미부壬生로시구미에서는 국장을 지냈다.

니이미 니시키

　니이미 니시키新見錦는 1836년 히타치노쿠니에서 태어났다. 미토낭인(탈번했다고도 함)으로, 본명이 다나카 이오리田中伊織라고도 전해진다. 신도무념류를 수련했다. 세리자와 가모 등과 함께 로시구미에 참가, 상경시에는 3번조 책임자小頭를 역임했다. 미부로시구미에서는 부장副長(일시적으로 국장도 역임)을 지냈다.

히라마 주스케

　1824년에 태어난 히라마 주스케平間重助는 세리자와 가모와 동향으로 히라마 간에몬平間勘右衛門의 자식이다. 세리자와에게 신도무념류를 배웠다. 막부의 모집에 응하여 로시구미에 참가, 미부로시구미에서는 회계 및 부국장보좌역을 역임했고, 1863년 8월 18일 정변(금문의 변)시에는 회계단속역으로 출진했다.

히라야마 고로

1829년에 태어난 히라야마 고로平山五郎는 히메지낭인姬路浪人(미토 출신이라고도 함)으로, 신도무념류를 수련했다. 로시구미에 응모해 상경, 미부로시구미에서는 부국장보좌역을 역임했다. 8·18정변시에는 조장組頭으로 출진했다.

노구치 겐지

1843년에 태어난 노구치 겐지野口健司는 히타치노쿠니 출신의 미토낭인으로, 신도무념류를 수련했다. 로시구미에 응모해 상경, 미부로시구미에서는 부국장보좌역을 역임했다. 8·18정변시에는 조장으로 출진했다.

이 그룹은 세리자와 가모 등 미토낭사를 중심으로 하고 모두가 신도무념류를 수련한 자들이었다.

세 번째는 시모사下総의 낭인 도노우치 요시오殿内義雄를 중심으로 하는 그룹이다. 그들 중에서 약력을 알 수 있는 인물에 대해서 언급한다.

도노우치 요시오

도노우치 요시오殿内義雄는 1830년, 가즈사노쿠니 무사군無射郡 모리촌森村의 촌장 쓰치야가土屋家의 자식으로 태어났다. 시모사노쿠니 유우키번結城藩

의 미즈노水野를 섬긴 적도 있었다. 낭사 모집에 응모하여 상경하였으며, 상경시에는 행로감찰관을 역임했지만 도중에 파면되었다. 1863년 3월 10일, 막부가 아이즈번에 교토잔류파 낭사의 위탁을 명령했을 때 우도노 규오는 도노우치와 이에사토 쓰구오家里次郎를 통해서 낭사들에 대해서, 잔류와 에도 귀환을 각자의 의사에 맡긴다고 통달하였다. 3월 15일에는 곤도, 세리자와, 이에사토, 네기시 등과 함께 구로다니黑谷(사쿄구[左京区])에 있는 아이즈번 숙소에 인사를 다녀온다. 그리고 또한 우도노로부터 이에사토와 함께 잔류파 낭사들에 대한 탐색도 명령받았다.

이에사토 쓰구오

1839년에 태어난(1844년이라고도 함) 이에사토 쓰구오家里次郎는 이세노쿠니 마쓰자카伊勢国松坂(미에현 마쓰자카시[三重県 松阪市])의 유학자 이에사토 신타로家里新太郎의 의동생이다. 낭사 모집에 응해, 분열시에는 교토잔류파가 되었지만, 도노우치와 함께 우도노로부터 잔류파의 탐색을 명령받았다.

네기시 유잔

네기시 유잔根岸友山은 1809년 무사시노쿠니 오사토군 가부토촌甲山村(사이타마현 오사토군 오사토마치[埼玉県 大里郡 大里町])의 호농 네기시가의 장남으로 태어나, 가부토촌의 촌장을 역임했다. 가쓰라 고고로桂小五郎(후일의 기도 다카요시[木戸孝允])나 구사카 겐즈이久坂玄瑞 등 존왕양이파 지사와 교류했다. 1863년 기요카와 하치로의 편지로 낭사 모집을 알게 되어 문인門人들과 함께 참가했다. 교토 상경 중 1번조 책임자를 역임했다. 후일 에도로 돌아와 같은 잔류파였던 시미즈 고이치清水五一, 스즈키 조조鈴木長蔵, 엔도 조안遠藤丈庵, 가미시로 진노스케神代仁之助와 함께 신초구미新徵組에 참가했지만, 탈퇴를 하고 가부토촌으로 돌아갔다.

제3그룹은 제1, 2그룹과 비교하면, 여기저기서 그러모은 듯한 성격이 강하지만, 막부로부터의 전달을 수령한다든지, 미부로시구미의 탐색을 명령받는 등 특이한 역할을 담당하고 있었다.

그러나 그룹의 중심인 도노우치는 3월 25일, 시조하시四条大橋(교토시 시모교구[京都市 下京区]·히가시야마구[東山区])에서 곤도에 의해 암살되었다(곤도 편지8). 아이즈번사 오노 곤노조小野権之丞의 동생 혼다 시로本田四郎에 의하면, 로시구미 조원들로부터 의심을 받았기 때문이라고 한다. 도노우치 암살을 안 이에사토는 재빨리 로시구미를 탈퇴하지만, 4월 24일 오사카에서 로시구미와 조우를 하여 조안바시회소常安橋会所에서 할복을 당한다. 네기시도 이세신궁 참배를 이유로 탈퇴하는 등 제3그룹은 일시에 붕괴해 갔다.16

에도귀환파의 그 후

한편, 에도로 돌아간 기요카와 하치로 등 귀환파 로시구미는 4월 3일에서 5일 사이에 상가에 쳐들어가는 등, 군자금 등의 명목으로 계 10건에 금 7600냥, 쌀 1800표, 된장 700통을 징발했다. 그러나 4월 13일, 기요카와는 동지인 가네코 요사부로金子与三郎의 집에서 돌아오는 도중 아자부이치麻布一의 다리 부근에서 로시구미단속역대우取締役並出役(혹은 取締役)를 역임했던 막신 사사키 다다사부로佐々木只三郎 등 7명에 의해 참살당했다.

4월 14일에는, 기요카와와 교유하고 있던 막신 다카하시 겐사부로高橋謙三郎(데이슈[泥舟]), 야마오카 뎃슈, 마쓰오카 요로즈 등이 처벌되었다. 기

---

16 「世話集聞記」, 「井上松五郎日記」, 「根岸友山履歷言行」, 『新選組日誌』 상, 77~78쪽, 89쪽.

요카와파의 낭사들은 전통원에서 농성을 했지만, 다음날인 15일 쇼나이 번주 사카이 다다스미 등 6명의 다이묘가 로시구미의 중심인물을 포박했다. 지도자를 잃은 로시구미는 이날 사카이와 낭사 등용의 입안자였던 마쓰다이라 다다토시를 지도자로 하는 신초구미新徵組로 개명하고, 에도 시중단속에 임하게 되었다.[17]

단다라하오리

「세화집문기世話集聞記」에 의하면, 3월 25일 곤도 등 교토잔류파는 아이즈번의 관리역世話係인 혼다 시로 등과 함께 미부주둔소의 뒷마당에서 개최된 미부쿄겐壬生狂言을 관람했는데, 이때 로시구미는 아이즈번에서 지급된 수당으로 주문 제작한 같은 색깔과 문양의 옷을 입고 있었다(이날 밤 앞에서 언급한 도노우치 요시오가 시조하시에서 암살당했다). 4월에는 세리자와, 곤도, 니이미 등이 오사카의 상인 히라노야 고베平野屋五兵衛의 집에 찾아가 금 100냥을 빌린다.[18] 나가쿠라 신파치에 의하면, 로시구미는 이것을 자금으로 '단다라하오리だんだら羽織'[19]를 주문했다고 한다. 즉, "오사카의 고노이케鴻池로부터 돈 200냥을 빌려(앞에 기술한 「세화집문기」와 다르다) 복장을 바꾼 신센구미의 낭사, 그중에서도 하오리(상의)만은 외출용으로 옅은 황색 바탕의 소매에 주신구라忠臣蔵의 의사들이 습격시에 착용한 장식과 같은 단다라 염색[20]을 했다"고, 가부키의 주신구라와 같이 동일한 상의를 새로 맞추었다고 한다.[21]

한편, 시모자와 간의 『신센구미 시말기』에 의하면, 고노이케에게 빌린

---

17 『東西紀聞』 1의 428, 438쪽; 三野行徳, 「浪士組時代」, 『新撰組情報館』.
18 「世話集聞記」, 『新選組日誌』 상, 76, 80쪽.
19 단다라 염색을 한 윗옷(역자주).
20 여러 가지 색으로 횡단(橫段) 염색한 것(역자주).
21 永倉新八, 『新撰組顛末記』, 47쪽.

200냥으로 다이마루大丸포목점을 불러서 삼베의 겉옷 상의(麻の羽織), 문양이 새겨진 홑옷(紋付の単衣), 두꺼운 무명바지(小倉の袴)를 만들었다고 한다. 특히 상의는 "황색 바탕의 소매에 단다라 염색을 해서, 주신구라忠臣蔵의 의사들이 습격시에 착용한 장식과 같은 것을 전全 대원용으로 주문했다. 이 상의는 그 후 오랫동안 신센구미의 제복이 되었다"라고 했다.[22]

4월 6일에는 대원인 아비루 에이사부로阿比留鋭三郎가 병사하고, 8일에는 곤도 등이 주둔소로 사용하고 있는 야기 저택의 장례식에 참석하고 있다.[23]

4월 21일, 미부낭사는 장군의 경호를 위하여 오사카로 이동해 교야京屋를 숙소로 삼았다. 아이즈번의 섭외역公用方御雇勤인 히로사와 도미지로広沢富次郎(安任)는 이때, "낭사들, 때마침 똑같이 외투를 만들어 입고 긴 칼을 땅에 끌거나, 장발을 덮어쓰는 등 위협적인 외모로 대열을 지어서 가니, 지나가는 자는 모두가 곁눈질을 하며 이들을 무서워했다"[24]라며, 그들이 똑같은 외투를 입고 눈에 띄는 모습을 해서 사람들을 떨게 한 일을 기록하고 있다. 24일에는 앞서 기술했듯이 오사카에서 이에사토 쓰구오를 발견해 할복시켰다. 그 후 미부낭사는 장군 이에모치를 경호하며 5월 11일에 교토로 돌아왔다(곤도 편지 8).

5월 25일에는 미부낭사 35명 연명으로 항구폐쇄에 대한 상서를 막부 등에 제출했는데, 이 중에는 당시 새로이 가입한 것으로 보이는 마쓰바라 주지松原忠司나 시마다 가이島田魁 등의 이름도 보인다(곤도 편지 8).

마쓰바라 주지는 하리마노쿠니播磨国 오노小野(효고현 오노시[兵庫県 小野市]) 출신 혹은 오사카 출신이라고 한다. 1863년 8·18정변시, 삭발한 머리에 흰 머리띠를 두르고 큰 언월도를 지팡이 삼아 출동했다고 한다.[25] 1864년 6월에 있었던

---

22 子母澤寛, 『新選組始末記』, 101쪽.
23 「八木家文書」, 『新選組日誌』 상, 84쪽.
24 『会津藩庁記録』 3, 446쪽.

이케다야사건 때도 출동을 했고, 1865년 5월경에는 4번조 조장과 유술(유도)사범을 겸했다.

시마다 가이는 미노美濃 오카키大垣 출신으로 체중이 약 150kg 정도가 나가 대원 중에서 몸집이 제일 컸다고 한다. 1863년 6월에 있었던 오사카의 스모선수와의 난투사건에도 참가, 이케다야사건 때는 탐색활동과 체포까지 활약을 했다. 1867년에 곤도가 저격을 당했을 때에도 동행했으며, 곤도가 탄 말에 채찍질을 하여 도망치게 했다고 한다. 도바·후시미, 고슈의 가쓰누마, 우쓰노미야, 아이즈, 하코다테로 전전한 뒤, 고료카쿠에 수용되었다. 신센구미에서 살아남은 소수의 생존자 중 한 사람이다.

히지카타 등의 곤도비판

이 시기에 이노우에 겐자부로井上源三郞의 형으로 하치오지八王子의 센닌도신千人同心이었던 이노우에 마쓰고로井上松五郞는 1863년 2월에 장군 이에모치를 수행해 교토에 와 있었다. 그는 니조조의 초소 등에서 근무하여 곤도, 히지카타 등과도 빈번하게 교제를 나누고 있었다. 그런데 그는 4월 17일 아침, 호출이 있어 미부주둔소에 갔다가 히지카타, 오키타, 이노우에 겐자부로로부터 "곤도가 덴구天狗가 되었다"는 상담을 받게 된다. 상담은 20일, 22일에도 행해졌다.[26] '덴구天狗'에 대해서는 ① 곤도가 자만심에 빠졌다고 보아야 하는지, ② 세리자와 가모와 마찬가지로 미토 덴구당과 한 패거리가 되었다고 봐야 하는지[27] 의견이 갈라지는 대목인데, 여기서는 시위장 출신들이 곤도의 태도나 행동을 체크해 이를 바로 잡으려고 한 점에 주의하고자 한다.

---

25 子母澤寬, 『新選組始物語』, 142쪽.
26 「井上松五郞日記」, 『新選組日誌』 상, 87~89쪽.
27 자만심설은 『新選組日誌』 상, 87쪽; 덴구당설은 松浦玲, 『新撰組』, 岩波新書, 2003년, 21쪽.

시위장 출신들은 동지적 결합관계에 근거해서 곤도의 행태에 비판을 가한 것이었다.

법도의 제정

미야치 마사토宮地正人에 의하면, 1863년 5월경, 미부낭사는 법도를 제정했다.[28] 나가쿠라 신파치는, 아이즈번으로부터 대원을 늘리라는 지시가 있어, 교토나 오사카에서 100여 명을 모집했지만, "새로 모집된 자들은 오합지졸이나 다름없어, 이들을 통솔하기 위해서는 뭔가 규칙(憲法)이 있어야만 했다. 그래서 세리자와는 곤도와 니이미 두 사람에게 규칙(禁令)을 정하게 했다"고, 로시구미의 규칙을 정한 사정을 설명하고 있다. 이 규칙(憲法)은, ① 무사도에 위배되는 행위, ② 단체局를 탈퇴하는 행위, ③ 멋대로 돈을 조달하는 행위, ④ 멋대로 소송을 취급하는 행위 등을 금지하는 4개 조였다. 시모자와 간과 히라오 미치오平尾道雄는 여기에 ⑤ 개인 간에 싸움을 하는 행위를 추가하였는데, 어떤 이유에서 나가쿠라의 4개조와 차이가 발생했는지는 밝혀지지 않았다.[29]

앞서 소개한 제복의 맞춤과 더불어 미부낭사가 조직화, 규율화되어 가는 것을 엿볼 수 있다.

오사카의 스모선수와 싸움

그러나 한편으로는 교토나 오사카에서 미부낭사의 행패(乱暴狼藉)는 빈번했다. 6월 2일, 세리자와와 곤도 등 10명은 '천하의 낭사天下浪士'를 자칭하며

---

28 宮地正人, 『歴史のなかの新選組』, 岩波書店, 2004년, 93~101쪽.
29 永倉新八, 『新撰組顚末記』 47쪽; 子母澤寛, 『新選組始末記』, 103쪽; 平尾道雄, 『定本·新撰組史録·新裝版』 초판. 『新撰組史』는 1928년, 新人物往来社, 2003년, 48쪽.

오사카 시중에서 행패를 부리던 낭사들을 잡아들이기 위해 오사카로 달려가, 3일에 2명을 붙잡아 오사카 마치부교쇼町奉行所에 넘겨줬다. 그런데 이날, 로시구미의 중심 멤버가 오사카의 스모선수力士들과 난투사건을 일으켰다. 곤도 편지9 등에 의하면 오후 4시경 세리자와, 히라야마, 노구치, 야마나미, 오키타, 나가쿠라, 하라다, 사이토 등 8명은 수영을 하기 위해 수영복에 단도 小脇差만 차고 작은 배에 올라 강을 거슬러 내려갔다. 도중에 사이토가 복통을 일으켜 상륙을 했는데, 전방에서 스모선수가 다가왔다. 세리자와가 비키라고 소리를 질렀지만, 스모선수는 "너가 뭔데 비키라고 하냐"면서 양보하지 않았다. 그러자 세리자와가 단도로 일격(拔き打ち)을 가했다. 또 한 명의 스모선수도 8명이서 넘어뜨려 겁을 주었다. 그 후 유곽의 일실에서 사이토가 치료를 받고 있었는데, 스모선수 20~30명(시마다는 40~50명, 나가쿠라는 60명이라고 한다)이 벌거벗은 채로 머리띠를 하고, 철사 줄을 감은 떡갈나무 곤봉을 들고 쳐들어 왔다. 세리자와 등도 이에 응수해서 14명에게 부상을 입혔다. 로시구미는 한 명도 부상을 입지 않았다. 때마침 스모 흥행이 한창이던 때였는데, 세키도리關取인 구마가와 구마지로熊川熊次郎가 다음날 아침에 사망을 하고, 그 외에도 3명이 죽음에 이르렀다고 한다.[30]

이 사건과는 별도로 8월 7일에 미부낭사는 기온 기타바야시祇園北林(히가시야마구東山区)에서 행해진 스모 흥행과 연관이 있었다. 이는 오사카와 교토의 스모선수가 대립하고 있었던 것을 로시구미가 중개해서 화해를 시킨 것에서 유래한다. 신슈信州 마쓰시로번사松代藩士 다카노 다케사다高野武貞의 「유초년록蒡草年録」에 의하면, "그런데 매일 미부의 낭사 다수가 와서 질서유지取締를 했다. 모두가 무명천으로 된 검은 문양이 있는 상의와 흰줄이 그려진 바지

30 「島田魁日記」,『新選組日記』, 190쪽; 永倉新八,『新撰組顛末記』, 56~60쪽.

[표 2-1] 금전대출표1

연월일	금액	명목	빌려준 자	빌린 자	출전
1863년 4월	금 100냥	진충보국을 위한 병사를 모집하기 위해	오사카의 히라노야 고베	낭사 니이미 니시키 외 2명	e상80
1863년 7월	금 30냥	무기구입료	야마나카 젠우에몬	세리자와 가모 곤도 이사미	c62, e상100
1863년 7월 4일	금 200냥	무기구입료	야마나카 젠우에몬	세리자와 가모 곤도 이사미	c62
1864년 12월	은 6600관	교토수호비용	야마나카 젠우에몬 외 21명	신센구미 국장 곤도 이사미	e상280
1865년 3월	금 200냥	(니시혼간지 주둔소 이전비용?)	후쿠다 구라노스케		e상299
1867년 12월	금 400냥		야마나카 젠우에몬	히지카타 도시조 곤도 이사미	a112, b63, e하104
1867년 12월	금 400냥		나가다 사쿠베	히지카타 도시조 곤도 이사미	e하104

출전 란에 있는 부호는 각각, a:『新選組!展』, b:『新撰組のふるさと日野』,
c:『特別陳列·新選組』, e:『新選組日誌』상·하, 숫자는 쪽수를 나타낸다.
작표 협력에 야나기사와 리사(柳澤理沙)씨.

를 입고 매우 예의바르게 행동했다"고 적고 있듯이, 보통 때와는 달리 흥행시의 미부낭사는 의복도 정제하고 예의바르게 질서유지에 임했다고 한다. 미부낭사는 8월 12일에도 미부에서 스모 흥행을 하고 있다[31]. 또 로시구미는 이 무렵[표 2-1]에서 나타나 있듯이 빈번하게 대출을 하고 있다. 이러한 행위는 모두가 폭력을 배경으로 한 강제적인 행위였기에 스모 흥행도 자금 획득을 위해 행해졌음을 알 수 있다.

---

31 「蓬草年錄」, 『新選組日誌』상, 102, 104쪽.

야마토야를 불태움

8월 12일, 세리자와 가모 등 30여 명은 요시야마치거리葭屋町通(가미교구(上京区))
부근의 생사상生糸商인 야마토야 쇼베大和屋庄兵衛의 집을 불태웠다(焼き討ち). 「견
문약기見聞略記」에 의하면, 야마토야는 개항에 의한 무역으로 돈을 번 상인이
었는데 미부낭사는 니시신마치西新町의 직물업자와 함께 야마토야를 습격해
서 불을 질렀다. 교토쇼시다이京都所司代도 요도번주淀藩主도 낭사들을 문책하
지 않아 야마토야만 불쌍하게 되었다고 기록하고 있다.

「유초년록」에 의하면, 12일 오후 8시경 미부낭사들이 마을의 책임자町年寄
를 찾아가서 오늘 밤 야마토야를 습격함으로 마을사람町人들은 외출을 하지
말라고 지시했다. 이윽고 낭사들은 야마토야의 창고土蔵 주변 건물을 부수고
주위에 불이 번지지 않도록 한 다음에 창고에 불을 질렀다. 아이즈번 등의
소방대가 도착했지만, 미부낭사 36명 모두가 흰 머리띠에 어깨띠를 둘러메
고 바지를 걸어 부친 차림으로 칼을 빼들고 창고를 둘러싼 뒤 판자 조각을
불속으로 집어던졌기 때문에 소방대가 가까이 다가가지 못하고 옆집 지붕
위에서 쳐다보기만 했다.

날이 밝아 오전 10시를 지나 구경하러 가 봤더니 나카다치거리中立売通
호리카와다리堀川橋 부근에 구경나온 남녀가 다수 있었다. 가까이 다가갈
수 없어서 약 18m쯤 옆에서 구경을 했다. 야마토야 본채에서는 안에서 막대
기로 지붕을 찔러가며 기와를 부수고 있었다. 나사 양탄자 등을 찢어서 나무
막대기 끝에 달아 깃발처럼 여기저기에 세우고, 거기에 비단천이나 가재도
구를 산처럼 길거리로 던졌다고도 한다.

살펴보니, 지붕 위에서 낭사처럼 보이는 한 사람이 지휘를 하고 있었다.
주위 사람들에게 그자가 누군지 물었으나 아무도 몰랐다. 저녁이 되어 마치

부교쇼의 관리(요리키[與力]와 도신[同心])가 도착하자 낭사들은 사라졌다. 대소7
채의 창고는 처참하게 불타 있었다.[32] 니시혼간지西本願寺의 사무라이侍臣였
던 니시무라 가네후카西村兼文의 「신센구미 시말기新撰組始末記」에 의하면, 창
고의 지붕 위에서 지켜보고 있었던 낭사는 세리자와였다고 한다.[33]

　이 시기, 존왕양이 과격파에 대한 철저한 단속과 더불어 스모선수와의
패싸움, 금전의 강탈, 행패 등으로 인해 미부낭사는 교토, 오사카에서 두려
움의 대상이 되어 갔다.

2. 미부낭사 시대

양이운동의 절정

한편, 1862년 후반부터 1863년에 걸쳐 교토의 존왕양이과격파의 대두는
두드러졌고, 조슈번과 연계한 산조 사네토미三条実美와 아네가코지 긴토모
姉小路公知 등 존왕양이급진파 구게도 세력을 확대하고 있었다.

　1862년 11월, 산조와 아네가코지는 칙사로서 에도로 내려가 막부에
양이실행을 재촉했다. 다음해 2월에는 재야에 있는 자草莽라도 귀족자제의
교육기관인 학습원에 건백을 할 수 있게 되어 재야의 지사와 조정 내의 존왕
양이급진파가 연계해서 정치를 주도해 갔다.

　고메이 천황은 양이기원을 위해 가모사賀茂社와 이와시미즈사石清水社에
참배하고 막부는 5월 10일을 양이기한으로 정하면서, 드디어 존왕양이과격

---

32 『新選組日誌』상, 105~106쪽.
33 西村兼文, 「新撰組始末記」, 『新選組史料集』, 17쪽.

파의 운동은 절정을 맞이하게 되었다. 그리고 같은 날, 조슈번은 시모노세키에서 미국 상선을 포격했고, 7월 2일에는 사쓰마번도 영국함대와 교전을 벌였다(사쓰마 - 영국전쟁[薩英戦争]).

8월 13일에는 양이파의 압력에 의해 고메이 천황의 양이기원과 친정親政을 목적으로 하는 야마토大和 행차行幸가 포고되고, 8월 17일에는 야마토의 고조五条에서 덴추구미天誅組의 난도 일어났다.

8·18정변

이에 대해 공무합체파도 반격을 꾀했다. 1863년 8월 18일 새벽, 교토슈고쇼쿠인 아이즈번주 마쓰다이라 가타모리의 지시를 받은 아이즈번병과 교토쇼시다이[34]인 요도번주인 이나바 마사쿠니稲葉正邦가 인솔하는 요도번병이 궁궐에 들어가 궁궐문 9개를 봉쇄했다.

그런 다음, 공무합체파의 황족인 나카가와노미야 아사히코 친왕中川宮朝彦親王과 귀족인 고노에 다다히로近衛忠熙 등을 입궐시키고 사쓰마번에게 궁궐문을 경비하도록 했다. 공무합체파에 의한 쿠데타였다.

아이즈번사인 기타하라 마사나가北原雅長의 『칠년사七年史』에 의하면, 곤도 이사미 등 미부낭사 52명은 선동어소仙洞御所 앞에, 옅은 황색 삼베천에 소매를 흰색 삼각형 문양으로 염색하고, 등에는 성誠과 충忠이라는 두 글자를 새긴 똑같은 상의를 입고, 붉은색 삼각형 문양이 있는 손 등롱을 들고 참가했다. 대장에 해당하는 세리자와 곤도는 위엄 있는 군장을 하고, 낭사들도(적·아군을 구별하기 위해서 일 것이다) 아이즈번에서 지급된 황색의 어깨띠를 메고 있었

---

34 에도 시대의 직명. 교토를 수호하고, 천황(禁中)·구게(公家)에 관한 정무를 관장했다. 교토·후시미·나라의 삼부교를 집배하며, 교토 주변 8개국의 소송을 처리하며, 서일본 다이묘를 감시하는 임무를 띠고 있었다. 1600년 설치되어 1867년에 폐지되었다(역자주).

다. 곤도는 지용을 겸비하여 어떠한 질문에도 막힘없이 답변했다. 한편 세리자와는 성격이 거칠고 난폭해서 대원이 마음에 들지 않는 말을 하면 죽도록 두들겨 팼다. 그러나 두 사람 모두 재기와 용기를 겸비해 대장으로서 존경받았기 때문에 반항하는 자는 없었다. 그들이 하마구리문蛤御門을 통해 궁궐로 들어가려 했을 때 아이즈번사들로부터 의심을 받아 통과되지 못했다. 미부낭사는 꼭 들어가야 한다고 주장을 했고, 이에 아이즈번병이 창을 빼들고 포위를 했지만 물러서지 않자 세리자와는 얼굴 앞에 들이대어진 창끝을 허리춤에서 빼든 부채로 치면서 기죽지 않고 오히려 호통을 쳤다. 이 상황은 아이즈번의 군사담당자와 섭외역이 와서야 겨우 수습이 되었는데, 조금만 늦었어도 큰일날 뻔 했다고 한다. 이때의 세리자와의 태도에 대해 어떤 이는 대담스럽게, 또 다른 이는 몹시 밉살스럽게 여겼다고 한다.[35]

신센구미라는 부대명

미부낭사 중에 한 사람이었던 시마다 가이의 일기에 의하면 곤도 등은 하마구리문을 통해 궁궐에 들어가 경비에 임했는데, 조슈번이 도주를 할 때에는 남문(겐레이몬(建禮門)) 앞을 지키고 있었고 그때 무가전주武家伝奏로부터 '신센구미'라는 부대명을 수여받았다고 기록되어 있다.[36] 미부로시구미가 신센구미로 개칭된 것이다. 단, 이 부대명을 지은 자와 그 유래에 대해서는 현재 알려진 바가 없다.

　　미야치 마사토는 8·18정변 후, 곤도는 공무합체노선의 유지집단으로

---

35 『七年史』 1, 445쪽.
36 「島田魁日記」, 『新選組日記』, 190쪽. 단, 무가전주의 관련에 대해서는 직무 내용상 의문점이 제기된다고 지적하고 있다(中村武生, 「新選組誕生秘話」, 『別冊歴史読本』 제28권 31호, 新人物往来社, 2003년).

신센구미를 순화시킬 전망을 가졌고, 이후 내부 숙청은 이 연장선상에서 전개된다고 했다.[37]

신센구미 성립 3일 후인 8월 21일, 신센구미가 교토 시내를 순찰한다고 포고되었고, 순찰시 반항하는 자는 베어 버려도 무방하다(もし手余り候節は切捨御免)는 권한이 부여되었다.[38]

같은 날, 신센구미는 아이즈·구와나 양 번과 협력해 조슈의 가쓰라 고고로 등의 존왕양이파를 교토로부터 축출하고, 22일에는 교토 마치부교쇼와 협력해서 고조 부근에 잠복해 있는 존왕양이과격파인 히라노 구니오미平野國臣를 추적했다.[39] 신센구미의 활동은 막부, 아이즈, 구와나와 협력을 해서 전개되었던 것이다.

9월 1일부의 아마카스 다케타로甘糟竹太郎에게 보낸 요네자와번사米沢藩士 아마카스 빈고甘糟備後의 편지에는, 8월 25일 이후 신센구미가 매일 시중을 순찰하고, 인구조사人別を改め를 하여 무숙자를 체포하였기 때문에 낭사는 교토에 한 사람도 없게 되었다고 기록되어 있다.[40]

이상과 같이, 신센구미라는 부대명의 명명과 활동은 공무합체파가 교토에서 반격을 가하는 조류 속에서 이루어졌다고 봐야 할 것이다.

세리자와 가모의 암살

이 시기에 신센구미 국장인 곤도와 부장副長인 히지카타 도시조는 9월 초순에 세리자와파 부장인 니이미 니시키를 행실이 나쁘다는 이유로 교토의 기온祇園

---

37 宮地正人, 『歴史のなかの新選組』, 111~113쪽.
38 京都町触研究会編, 『京都町触集成』제12권, 岩波書店, 1987년, 제1326호, 439쪽; 永倉新八, 「浪士文久報国記事」, 『新選組日記』, 51쪽.
39 「島田魁日記」, 『新選組日記』, 190쪽; 「世話集聞記」, 『新選組日誌』상, 115쪽.
40 『新選組日誌』상, 117쪽.

에서 대실업貸室業을 하는 야마오山緒에서 할복시켰다.[41] 니이미의 죽음에 대해서는, "곤도의 뜻에 따르지 않는 일이 있어 미워서 암살했다"[42]며, 곤도의 의사에 반했기 때문에 암살했다는 견해도 있다.

더 나아가 곤도는 9월 18일에 마찬가지로 나쁜 행동을 계속해 온 국장 세리자와 가모를 암살해 조직 내의 실권을 장악해 갔다. 세리자와 가모의 암살에 관한 확실한 사료는 현재 발견되지 않고 있으나 우선 니시무라 가네후미의 「신센구미 시말기」에 따라 암살상황을 살펴보자.

세리자와는 이전부터 시조호리카와四条堀川(시모교구下京区) 부근에 있는 포목상의 아내 무메와 관계를 가져왔는데 마침내 강제로 첩으로 삼아 살고 있었다. 그런데 마침 이 날, 세리자와파의 히라야마 고로平山五郎는 시마바라島原(즉 유곽이 있는 곳)의 여자를 데리고 와 있었다. 곤도는 그 여자가 화장실로 나왔을 때 그대로 사라지라고 명령했다. 오키타 소지는 세리자와의 침소에 잠입해 다짜고짜 세리자와를 습격했다. 세리자와는 놀라면서도 단도를 뽑아 들고 응전했다. 세리자와는 오키타의 코 밑에 가벼운 상처를 입히기는 했지만, 히지카타 도시조가 두 번째 휘두른 칼을 막아내지 못해 쓰러져 사망했다. 무메도 동시에 참살당했다. 히라야마 고로는 야마나미 게이스케와 하라다 사노스케에 의해 살해되었다.[43] 니시무라는 이 암살을 "아이즈의 내명內命에 의한 참륙斬戮"[44]이라며, 아이즈번의 지시에 의한 암살이라고 했다.

또한 야기 다메사부로(당주인 야기 겐노조의 2남, 당시 15세)는 암살에 대해 다음과 같이 이야기하고 있다.

---

41 「同志連名記」, 『新選組日誌』 상, 120쪽.
42 西村兼文, 「新撰組始末記」, 『新選組史料集』, 18쪽.
43 西村兼文, 「新撰組始末記」, 『新選組史料集』, 18쪽.
44 西村兼文, 「近世野史」, 『新選組日誌』, 123쪽.

밤 12경에 누군가 현관 미닫이문을 열고서 조용히 들어 왔다. 그 사람은 히지카타 도시조였다. 히지카타는 세리자와와 히라야마의 침실을 엿보고는 깊은 잠에 빠져 있는 것을 확인하고는 조용히 물러났다. 그 후 20분 정도 지나자 4~5명이 난입해 두 사람을 살해했다. 이 장면을 목격한 다메사부로의 어머니에 의하면, 오키타, 하라다, 그리고 야마나미가 있었던 모양이다. 세리자와파의 히라마 주스케는 와치가이야輪違屋의 이토사토糸里와 함께 있었는데, 히라마는 도망을 쳤다.[45] 나가쿠라 신파치에 의하면, 히라마와 함께 있었던 기쿄야桔梗屋의 기치에이吉栄는 이토사토와 함께 살아남았다.[46] 9월 20일에는 세리자와와 히라야마의 장례식이 거행되었다.[47]

히라마는 그 후 행방불명이 되었고, 세리자와파의 남은 한 사람, 노구치 겐지野口健司는 1863년 12월 27일에 할복, 혹은 28일에 하라다 사노스케에 의해 살해[48]당했다는 두 가지 설이 있지만, 그 어느 쪽이든 그 해 안에 사망했다. 이렇게 해서 세리자와파는 완전히 사라졌다.

아이즈번의 신임과 조직화

이 무렵 곤도의 양부 슈사이의 건강이 좋지 않았다.

곤도 본가의 큰형인 미야카와 오토고로는 곤도가 에도로 돌아오기를 원했지만, 9월 23일에 아이즈번사 히로사와 도미지로와 오노 에이바大野英馬는 이것을 거절하는 편지를 썼다. 편지에 의하면, 당시 교토의 치안이 불안정한데다 세리자와 가모가 병사를 했다, 이 때문에 오합지졸烏合の衆에 불과한

---

45 子母澤寛, 『新選組遺聞』, 130~136쪽.
46 永倉新八, 『新撰組顚末記』, 71쪽.
47 子母澤寛, 『新選組始遺聞』, 142~144쪽.
48 할복설은 子母澤寛, 『新選組遺聞』, 153~154쪽; 살해설은 西村兼文, 「新撰組始末記」, 『新選組史料集』, 18쪽.

신센구미 50여 명은 곤도 한 사람의 힘으로 겨우 통제되어 가고 있다,[49] 이런 시기에 곤도가 에도에 가면 신센구미는 지리멸렬된다고 말하며, 곤도의 에도행을 거절하고 있다. 곤도에 대한 아이즈번의 신임 정도를 엿볼 수 있다.

그런데 곤도 편지 14에 의하면, 9월 25일에 8·18정변시의 출동에 대해 조정으로부터 한 사람당 한 냥씩의 포상이 주어졌으며, 또 『동서기문東西紀聞』에 의하면 10월 4일부터 8일경에 아이즈번으로부터 신센구미 60명에 대해 한 사람당 월 3냥씩이 수여되었다. 더욱이 나가쿠라 신파치에 따르면, 8·18정변시 조슈번이 철수할 때 신센구미의 행동이 시기적절했다고 하여 장군가로부터 은상이 내려졌는데, 국장이 월액 50냥, 부장이 40냥, 부장보좌副長助勤가 30냥, 평대원이 10냥을 지급받았다고 한다.[50] 이 시기에 신센구미의 급여제도가 정비되어 갔던 것을 알 수 있다.

공무합체파 집회에서 곤도의 연설

그후 10월 10일, 아이즈번주 마쓰다이라 가타모리의 제안에 따라 기온에 있는 요정 이치리키一力(히가시야마구[東山区])에서 '국가를 위한 토론회国家之議論集会'가 개최되었다. 이 집회에는 사쓰마, 도사, 아키, 히고, 아이즈 출신의 국정주선역国政周旋掛り들이 출석을 했다. 이 자리에 곤도도 초청되었다. 곤도 편지 14에 의하면, 이곳에는 온갖 산해진미가 준비되어 있었다. 취하기는 했으나 국가나 대의를 입에 올리는 자가 없었다. 아이즈번의 가로인 요코야마 지카라横山主税와 사쓰마번의 시마즈 아무개島津某라는 자가 보국유지報国有志인 곤도의 고견을 듣고 싶다고 말했다. 그러자 곤도는, 이제까지 사쓰마와 조슈가 양이를

49『新選組日誌』상, 126쪽.
50『東西紀聞』2, 418쪽; 永倉新八,『新撰組顛末記』84쪽;「金銀出入帳·解説」,『新選組史料集』, 311쪽.

실행했는데, 그것은 한 번藩이 하나의 항구에서 실행한 양이国港攘夷이며 일본 전체가 거국적으로 한 양이海国攘夷와는 다르므로 공무합체를 우선으로 한 다음, 막부가 양이를 주장하면 자연히 국내도 안정된다. 원래 외국 때문에 이처럼 천하가 혼란해져 내란이 발생했기 때문에 국내가 일치해서 막부를 돕고, 해안을 방어하는 길 외에는 없다고 답변했다. 여러 번에서 온 출석자들은 모두가 동의를 표했으며, 무엇보다도 국가의 방침을 세우기 위해서는 우선 장군이 상경을 한 다음 에도에서 정치를 해야 하고, 그렇게 하지 않는 이상은 결코 사태가 수습되지 않으리라는 대강의 일치를 보았다. 그 결과 조정은 장군에게 상경할 것을 명령했고, 곤도 자신은 신센구미 내부를 단속하고 국가대의를 위하여 최선을 다할 생각이나 몸이 아파 난처하다고 기술하고 있다.

10월 15일, 곤도는 마쓰다이라 가타모리에게 올리는 상서에서, 최근에 에도에 있는 신초구미를 고용하게 된 것과 관련하여 신센구미의 대우에 대해서 답변하고 있다. 곤도는, 자신들은 진충보국의 지사로서 모집에 응하여 2월에 상경을 했다. 천황의 명령을 높이 받들어 양이를 실행할 생각으로 교토에 머물렀다. 아직 양이를 실행하지 못하고 있는 중에 녹위禄位(막부의 신하가 되는 것)를 받아서는 대원들의 사기가 느슨해질까 염려하고 있다[51]고, 곤도는 막부의 신하가 되는 것을 거절하는 한편, 양이를 실행한 다음에 녹위를 받기를 원했다.

10월 19일, 곤도는 교토 마치부교인 나가이 나오무네永井尚志를 면담하고 장군 상경의 필요성을 개진했다(곤도 편지 15).

11월 21일에는 무사시노쿠니 다마군 혼숙역촌本宿村(후추시[府中市])의 촌장

---

51 『新選組日誌』상, 126쪽.

마쓰모토 도모하치松本友八의 장남 마쓰모토 스테스케松本捨助가 신센구미에 입대하기 위해 상경했다. 마쓰모토는 히노숙역의 사토 도장佐藤道場과 고가 도장古賀道場에서 천연이심류를 배웠는데, 1863년 로시구미가 상경했을 때는 가족의 반대로 참가할 수 없었다. 그래서 이번에는 목숨을 바치고 올 것이라는 말을 남기고 생가를 떠나 온 것이었다. 그러나 교토에서 히지카타와 재회하기는 했으나, 뜻을 이루지는 못하고 오노지촌의 고지마가에 편지를 전달해 달라는 부탁을 받고 다마로 돌아왔다.52 그런데 히지카타는 이 무렵 편지 4에서 교토, 오사카에서 많은 여성과 사귀고 있는 것을 자랑하며, "보국의 마음을 잊어버린 부인婦人인가"라는 시구를 읊으며 "마쓰다이라 히고노카미에게 위탁된 신센구미 낭사들의 위세가 날로 증대하니, 이에 관한 것은 모두 마쓰모토(스테스케) 씨께 들어주십시오"라며, 신센구미의 융성함을 자랑하고 있었다.

공무합체파의 정국주도

한편, 교토의 정국은 12월 23일에 조슈번과 통하는 간바쿠 다카쓰카사 스케히로鷹司輔熙가 사임을 하고, 공무합체파와 통하는 니조 나리유키二条斉敬가 간바쿠에 취임하는 등 공무합체파가 주도권을 장악했다.

12월 30일에는 히토쓰바시 요시노부, 마쓰다이라 가타모리, 에치젠越前의 후쿠이번주福井藩主 마쓰다이라 요시나가松平慶永, 도사번주土佐藩主 야마우치 도요시게山内豊信, 이요伊予의 우와지마번주宇和島藩主 다테 마사무네伊達宗城 등 공무합체파의 유력제후가 조정의 정치참여직에 임명되어 참여회의参与会議가 설치되었다. 다음해인 1864년 정월 13일에는 사쓰마번주 시마즈 다다요시島津忠義의 아버지 히사미쓰도 참여에 참가했다.

---

52 新人物往来社 편, 『新選組大辞典』, 新人物往来社, 1999년, 235쪽.

정월 15일에는 해로로 오사카에 도착해 있던 장군 이에모치가 재입경해 니조조에 들어갔다. 신센구미는 오사카에서 교토까지 이를 경호했다.[53] 2월 1일 이른 아침, 시조하시의 동쪽에 있는 게시판에 신센구미를 중상하는 삼나무로 된 판자가 붙여져 있었다. 거기에는, 최근에 아이즈번의 가신 혹은 막부의 신초시新徵士라 칭하는 무뢰한들이 시중의 부잣집에 들어가서 나라를 걱정하는 정의의 낭사들이라고 속이면서 돈을 갈취하고, 이에 응하지 않는 자들에게는 칼을 빼들고 협박을 하고 있다, 또한 밤중에 길에서 이유도 없이 행인을 베고 의복이나 소지품을 강탈하고 있다, 더욱이 몹시 사치를 하면서 유곽이나 요릿집에서 방탕하게 놀면서 무도한 짓을 하고 있다, 게다가 아이즈번은 이를 용인하고 있다면서, 신센구미와 그 비호자인 아이즈번을 비판하고 있었다. 8·18정변이 있고 난 뒤, 공무합체파의 융성과 더불어 신센구미 또한 비판의 대상이 되어 갔다.[54]

2월 11일, 마쓰다이라 가타모리는 교토슈고쇼쿠에서 육군총재직에, 그리고 15일(13일이라고도 함)에는 군사총재직에 임명되었다.[55] 곤도 편지 17에 따르면, 이 시기에 곤도는 건강이 안 좋아 가타모리의 권유도 있고 하여 온천에서 요양을 하고 있었는데, 이 소식을 접하자 급히 귀경했다. 또 2월 15일에는 마쓰다이라 요시나가가 교토슈고쇼쿠에 취임을 하는 등,[56] 공무합체파의 체제 굳히기가 진행되고 있었다. 이 직책의 변동에 수반하여 막부는 신센구미를 후임 교토슈고쇼쿠 마쓰다이라 요시나가에게 맡기려고 하였지만, 곤도 등이 이를 거절, 3월 3일 종래대로 아이즈번 위탁이 되었다.[57] 이로써

53 「島田魁日記」, 『新選組日記』, 191쪽.
54 『甲子雑録』 1, 281~282쪽.
55 『京都守護職始末』 2, 18~19쪽.
56 『会津藩庁記録』 6, 439쪽.
57 『会津藩庁記録』 4, 276쪽; 『京都守護職始末』 2, 24쪽.

신센구미와 아이즈번의 관계는 더욱 강화되었다.

한편, 다마군 렌코지촌蓮光寺村 촌장인 도미자와 마사히로富沢政恕는 장군 이에모치가 상경할 시에 렌코지촌의 영주인 하타모토 아마노 마사지로의 고용인 자격으로 수행을 하였다. 정월 2일에 에도를 출발하여 17일에 입경, 4월 13일까지 약 3개월간 체재했다. 도미자와는 니조조에 출근하는 한편, 곤도, 히지카타, 오키타, 이노우에 등과 만나서 시국에 대해서 의견을 교환하기도 했다. 단 이 기간에 야마나미 게이스케는 와병 중이라 만나지 않고 있었다.

정월 19일 밤, 도미자와와 함께 상경했던 에사카 쇼에이江坂勝衛는 술을 먹고 난동을 부리며 폭행을 일삼아, 21일에 도미자와로부터 장기간 해고를 당했다. 그러나 에사카는 2월 6일 밤에도 고조하시 부근의 유곽에서 난동을 피워 순찰 중이던 신센구미 대원에게 체포당했다. 8일, 도미자와는 에사카를 신센구미로부터 인도받아 그날 중으로 교토에서 추방시켰다.[58]

일회상 권력의 성립

3월 9일, 참여회의는 요코하마항에서의 무역을 중지하고 양이 실행鎮港攘夷을 주장하는 히토쓰바시 요시노부가 다른 제후들과 대립을 하는 바람에 와해했다.

그 후 3월 25일, 요시노부는 조정으로부터 금리수위총독禁裏守衛総督・셋카이방어지휘摂海防御指揮에 직접 임명되어 취임을 했다. 4월 7일에는 마쓰다이라 가타모리가 교토슈고쇼쿠에 재임되고, 4월 11일에는 가타모리의 친동생인 구와나번주 마쓰다이라 사다유키松平定敬가 교토쇼시다이에 취임을 했다. 이렇게 하여 공무합체파 중에서도 막부로부터 보다 더 자립되고 조정

---

58 富沢政恕,「旅硯九重日記」,『新選組日記』상, 148~151쪽.

상층부와의 연계 강화를 도모하는 히토쓰바시一橋(요시노부), 아이즈会津(마쓰다이라 가타모리), 구와나桑名(마쓰다이라 사다유키)로 이루어진 소위 '일회상一会桑 권력'이 교토의 정국을 주도하기 시작했다(서장 주5 참조).

공무합체파 중 일회상 권력의 성립은 교토순찰체제에도 명확하게 드러났다. 4월 19일경의 「야마시나노미야 국사문서사山階宮国事文書写」에는, 당분간 금리수위총독(一橋), 교토슈고쇼쿠(会津), 교토쇼시다이(桑名), 신센구미가 순찰을 하고, 마치부교쇼로부터 안내자를 제공하기로 되었다고 기록되어 있다.[59]

4월 26일에는 에도에서 교토의 치안유지를 위해 순찰조見廻組가 결성되었다. 순찰조는 교토순찰역見廻役(두 명으로, 소다이묘 또는 영지가 큰 하타모토가 취임을 했다)이 대장이 되며, 그 밑에 하타모토 신분으로 이를 보좌하는 중간관리(구미가시라[組頭]와 구미가시라쓰토메카타[組頭勤方])가 있고, 이들 휘하에 막부의 가신인 게닌으로 구성된 400여 명의 일반대원이 있었다. 이때 순찰역에 임명된 사람은 마이타 히로타카蒔田広孝(빗추[備中] 아사오번주[浅尾藩主]), 마쓰다이라 이나바노카미松平因幡守(하타모토 고타이요리아이[旗本 交代寄合])[60]였다.[61] 이전에 낭사단속역을 역임했던 사사키 다다사부로도 조장組頭으로서 교토에서 활동하게 되었다. 막부감찰관 스기우라 바이탄杉浦梅潭의 일기에는, 4월 19일의 교토순찰체제에는 금리수위총독 대신에 '순찰역'이 들어가 있다.[62]

신센구미는 일회상 권력의 일원으로서 교토 시중의 경비를 분담했다.

---

59 宮内庁蔵版, 『孝明天皇紀』, 제5, 平安神宮 발행, 1969년, 226쪽.
60 에도 막부의 직명. 요리아이(寄合) 중에서 로주 밑에 소속되어 후다이다이묘에 준하는 대우를 받고 참근교대의 의무를 짐. 즉 상급 하타모토를 말함(역자주).
61 黒板勝美・国史大系編集会 편, 『続徳川実記』 제4편, 吉川弘文館, 1982년, 643쪽.
62 杉浦梅潭 저・小野正雄 감수, 『杉浦梅潭目付日記』, 杉浦梅潭日記刊行会 발행, 1991년, 395쪽.

3. 장군 이에모치의 에도 귀환

곤도의 격분

정치적인 긴장이 고조되어 가던 중의 1864년 5월 7일, 장군 이에모치는 교토를 떠나 후시미, 오사카를 거쳐 20일에 에도로 돌아갔다. 신센구미도 장군의 경호를 위해 오사카까지 출장을 갔다.[63]

장군의 에도 귀환에 대해서 센다이번사仙台藩士 다마무시 야스시게玉虫誼茂가 편찬한 기록 『관무통기官武通紀』에 실린 교토에서 보낸 편지에는, 장군 이에모치가 모처럼 상경을 했음에도 기본방침도 세우지 않고 지엽적인 안건만 처리하는 데 그치고 말았다고 기록되어 있다. 급무인 요코하마항 폐쇄는 가와고에번川越藩에 위임했지만 간토의 정세로서는 실현되기 어려운 상황이었고, 조슈번 토벌에 대해서도 신센구미에게 오사카까지 출진하라는 지시가 있었지만 결국 중지되고 말았다. 게다가 이에모치가 갑자기 에도로 돌아가게 되자 사람들은 실망했다. 작년 봄의 상경과는 달리 이번에는 공무일화公武一和, 국사위임国事委任, 양이실행攘夷実行, 조슈번 관대처분寛大処分 등 표면적인 슬로건은 좋았지만, 실제는 앞서 언급한 것처럼 아무것도 결단하지 않았기 때문에 사람들이 매우 비판했다고 기록하고 있다.

더욱이 그 다음 부분에서는, 신센구미가 이에모치 귀환에 대해서 격렬하게 분노하여 로주 사카이 다다시게酒井忠績에게, 모처럼의 상경임에도 불구하고 기본방침을 세우지 않고 귀환한다는 것에 대해서는 승복할 수 없다고 주장했다. 그리고 기본방침을 세울 때까지는 교토에 머물러야 한다고 주장하며, 만약 그렇게 되지 않을 경우에는 신센구미의 해산을 명령해 달라

---

63 「島田魁日記」, 『新選組日記』, 191쪽.

고 청했다. 신센구미로서는 장군의 에도 귀환이 도저히 납득할 수 없는 일이었지만, 막부는 이에 대해 아무런 지시도 없었다.[64]

곤도의 격분은 히고번肥後藩의 자료에서도 확인된다. 5월 3일, 곤도는 아이즈번의 섭외역을 통해서 막부의 로주에게 신센구미의 진퇴를 서면으로 물었다. 이 서면에 따르면, 자신들은 작년 예상경한 이래로 (작년) 8월에는 교토 시중순찰을 명령받았고, 나아가 (금년) 4월 중에는 재차 순찰을 명령받아 열심히 근무해왔다. 그러나 자신들은 시중순찰을 위해서 모집되지는 않았다. 물론 순찰 등의 임무도 생각해왔지만 비상시에 봉사할 생각이었다. 이미 많은 비용을 들여 두 번의 장군 상경이 있었다. 그러나 확고한 양이의 결단 없이 장군이 또다시 에도로 돌아간다면 자신들의 예상과 달라지게 되고, 장군에게 폐를 끼치게 될지도 모른다. 만약 장군이 에도로 돌아간다면 신센구미 대원들에게 해산을 명하든가, 각자가 온 곳으로 되돌아가도록 지시해 달라고 청원했다. 그런 다음 곤도는 신센구미의 희망으로서, 장군이 교토에서 방침을 결정하지 않은 채 에도로 돌아가서야 천하의 정치는 어떻게 되겠는지, 또 자신들이 로시구미에 응모한 이래로 아무런 역할도 못하고 있으니, 조슈 공격이나 요코하마항 폐쇄 등과 같은 문제에서 제 역할을 할 수 없다면 해산하고자 한다고 오사카에 있는 로주에게 호소한 것이다.

즉 곤도는 신센구미의 해산까지도 포함해서, 자신들의 본래의 임무는 순찰조와 같은 시중경비가 아니라, 조슈 공격이나 요코하마항 폐쇄와 같은 국가와 관련된 일이며 그를 위해서 장군이 에도로 돌아가지 않기를 바란다고 주장한 것이다.

이에 대해 오사카에 있는 로주는 아이즈번의 고모리 히사타로를 통해서,

---

64 玉虫誼茂, 『官武通紀』 2, 250쪽.

장군은 조슈에 대한 조치를 조정으로부터 위임받아 에도로 향하고 있는 것이며, 요코하마항 폐쇄문제는 사절이 온 다음에 결정될 것이다, 또한 교역품은 일본에서는 불필요한 것을 수출하고 있다고 답변하며 곤도 등을 달랬다.[65]

순찰조와 신센구미

한편 이 무렵 막부는 교토지배체제를 강화하는 방책을 취했다. 『아이즈번청기록会津藩廳記録』에 따르면, 우선 4월 7일에 마쓰다이라 가타모리에 대해서 군사총재직에서 교토슈고쇼쿠로 복귀시켰다. 이 시기에 가타모리는 병상에 있었으며 가로인 진보 구라노스케神保内蔵助가 니조조로 출근해 이 명령을 수령하고 있다.

이어서 5월 14일에는 에도에서 결성된 순찰조見廻組가 인원 부족 때문에 신센구미에서 대원을 보충하는 문제를 가지고 아이즈번의 에도 섭외역인 우에다 이치가쿠上田一学와 상담하고 있었다. 순찰조의 의견은 다음과 같았다.

신규로 모집할 순찰조에 적합한 인원이 모집되지 않았다. 아이즈번에 부속된 신센구미인지 뭔지 하는 자들에 관한 소문을 내외로 듣고 있다. 신센구미는 몇 명 정도 있는지, 그들을 막부의 신하로 받아들여도 지장은 없는지, 지장이 없다면 교토에 출장을 가서 채용할 생각이다. 신센구미 대원들은 소문에 의하면 식견이 있고, 뜻도 높다고 들었다. 도신同心(막부의 하급관리) 정도의 신분이면 어떠한가 하는 것이었다. 결국 이 건은 신센구미가 승낙하지 않을 것이라는 의견과, 도신의 신분은 너무 높다는 의견이 제기되어 실현되지 않았다.[66]

---

65 「改訂肥後藩国事史料」,『新選組日誌』상, 165~166쪽.
66 『会津藩庁記録』3, 414쪽; 4, 689쪽.

교토의 시중경비를 둘러싸고 이것을 원하지 않는 신센구미와 체제 강화를 꾀하는 순찰조와의 대조적인 움직임이 있었다.

요리키 우치야마 히코지로의 암살

5월 20일, 오사카大阪 니시마치부교쇼西町奉行所의 요리키与力(막부의 중하급 관리) 우치야마 히코지로內山彦次郞가 덴진바시天神橋(덴마바시[天滿橋]라고도 함)에서 암살되었다. 우치야마는 1837년에 이전에 동료였던 오시오 헤이하치로大塩平八郞가 난을 일으켰을 때 헤이하치로를 체포해서 유명해진 인물이었다. 우치야마의 암살에 대해서, 「시마다 가이 일기」에는, 이보다 앞선 1863년 3월경 "요즘 오사카 요리키에 관한 풍문이 매우 좋지 않다. 고로 신센구미에서 이를 탐색한다"라고, 신센구미가 오사카 마치부교쇼 요리키에 대한 탐문을 하고 있었던 것이 기록되어 있다.

또 니시혼간지의 사무라이였던 니시무라 가네후카는 신센구미의 암살설을 말하고 있다. 즉, 우치야마는 신센구미가 최근 교토에서 오사카로 와서 강제로 돈을 융통하고 있는 데 대해 대단히 화를 내고 있었다. 거기에, 앞서 기술한 오사카 스모선수와의 난투가 발생했을 때 우치야마가 이에 대해 엄격하게 규탄했기 때문에 곤도 등은 우치야마에 원한을 품고 있었다. 곤도 등은 우치야마가 등유를 많이 매입해서 몰래 매매하였다는 풍문을 이용해 그를 암살하고는 존왕양이과격파인 덴추구미天誅組의 짓이라고 꾸몄다는 것이다. 나가쿠라 신파치는 메이지 초기의 「낭사문구보국기사浪士文久報国記事」에서는 암살에 대해서 기록하지 않았지만, 『신센구미 전말기新撰組顚末記』에서는 암살에 참가했다고 밝히고 있다.[67]

---

67 「島田魁日記」, 『新選組日記』189쪽; 西村兼文, 「新撰組始末記」, 『新選組史料集』18쪽; 永倉新

우치야마에 대해서는 나나와의 삼걸 중의 한 사람이라는 높은 평가가 있는 한편, 거액의 뇌물을 받았다는 추문도 있다. 그러나 암살에 관한 신센구미와의 명확한 접점은 확인되지 않으며, 당시 6명의 필두 요리키 중에서 유독 우치야마만이 신센구미와 관련될 이유도 없다. 오히려 실력자로서 출세하고 유명해진 우치야마의 암살사건에 편승한 신센구미 관계자의 창작일 가능성도 있다고 한다. 우치야마 암살이 신센구미 주변의 중대사건이기는 하지만 진상은 아직까지도 불분명하다.[68]

낭사의 추적

4월 6일, 히가시혼간지東本願寺의 중 가이세키介石는 같은 절의 사무라이와 아와낭인阿波浪人 두 명과 함께 신센구미를 사칭하면서 돈을 무리하게 빌린다든지, 나쁜 행실을 거듭했다는 이유로 신센구미에게 체포되었다. 「세화집문기」에 따르면, 이 무렵부터 신센구미의 교토 시중의 낭사 단속이 강화되고 있었다.[69]

4월 22일, 가와라마치거리河原町通(히가시야마구[東山区]) 시조 아래쪽四条下ル辺에서 화재가 발생했는데 이때 두 명의 무사가 왕래에 방해를 주어 신센구미가 체포하려고 하자 도망을 쳤다. 남은 한 명을 조사한 결과 조슈번저의 문지기라고 자백했다. 그러나 칼이나 의복 등이 문지기와는 어울리지 않아 고문을 했더니, 조슈인 250명 정도가 교토에 잠입해있는 것을 실토했다.[70]

이날 신센구미는 시중에 통지문을 발송해 신센구미가 순찰하는 지역에

八『新撰組顛末記』, 147~150쪽.
68 藪田貫, 「内山彦次郎暗殺事件の真相」, 『歴史読本』, 新人物往来社, 2004년 3월호.
69 『新選組日誌』상, 158쪽.
70 「改訂肥後藩国事史料」, 『新選組日誌』상, 163쪽.

행패를 부리는 자가 있는 경우 주둔소에 보고하도록 지시했다.[71]

5월 말 경, 신센구미는, "조슈인 …… 300여 명이 초라하게 변장을 하고서 산조오하시三条大橋에 있는 여인숙에 머물고 있다. 신센구미의 시마다, 아사노 가오루浅野薫, 야마자키 스스무山崎烝, 가와시마 가쓰지川島勝司가 이들을 탐색해서 아이즈번주에 보고했다"[72]며, 감시자가 조슈번사 등 300여 명의 동향을 탐색하고 있었다.

그런데 이 무렵 곤도는 에도에 있는 양부 슈사이 등에게 편지 19를 보냈다.

얼마 전에 이타쿠라 스오노카미의 신하로부터 양자를 들였습니다. 요즘 상황으로는 언제 죽을지 모르기 때문에 양자를 들여야겠다는 생각을 했습니다. 추후에 자세하게 말씀드리겠습니다. 이름은 슈헤이(周平)라고 붙였습니다. 실은 상담을 한 뒤에 말씀을 드려야 하는 일이지만 그렇게 하지 못했습니다. 뒷날 사과를 드리도록 하겠습니다.

이 편지에 따르면, 이사미는 빗추노쿠니備中国 마쓰야마번松山藩(오키야마현 다카하시시[岡山県 高梁市]) 이타쿠라 가쓰키요板倉勝静의 가신, 즉 신센구미 대원인 다니 산주로谷三十郎의 동생인 다니 마사타케谷昌武를 양자로 맞아들였다. 시절이 시절인 만큼 자기가 언제 죽을지 몰라 양자를 얻었다고 하면서, 이름은 슈헤이로 지었다고 하였다. 슈사이에게 상담한 다음에 결정해야 할 일이었음에도 멋대로 결정한 것을 사죄하고 있는데, 그만큼 사태는 긴급을 요했을 것이다. 긴박한 교토의 분위기를 엿볼 수 있다. 슈헤이는 이때가 15세로,

---

71 鈴木棠三・小池章太郎 편, 『藤岡屋日記』 제11권, 三一書房, 1992년, 499쪽.
72 「島田魁日記」, 『新選組日記』, 198쪽.

슈헤이는 곤도의 양부 슈사이의 이름이다.

양자 슈헤이는 그 후 1867년 12월경에 절연하고 구성으로 복귀해 다음 해 신센구미의 일원으로서 에도로 돌아가지만 탈주한다. 그러나 상세한 내막은 알 수가 없다.

6월 1일 히고번 낭사 미야베 데이조宮部鼎蔵의 하인 주조忠蔵가 체포되었다. 이 무렵 무가의 하인(주겐[中間])의 모습을 한 수상한 2명을 가모천 동쪽 강가에서 붙잡아 혹독하게 고문한 결과, 모반계획을 실토했다. 그 내용을 살펴보면, 조슈번 낭사들이 작년 말 이래로 교토에 약 40명, 후시미에 약 100명, 오사카에 약 500여 명이 잠입해 있으니, 남풍이 강하게 부는 날 그들은 교토 시내에 불을 지르고 그 틈을 타서 그들은 나카가와노미야와 아이즈번주를 살해하고 목적을 달성하려고 한 것이었다.[73]

마스야 기에몬의 포박

6월 5일 이른 아침, 신센구미는 교토의 구로다니黒谷(사쿄쿠[左京区])에 있는 아이즈번 본진을 찾아가, 낭사들이 잠복한 장소를 탐색했는데 매복한 곳이 무려 20여 개소에 달했다. 신센구미만으로는 놓칠 염려가 있어 아이즈번에서도 인원을 차출해 줄 것을 요청했다.[74]

그 후 신센구미는 시조거리 고하시 서쪽 부근의 신초真町에 있는 목탄상인 마스야 기에몬枡屋喜右衛門을 포박했다. 『갑자잡록甲子雑録』에 의하면 산조 부근에 마스야 기에몬이라는 자가 있으며, 무슨 장사를 하는지는 모르겠지만 하인 2명을 두고 있고 아내는 없다고 한다.[75]

---

73 「乃美織江覚え書」, 『新選組日誌』 상, 175쪽; 「時勢叢談」, 『新選組日誌』 상, 176쪽.
74 『会津藩庁記録』 4, 700쪽.
75 『甲子雑録』 1, 532쪽.

또 『아이즈번청기록』에 의하면 시조거리 고하시에 있는 마스야 기에 몬이라는 38~39세의 남자는 이웃과의 교제도 없고 처나 하인, 하녀도 없이 장사를 하지도 않으면서 호사스런 생활을 누리고 넓을 저택을 소유하고 있어 신센구미는 이전부터 그를 수상하게 여기고 있었다. 6월 5일 신센구미는 마침내 대원 2명을 보내 기에몬을 미부의 신센구미 주둔소로 연행했다.[76] 미부의 주둔소에서 그를 고문했더니 마침내 자신이 오미近江 출신의 존왕가 후루타카 도시타로古高俊太郎라고 자백했다고 한다.[77]

존왕양이과격파의 계획

신센구미가 마스야를 조사하자, 향초蔬에 싼 나무로 된 총포가 4~5정, 작은 돌과 납으로 된 구슬을 뒤섞어 통에 담은 것, 갑옷 열 벌 정도, 대나무에 채운 화약 몇 개, 아이즈번의 표시가 있는 등롱이 몇 개, 그리고 밀서가 다수 발견되었다.[78] 밀서에서 판명된 존왕양이과격파의 계획은, 오는 7일 기온마쓰리가 한창 무르익었을 때, 바람이 세게 부는 시점에 궁궐에 불을 지르고, 황급히 입궐하는 나카가와노미야와 마쓰다이라 가타모리를 도중에 살해하여 작년 8월 18일의 원수를 갚고 천황을 조슈로 데리고 간다는 것이었다.[79]

후루타카의 체포 소식은 조슈번저에 있는 가쓰라 고고로에게도 전해졌다. 미부주둔소를 습격해서 후루타카를 빼앗아 오자는 의견도 있었지만 조슈번 연락역留守居役 노미 오리에乃美織江에게 제지당했다. 우선 잠복하고 있는

---

76 『会津藩庁記録』 4, 532, 664쪽.
77 「近藤勇」, 『新選組日誌』 상, 175쪽.
78 『甲子雑録』 1, 541쪽.
79 「改訂肥後藩国事史料」, 『新選組日誌』 상, 164쪽. 『京都守護職始末』 2, 62쪽.

자들을 모아서 상담하기로 하고 요시다 도시마로吉田稔麿와 미야베 데이조
등은 번저를 물러났다.[80]

아이즈번의 기록에 의하면, 낭사들은 신센구미가 마스야에서 봉인을
한 창고를 부수고 갑옷과 총을 탈취해 갔다. 이 사태를 보고 신센구미는 더이
상 유예할 수 없다고 생각했다.

신센구미로부터 보고를 받은 아이즈번에서는 교토슈고쇼쿠라는 직책
상 방치해 둘 수도 없고, 그렇다고 체포하면 조슈번과 낭사들에게 더욱더
원한을 살 것이라는 판단하에 회의를 연 뒤, 히토쓰바시, 쇼시다이, 마치부
교쇼에도 타신을 하여 모두의 동의를 얻어 체포하기로 했다. 마쓰다이라
가타모리는 병상에 있었는데 어전에 불려가서 천황의 위로를 받았기 때문
에 번사 일동은 감격의 눈물을 흘렸다고 한다. 신센구미에게는 오후 8시에
기온사무소祇園会所에서 모이기로 약속을 했다.[81]

이리하여 곤도 이사미 등 신센구미의 이름을 전국적으로 알리고, 나아
가서는 후세에까지 남기게 되는 이케다야사건이 발발하게 된 것이다.

4. 이케다야사건

곤도 이사미의 편지

이케다야池田屋사건은 막말유신사 가운데 유명한 사건 중의 하나로, 말하자
면 신센구미 활동의 절정기라고 할 수 있는 사건이었다.

---

80 「乃美織江覚え書」,『新選組日誌』상, 186쪽.
81 『会津藩庁記録』4, 665, 691쪽.

그러나 이 사건에 대해 사실은 불분명한 부분이 많다. 신센구미 당사자의 기록과 다른 기록 사이에 많은 상이점이 발견된다. 우선, 신센구미 당사자의 기록부터 살펴보자.

이케다야사건의 중심에 있었던 곤도 이사미는 사건 3일 후의 밤에 다마의 관계자 앞으로 사건의 전말을 알리는 편지 19를 작성했다. 편지 원본은 확인할 수 없지만 간다神田에서 헌책방을 운영하고 있었던 후지오카야藤岡屋의 스도 요시조須藤由蔵의 편집기록『후지오카야 일기藤岡屋日記』와 센다이번사의 기록『관무통기』에 사본이 실려 있어, 세상에 널리 퍼져 있었던 것을 알 수 있다. 이 중『후지오카야 일기』는 곤도 이사미의 편지에 대해 곤도 슈사이 이하 6명의 수취인의 이름을 기록하고 있으나, "1864년 갑자년 6월, 교토 미부낭사 신센구미로부터 에도에 있는 신초구미 앞으로 온 편지의 사본"이라며, 이를 수록하고 있다.[82]

두 개의 사본은 문자의 이동異同, 기사의 전후前後는 있지만 내용은 거의 동일하며 현장에 있었던 당사자의 보고서로서 우선 검토되어야 할 사료다. 이하에서는 보다 문장의 연결이 매끄러운『관무통기』를 바탕으로 살펴보고자 한다.[83]

편지에서 먼저 곤도는 "6월 5일 밤 교토 동란에 대해서 간토에서는 아마도 여러 가지 풍설이 있을 것이다. 따라서 걱정하시는 일도 있을 것이라 생각되어 우선 안심하시라고 대강을 말씀드립니다"라며, 이어서 다음과 같이 말한다.

---

82 『藤岡屋日記』제11권, 572쪽.
83 이하, 곤도 편지의 인용은『官武通紀』2, 256~257쪽에 의한다.

이전부터 장군의 에도 귀환에 대해 의견이 분분하던 차, 귀환을 연기하도록 최선을 다했지만 끝내 성공하지 못하고 장군은 에도로 귀환하게 되었다. 그러나 교토의 경비가 충분하지 못해 걱정하고 있던 때에 조슈번사, 낭사 등이 계속해서 입경해 가까운 시일 내에 방화, 발포할 계획을 정하고, 그 틈을 이용해 조정을 조슈로 옮겨 갈 순서를 미리 정해놓고 있었다. 이전부터 신센구미도 이러한 일이 있을 것이라고 생각해 쓸만한 자 3명을 차출해 두었는데, 5일 이른 아침에 수상한 자 1명을 체포해 철저하게 조사했던 바, 의외로 이 자는 조슈 일당이었다. 그래서 더 이상 늦출 수 없어 급히 슈고쇼쿠·쇼시다이에 이 사실을 보고하여, 신속하게 수배하게 되었다.

즉, 곤도 등은 장군의 에도 귀환에 반대를 하며 여러 가지 대책을 세웠지만 효과를 거두지 못하고 장군은 에도로 돌아가고 말았다. 이 때문에 교토의 경비가 충분치 못하게 되어 조슈번사나 과격파 낭사들이 계속해서 교토로 들어왔다. 그들은 교토 시중에 불을 지르고 대포나 총을 쏘고, 그 틈에 천황을 조슈로 탈취할 계획을 세웠다. 그러자 신센구미는 탐문을 하여 5일 이른 아침에 수상한 자 한 명을 체포했다. 조사를 했더니 그들과 한 패거리였기 때문에 곧바로 슈고쇼쿠와 쇼시다이에 보고를 하여 일당을 체포할 준비를 하게 되었던 것이다.

이케다야 급습
편지는 이 뒷부분에 이케다야를 급습한 것에 대해서 기록을 하고 있다.

신센구미는 오후 8시까지 기다렸지만 슈고쇼쿠·쇼시다이가 모두 늦었기 때문에 신센구미만으로 체포하러 가게 되었다. 존왕양이과격파 낭사들은 산조코하시와나와테에 있다고 하였기에 두 파로 나뉘어 오후 10시에 쳐들어갔다. 그러나 한 군데는 한 사람도 없었고 다른 한 곳에 다수가 숨어 있었다. 이전부터 각오하고 있던 놈들이라 대항해 왔고 전투는 두 시간가량 걸렸다. 살해한 자 7명, 부상을 입힌 자 4명, 체포자 23명이었다.

곤도는 편지의 후반(『후지오카야 일기』에서는 말미)에 이케다야의 급습과 전투 모습을 다음과 같이 기록하고 있다.

당시 신센구미에는 병자가 많아 출동할 수 있는 대원은 30명밖에 없었다. 이들을 둘로 나누어 대원이 많은 쪽을 히지카타가 지휘를 했는데 히지카타가 급습한 장소 에는 한 명도 없었다. 곤도는 소수의 대원을 인솔해서 우선 출구를 지키게 한 뒤, 자신과 오키타, 나가쿠라, 도도, 15세의 양자 슈헤이 등 5명이 습격을 했다. 상대가 다수였기에 치열한 전투가 두 시간가량 이어졌다. 나가쿠라의 칼은 부러지고 오키 타는 칼끝이 부러졌다. 도도의 칼날은 잘게 갈라지고 슈헤이의 창은 잘려나갔다. 곤도 자신의 칼은 명도인 호철(虎徹) 덕인지 무사했다. 도도는 철판을 넣은 머리띠 앞부분이 잘려나가 중상을 입었다. 그 후 히지카타의 대원이 달려와서 일당들을 체포했다. 지금까지 종종 싸워왔지만, 이번의 적은 다수인 데다 모두가 용맹한 자들이라 정말로 위태로운 사태였다.

이 앞부분(『후지오카야 일기』에서는 윗글 다음 부분)에서 곤도는 다음과 같이 기록 하였다.

이케다야에서의 활동은 신센구미에 의한 것인데 대충 사건의 처리가 끝나 갔을 때에 슈고쇼쿠·쇼시다이·히토쓰바시·히코네·가가번 등의 군사 3000여 명이 왔다. 아이즈는 4명을 체포하고 한 명을 살해했으며, 구와나는 한 명을 체포했다. 6일 낮 12시가 되어서 모두가 철수했다. 전대미문의 사건이라 할 수 있다. 신센구미에서는 도도가 중상을, 나가쿠라가 경상을 입었고, 그 외에는 다친 자가 없다. 아이즈번은 중상이 두 명, 구와나는 즉사 한 명, 중상은 없으나 여기저기에 상처를 입고 쓰러져 있는 자도 있었기에 정확한 사망자수는 알 수가 없다.

그 후 곤도는 일당으로부터 압수한 물품을 열거하였다. 이에 따르면, 갑옷류 11벌, 화약대포 10문, 창 25자루, 활 11개, 화살촉 500개, 기타 칼 종류 등을 아이즈번에 인도했다고 한다. 존왕양이과격파의 계획이 꽤나 대규모였다는 것을 엿볼 수 있다.

이상에서 곤도의 편지를 살펴보았는데 사건 3일 후 밤에 쓰인 것이라 격렬했던 전투의 모습이 잘 나타나 있다.

나가쿠라 신파치의 회고기록

곤도와 더불어 이케다야를 급습한 나가쿠라 신파치永倉新八도 「낭사문구보국기사」에서 그날의 모습을 남기고 있다.[84]

이에 따르면, 오미노쿠니近江国(시가현[滋賀縣]) 출신인 오미야 도시고로近江屋俊五郎라는 자가 시조코하시에서 마구상을 하고 있었다. 그를 붙잡아 신센구미 주둔소에서 조사를 하자, 실명을 후루타카 도시고로古高俊五郎라고 했다. 여러 가지를 심문했지만 좀처럼 자백을 하지 않기에 고문을 하여 전부 실토하게 했다. 고문을 당하는 후루타카의 모습을 나가쿠라는 『신센구미 전말기』에서 아래

---

84 永倉新八, 「浪士文久報国記事」, 『新選組日記』, 70~75쪽.

와 같이 기록하고 있다.

> 곤도 대장은 자신이 직접 후루타카를 조사했지만 이미 죽음을 결심하고 상경한 그로서는 아무것도 말하지 않았다. 때리고 때려 등살이 찢겨도 눈을 감고 이를 악물고 기절해도 입을 열지 않는다. 부장인 히지카타 도시조도 두 손을 들었다. 여러 가지로 궁리를 한 결과, 우선 후루타카의 양손을 뒤로 묶은 후 대들보에 거꾸로 매달았다. 그런 다음 발바닥에 5촌 정도의 못을 관통시킨 다음 큰 초(百目蠟燭)를 세운 뒤 불을 붙였다. 곧 초가 흘러 후루타카의 발바닥에서 종강이 일대로 퍼져 나갔다. 이런 잔인한 고통에는 그처럼 결사의 각오를 한 후루타카도 참을 수 없게 되어 한 시간 정도 고통에 몸부림친 끝에 결국 입을 열어 동지들의 비책을 실토했다.[85]

이 기록이 어느 정도까지 사실인지는 불분명하지만, 혹독한 고문의 현장을 엿볼 수 있다. 자백에 의하면 후루타카의 저택에 체재하는 10명 모두가 조슈인이며 창고의 물건들은 궁궐을 불태우기 위한 도구였다고 한다.

6월 22일에 풍향이 좋으면 화공을 감행하고 천황을 야마구치성으로 탈취해 간다는 계획으로, 다수의 조슈인이 변장을 하고 시조 부근의 상가에 은신하고 있었으며 그 외에 산조거리의 여관에도 미나쿠치번水口藩(오미[近江]), 오부치번大淵藩 등의 표찰을 세워 놓고 300명 정도가 교토에 잠복해 있었다. 신센구미가 이를 즉시 아이즈번주 마쓰다이라 가타모리에게 보고하자, 가타모리는 크게 놀라 교토 수호의 임무를 띠고 있는 여러 번에게 요소요소를 경계하도록 지시했다. 아이즈번도 체포 준비를 했다. 그러나 히지카타 도시조는 후루타카가 붙잡혔다는 것을 듣고 조슈번사 등이 도망칠지 모른다고

---

85 永倉新八, 『新撰組顛末記』, 86쪽.

말해, 신센구미는 급히 기온의 사무소로 달려갔다.

오후 4시경 기온의 찻집을 빠짐없이 수색을 했지만 전부 도망을 갔는지 한 사람도 없었다. 그러나 산조코하시의 북쪽에 위치한 이케다야라는 여관에 조슈인이 머물고 있음을 알아냈다.

바깥을 엄중히 경비하게 한 다음, 곤도, 오키타, 나가쿠라, 도도가 앞문으로 들어갔다. 그들에게는 총이 다량 있었기 때문에 새끼줄로 묶어 두었다. 현관에서 주인장을 호출해 "오늘 밤 여관을 조사한다"고 말하자, 주인이 놀라며 안쪽 계단을 통해 이층으로 가는 것을 보고 그의 뒤를 밟았다.

조슈인 20명 정도가 모두 칼을 빼들고 있었다. 곤도는, "공용으로 조사를 한다. 대항하는 자는 가차 없이 베어 버린다"고 외쳤다. 곤도가 큰소리로 외치자 조슈인들은 겁을 먹고 뒤로 물러섰다.

한 명이 칼을 휘두르며 달려들었지만 오키타가 그를 베었다. 일층으로 도망가는 자가 있었기 때문에 곤도는 "일층으로"라고 지시를 내렸다. 일층에는 평평하고 아주 큰 등불八間(하치켄)이 걸려 있어 매우 밝았고, 큰 도움이 되었다. 오키타가 몸이 아파 사무소로 돌아간 후로는 세 사람이 이들과 대적했다. 곤도는 안쪽 방에서 도망가는 적을 막았고 부엌의 앞문 쪽은 나가쿠라가, 마당 쪽은 도도가 맡았다.

한 명이 앞문으로 도망가려고 하자, 다니 만타로谷万太郎가 그를 쫓아가 입구에서 창으로 찔렀고 나가쿠라는 어깨를 베었다. 나가쿠라는 원래 지키던 장소로 돌아가 자리를 지켰는데 또 한 명이 앞문으로 도망을 쳐서 그를 쫓아가 어깨에서 겨드랑이 쪽으로 비스듬히 베어 버렸다. 정원 쪽으로 돌아가서 변소 쪽으로 도망가는 자가 있었는데, 그 자가 지쳐 쓰러지는 바람에 그의 몸을 관통시키려던 칼은 그 자의 몸통을 두 동강 냈다.

도도는 담장 끝에서 조슈인에게 베인 상처에서 흐르는 피가 눈으로 들어가서 어려움을 겪었다. 칼날도 빠졌다. 나가쿠라가 도우러 가서 상대의 허리를 베려고 했으나 상대가 이를 받아 나가쿠라에게 덤벼들었다. 도도는 중상을 입었기 때문에 사무소로 옮겨졌다. 나가쿠라는 필사적으로 싸웠고 곤도가 보고 있는 동안에도 두세 번 위험한 지경에 빠졌다. 곤도가 도우려고 나섰지만 안쪽 방에 많은 적이 있어 도울 수가 없었다.

나가쿠라는 간신히 상대의 어깨 끝을 베고 마침내 쓰러뜨렸다. 조슈인 4명이 칼을 던지고 항복했기 때문에 새끼줄로 그들을 포박했다. 나가쿠라는 손바닥을 조금 베이고 칼날도 빠졌지만, 조슈인의 칼을 빼앗아 끝까지 싸웠다.

그 후 앞문으로 신센구미 대원이 몰려와 수색을 시작했다. 이층 천정이 부서져 조슈인 한 명이 떨어진 것을 다케다 간류사이武田觀柳齋가 처치했다. 밖으로 도망친 자들은 모두 신센구미가 처리했다. 시마다 가이는 창날이 잘려 나갔지만 즉시 칼로 상대를 죽였다.

산조코하시와의 사이에서도 전투는 있었다. 이케다야 여관 주인은 손이 자유로웠기 때문에 포승을 풀어 조슈인들을 도망가게 했다. 하라다 사노스케가 도망친 이를 쫓아가 창으로 찔러 죽였다. 이때 교토쇼시다이 마쓰다이라 사다유키의 가신 두 명이 조슈인에게 베여 즉사했다. 또 마쓰다이라 가타모리의 가신이 조슈인을 미나쿠치번사로 생각하고 포박하지 않고 연행하던 중 베였다. 신센구미가 도망친 그 자를 쫓아가서 조슈번저 문 앞에서 처치했다.

조슈인 4~5명과 이케다야 주인을 포박해서 마치부교쇼에 인도했다. 마쓰다이라 가타모리는 즉시 조정에 보고했다. 조정은 만족을 표하고 신센구미 일동에게 금 300냥을 하사했다. 또 막부도 새 칼을 마련할 비용으로 금 500냥을, 마쓰다이라 가타모리도 금 25냥을 신센구미에게 지급했다.

위에 인용한 나가쿠라의 「낭사문구보국기사」의 기술도 당사자가 아니고서는 알 수 없는 정보가 다수 포함되어 있는데, 급습한 대원 중에 곤도 슈헤이의 이름이 보이지 않는 등 곤도의 편지와 일치하지 않는 부분도 있다. 곤도 슈헤이에 대해서는 후일 막부로부터 지급된 이케다야사건의 포상금이 5냥이었다는 점에서(표 3-1]참조: 곤도 대원은 10냥, 히지카타 대원은 7냥과 5냥) 아마도 히지카타의 대원이었다고 추측된다.[86]

시마다 가이의 「일기」

당시 탐색활동을 하고 있었던 시마다 가이도 이 사건에 관한 기록을 남기고 있다. 「시마다 가이 일기」에 따르면, 5월 하순에 시조코하시 부근에 마스야 기에몬이라는 자가 있었다. 그는 원래 오미의 오쓰대관의 하급관리인 후루타카 도시타로라는 인물로 조슈인과 교제를 하고 있었다. 300여 명이 변장을 하고 산조오하시 부근의 여관에 머무르고 있었다. 신센구미와 시마다, 아사노 가오루, 야마자키 스스무, 가와시마 가쓰지가 이들을 탐색해서 아이즈번에 보고했다.

6월 5일 밤, 아이즈·구와나 양 번과 신센구미가 합류를 해서 오후 4시경에 쳐들어갔다. 조슈인 200여 명이 오사카로 내려가 있었으며 남은 인원은 80~90명이었다. 접전을 치렀고 체포 11명에 즉사 20명, 나머지는 모두 도망을 쳤다.

다음날 6일, 곤도는 샅샅이 수색을 하고 낮경에 미부촌으로 돌아왔다. 7일에는 포상이 있었다. 8일에는 조슈인이 신센구미를 습격한다는 소문이 시중에 파다했기에 대문에 목포木砲(나무를 깎아 만든 대포 - 역자주) 2문, 뒷문에는 1문을 설치했다. 9일에는 아이즈로부터 증원군 21명이 도착했다.[87]

---

86 『新選組日誌』상, 193쪽.

이것도 당사자의 기록인데 신센구미는 아이즈·구와나와 함께 습격했다고 기록하고 있다.

막부 · 아이즈번의 기록

이상 신센구미의 기록에 의하면, 습격한 시각과 인원수에 상이함이 있기는 하지만 이케다야사건이 신센구미만의 단독 행동이 아니었다는 것을 알 수가 있다.

그러면 신센구미와 함께 존왕양이과격파의 체포에 참가했던 세력들은 어떤 세력이었는지 신센구미 외에 다른 이들의 기록에서 살펴보기로 하자.

막부감찰관인 스기우라 바이탄은, "같은 날 밤 아이즈·쇼시다이로부터 군사를 출동시켜"라고, 아이즈와 쇼시다이(구와나)가 병사를 출동시킨 것을 기록하고 있다.[88]

아이즈번의 기록에 따르면, 동번은 신센구미로부터 낭사가 잠복하고 있다는 보고를 받자, 히토쓰바시, 구와나, 마치부교와 상의를 했다. 오후 8시에 기온의 마을町사무실에서 대기하였지만 상의하는 데 시간이 걸린 탓인지 아이즈번이 늦어, 신센구미는 기다리다 못해 기야마치木屋町 부근에서 탐색을 시작했다. 곧이어 아이즈번이 합류하여 기온의 대불大佛 부근까지 탐색한 결과, 9명을 참살하고 11명을 체포하였다고 한다.[89]

센다이번사 · 히고번의 기록

센다이번사仙臺藩士의 기록에 의하면 6월 5일 밤에 이전부터 시중을 순찰하고

---

87 「島田魁日記」, 『新選組日記』, 198쪽.
88 杉浦梅潭, 『杉浦梅潭目付日記』, 198쪽.
89 『会津藩庁記録』 4, 701쪽.

있었던 여러 세력이 협력하여 일제히 수색할 것을 지시받아, 아이즈번 1500명, 히코네번 1000명 정도, 마쓰야마번 300~400명 정도, 그 외 요도, 구와나, 신센구미, 마치부교쇼의 요리키·도신 60명, 계 5000명이 참가했다. 사상자는 낭사 쪽이 사망 14명(이 중 즉사 4명)·부상자 수 명, 아이즈번이 즉사 5명·부상자 30여 명, 히코네번이 즉사 4명·부상자 14~15명, 구와나번이 즉사 2명(이 중 평감찰관 1명)·부상자 수 명, 마쓰야마번과 요도번 두 번 모두 사망자·부상자가 몇 명씩 있었다. 신센구미는 48명 중 탈주 등을 이유로 당일 참가자 30명 중에서 중상 두 명(한 명이 사망), 그 외 부상자가 있었다.[90] 사망자 수를 보면 낭사 쪽이 14명, 체포하는 쪽이 12명 이상이 되어 꽤 격렬한 전투였으며, 게다가 신센구미보다도 아이즈, 히코네, 구와나의 번사가 많이 사망했다.

한편 히고번의 기록은 센다이번사의 기록과는 달라, 당일 출병수는 아이즈·히코네 양 번이 150명 정도, 구와나번과 요도번이 100명 정도, 마치부교쇼의 요리키·도신이 70명 정도(이상은 밤이었기에 상세하게는 알 수 없다고 하고 있다), 신센구미가 30명 정도로 되어 있다. 처음엔 신센구미가 시조 부근에서 훑어 올라가고, 아이즈번이 니조 부근에서 훑어 내려와 한 곳에서 합류할 예정이었다. 그러나 아이즈번이 늦게 오는 바람에 오전 0시 이후 니조에서 기야마치 산조까지 수색을 했지만 낭사들을 발견 못하고, 산조코하시에서 신센구미와 합류하여 본토초先斗町 부근까지 수색을 해 여기저기서 15~20명을 참살·체포를 했다. 동 기록에는 이와는 별도로, 5일 히토쓰바시·아이즈·구와나에 대해 6일 이른 아침에 낭사들을 체포하라는 칙명이 내려 이를 신센구미에게 전달했고, 그날 밤 신센구미는 이케다야를 급습했다. 이 때문에 아이즈·구와나 양 번은 다른 낭사들을 수색하였다. 아이즈번은 2명을 참살, 3명을

---

90 『官武通紀』2, 255쪽.

체포하고, 구와나번은 2명을 참살하고 2명을 체포했다. 양 번의 전사자는 각각 한 명씩 발생했다. 신센구미는 겉옷 안에 철망 옷을 입고, 적이 잠든 시간에 습격을 했기 때문에 부상자만 있었다. 히토쓰바시 측의 참가는 없었다고 아이즈번사가 말하였다는 등의 기술도 보인다.[91]

그 외의 기록

이 밖에 오후 4시경부터 아이즈, 히코네, 마쓰야마, 하마마쓰, 구와나의 5개 번과 신센구미, 마치부교의 요리키·도신이 산조코하시 부근에서 위로는 니조거리, 아래는 마쓰바라(히가시야마구[東山区]) 부근까지 여기저기에 4~6명씩 서로 기다리는 척을 하면서 집결했다. 저녁 무렵부터는 여러 번의 병력이 이케다야 주변으로 집결했다는 기록도 있다.[92]

또한 오후 7시에 신센구미 20명 정도가 기온거리의 월방越房이라는 찻집을 수색했지만 낭사들은 없었고, 7시 반경에 아이즈와 구와나의 번병이 합류하여 우물 안까지 샅샅이 수색했지만 낭사들은 없었다. 이때 이케다야에 낭사들이 2~3일 전부터 숙박을 하며 술자리를 열고 있다는 정보를 얻어 아이즈와 쇼시다이의 병사 50명이 난입했다는 기술도 있다.[93]

교토의 조닌 다카기 자이추高木在中(일명 가기야 조지로[鍵屋長次郎])의 일기에는 6일 밤부터 7일에 걸쳐 산조 가와라마치(나카교구[中京区]) 부근에서 니조(同)까지는 매우 혼란하였다고 기록되어 있는데, 그곳에 낭사들이 잠복하고 있다고 하여 아이즈, 히코네, 쇼시다이, 마치부교쇼, 신센구미가 불시에 들이닥쳐 4~5명을 참살하고 11명을 체포했다. 습격한 쪽의 희생은 3~4명이 전사하고

---

91 「改訂肥後藩国事史料」, 『新選組日誌』 상, 192~200쪽.
92 「時勢叢談」, 『新選組日誌』 상, 189쪽.
93 『孝明天皇紀』 제5, 230쪽.

부상자가 많았다는 소문을 기록하고 있다.[94]

　이상의 각종 사료로부터 이케다야사건이 신센구미의 단독행위가 아니라 공무합체파 제 세력의 협력하에 전개되었다는 사실을 알 수 있다.

존왕양이과격파 낭사들의 항전

이에 비해 이케다야사건 당시의 존왕양이과격파 낭사들의 활동에 대해서는 지금까지 정확한 사료가 없다. 니시무라 가네후미의 「신센구미 시말기」에 따르면, 사건 당시 미야베 데이조, 기타조에 기쓰마北添佶摩, 도코로야마 고키치로野老山五吉郎, 마쓰오 고노신松尾甲之進이 참살되고, 요시다 도시마로吉田稔麿는 부상을 입고 안쪽 이층에서 뛰어내려 구와나번 평감찰관 혼마 규다유本間久太夫를 베어 죽이고 구로가와 모黒川某라는 자에게도 중상을 입힌 뒤, 가와라마치에 있는 조슈번저로 피하려 하였다. 그러나 이미 미마사카번美作藩 낭사 안도 데쓰마安藤鉄馬가 이케다야에서 도망을 쳐 가와라마치 사거리에서 아이즈번의 시바 쓰카사에게 중상을 입히고 조슈번저로 도망가 있었다. 사태를 파악한 조슈번저가 대문을 닫았기 때문에 요시다는 들어갈 수 없었고, 이미 한 발자국도 움직일 수 없는 상태였던 그는 조슈번저의 문 앞에서 자살했다. 이 소식을 들은 시바도 할복했다(이는 잘못 기술된 것으로 시바 쓰카사가 할복하는 것은 후술할 아케보노요릿집사건에서의 일이다). 한편, 이케다야의 안쪽 방에는 히지카타 등 20여 명이 난입을 해 오타카 주코로에大高忠兵衛를 살해하고(이것도 후술할 포박자의 명단에 오타카의 이름이 있기 때문에 잘못 기술된 것으로 보인다), 야마다 도라노스케山田虎之助, 니시카와 고노스케西川幸助를 포박했다. 마쓰다 주스케松田重助는 일층 안쪽 방에서

---

94 内田九州男·島野三千穂 편, 『幕末維新京都町人日記: 高木在中日記』, 清文堂史料叢書 30, 清文堂出版, 1989년, 215쪽.

취기를 식히고 있었는데, 단도밖에 가진 게 없어 간단히 포박되었다. 새벽이 되자, 틈을 노려 도망을 갔지만 가와라마치에서 아이즈번 초병에게 등에 창이 찔려 사망했다.

야스오카 간마安岡勘馬는 칼이 부러지고 왼쪽 귀 옆에 창상을 입었지만 지붕을 넘어 도망을 쳐 이타쿠라 지쿠젠板倉筑前의 저택에 숨었다가 조슈번저로 피했다. 오사와 잇페이大沢逸平도 이케다야의 욕실에 숨어 있다가 새벽녘에 시내 상가町屋로 잠복해 6일 해질 무렵 탈출하여 역시 조슈번저로 피했다. 이때 시중에서 체포된 자는 후루타카 도시타로, 사토 이치로佐藤一郎, 우치야먀 다로사에몬内山太郎左衛門, 사쿠라야마 고로桜山五郎, 미나미구모 헤이바南雲平馬 외 몇 명이었다.[95]

또 시모자와 간의 『신센구미 시말기』에 따르면, 이케다야에서 즉사한 자는 미야베, 요시다, 스기야마 마쓰스케杉山松助, 마쓰다 주스케, 기타조에, 오타카 마타지로大高又次郎, 이시카와 준지로石川潤次郎 등 7명이었다. 이케다야에는 없었지만 후지사키 하치로藤崎八郎(도사번[土佐藩])는 전투에 휩쓸리게 되어 체포된 뒤 오사카의 도사번저에서 할복했고, 요시오카 쇼스케吉岡庄助(조슈번[長州藩])도 이 사건에 말려들어 아이즈번사에게 살해당했다.

이케다야에서 도망친 니시카와 고조西川耕蔵는 옥사, 히라오카 나미히데広岡浪秀는 조슈번저 부근의 노상에서 절명, 도코로야마는 상처가 원인으로 27일에 조슈번저 내에서 사망했고, 모치즈키 가메야타望月亀弥太는 스미노쿠라角倉(나카교구[中京区]) 부근에서 할복, 사에키 유키히코佐伯靭彦는 체포되어 다음 해 6월에 참수되었다.[96]

---

95 西村兼文,「新撰組始末記」,『新選組史料集』, 19~21쪽.
96 子母澤寛,『新選組始末記』, 157~176쪽.

체포자에 대해서는 『관무통기』에 리스트가 있다. 여기에는 오타카야 주코로에大鷹屋忠兵衛, 니시카와 고조, 마쓰무라 주노스케松村重之助(즉 마쓰다 주스케[松田重助]), 세오 고주로瀨尾幸十郎, 오나카 슈젠大中主膳, 사와이 다테와키沢井帶刀, 히코스케彦助(이케다야 소베[池田屋惣兵衛]의 동생), 미야후지 몬도宮藤主水(즉 사에키 이쓰오[佐伯稜威雄]), 모리 가즈에森主計, 사토 이치로, 우치야먀 다로사에몬, 오미야 긴 近江屋きん, 고지로幸次郎(즉 이즈미야 주스케 점원[泉屋重助手代]), 이즈미야 주스케泉屋重助, 단바야 지로베丹波屋次郎兵衛, 그의 자식 만스케万助 등 16명이 기재되어 있다.[97] 단 이 기록도 앞서의 니시무라나 시모자와와 다른 부분이 있다. 혼란 중에 패한 낭사들의 실태를 명확하게 하는 일은 체포하는 쪽의 실태 이상으로 곤란한 작업이 되었던 것이다.

한편, 신센구미는 오쿠자와 에이스케奧沢栄助가 사망하고 닛타 가쿠자에 몬新田角左衛門, 안도 하야타로安藤早太郎, 도도 헤이스케 등 3명이 중상을 입었다.

오키타 소지의 이탈

이케다야에서 혈투가 한창일 때 이탈한 오키타 소지에 대해서는 앞서 살펴 본 사건 3일 후의 곤도의 편지와, 1869년(메이지 2)경에 쓰여진 「시마다 가이 일기」에는 이와 관련된 기술이 없다. 같은 1869년경 기록된 나가쿠라 신파 치의 「낭사문구보국기사」에는, "오키타 소지, 병으로 인해 사무소로 돌아 가다"라고 기록되어 있으며, 나가쿠라가 1911년(메이지 44)에 기록한 「7군데 부상을 말하다」에는 "오키타 소지, 갑자기 지병이 발발하여 어쩔 수 없이 밖으로 나가다"라고 되어 있다. 그 후, 1913년(다이쇼大正 2)에 나가쿠라의 이야 기를 정리한 『신센구미 전말기』에는, "이런저런 동안에 오키타가 한창 대활

---

97 『官武通紀』 2, 255쪽.

약하던 시기, 지병인 폐병이 재발하여 쓰러졌기 때문에 미간에 부상을 당한 도도와 함께 밖으로 내보냈다"고, 지병인 폐병 탓에 중도 퇴장한 것이 기록되어 있다.

그 후, 1928년의 시모자와 간의 『신센구미 시말기』에는, "하여튼 두 시간 여에 걸친 격전이다. 유명한 신센구미의 용사도, 우선 칼을 다루는 데 명인인 오키타가 싸움 도중에 지병인 폐병 때문에 심한 각혈을 한 뒤 기절했다"고 기록되어 있다.

즉, 오키타의 이탈에 대해서는 후대로 오면서 폐병·각혈 때문으로 기록되어온 것을 알 수가 있다.[98]

한편, 곤도 이사미는 6월 8일 밤에 기록한 양부 슈사이 등에 보낸 편지 19에서는, "간토에서도 무술에 능한 유지자가 있으면 빨리 상경하도록 주선해 주십시오. 무사兵는 역시 간토 지역의 사람이어야 한다고 생각합니다. 이 점 잘 부탁드립니다"라고, 이 전투를 통하여 도고쿠東国·간토 무사에 대한 두터운 신뢰를 표명하고 신센구미에 주선해 줄 부탁하고 있다.

그리고 이케다야사건에 대해서, 「겐지신문지元治新聞紙」는, "조슈번저 혹은 산조 여관에서 작은 전쟁이 있었다"[99]라고, 조슈번저 부근의 전투와 함께 '작은 전쟁'이라고 기술했고, 앞서 인용한 다카기 자이추는 이 시기의 교토를 "매일이 난세와 같다"[100]고 기록하고 있다. 신센구미를 포함한 공무합체파는 '작은 전쟁', '난세'를 제압하고 교토 정국의 주도권을 장악한 것이다.

---

98 永倉新八, 「浪士文久報国記事」, 『新選組日記』, 72쪽; 동 「七ヶ所手負場所顕ス」, 『新選組史料集』, 345쪽; 동 『新選組顛末記』, 91쪽; 子母澤寛 『新選組始末記』, 163쪽.
99 「元治新聞紙」, 『新選組日誌』 상, 200쪽.
100 内田九州男·島野三千穂 편, 『幕末維新京都町人日記: 高木在中日記』 6월 11일조, 215쪽.

아케보노요릿집사건

1864년 6월 10일, 이케다야사건 후 과격파 낭사들에 대한 수색이 계속되는 가운데 히가시야마東山(현 히가시야마구(東山区)에 있는 찻집 아케보노요릿집明保野 (曙라고도 함)亭에서 사건이 발생했다. 6월 16일자 시바 간지로柴寬次郎 앞으로 보낸 시바 이쿠마柴幾馬(아이즈번사(会津藩士)의 편지에 의하면, 10일, 쇼고인聖護院 (사쿄구左京区) 내에 있는 하급관리雜掌 두 명을 체포해서 조사를 했더니 기온의 남쪽에 있는 아케보노라는 찻집에 조슈인이 20명 정도 있다고 자백을 했다. 이 때문에 10일 낮 12시경, 낭사 한 명에 한 명 꼴로 신센구미 15명과 지원하러 온 아이즈번사 시바 쓰카사 등 5명, 총 20명이 습격을 했다. 이층에 있는 두 개의 입구 중 한 쪽을 신센구미가, 또 한 쪽을 아이즈번사가 지켰다.

시바 쓰카사는 일층을 지키고 있었는데 이층에서 소동이 일어나고 칼을 찬 두 명이 도망쳐 나왔다. 신센구미의 다케다 간류사이가 소리를 질렀지만 시바에겐 죽이라는 소리로 들렸다. 그래서 쫓아갔더니 상대방은 울타리를 부수고 달아났다. 그 다음 울타리에서 따라 붙었는데 칼을 빼고 있어서 시바는 창으로 찔렀다. 신센구미 대원이 곁에 가서 이름을 묻자, 도사번土佐藩 가로 家老 후쿠오카 미야우치福岡宮内의 조원인 아사다 도키타로麻田時太郎라고 했다. 대·소의 칼을 몰수한 뒤 도사번저의 툇마루까지 연행해 갔는데, 아사다는 이처럼 부상을 당해 유감이라고 말했다.[101]

이 사건은 "조슈낭사가 아닌 완전히 다른 사람을 잘못 보고 일어난 일로 서 도사번과 관계된 재난이었"고[102], 조슈번 낭인과 도사번사를 혼동한 사건 이었으며 도사번과 아이즈번 사이에 긴장감이 감돌았다. 사건을 전해들은

101『新選組日誌』상, 215쪽.
102『甲子雜錄』1, 551쪽.

도사번사들은 격노하여 아케보노요릿집으로 달려가서, 아이즈번 본진이 있는 구로다니로 몰려갈 것인지, 신센구미 주둔소인 미부를 습격할 것인지를 의논하던 참에 도사번 가로가 겨우 이를 제지했다고 한다.

앞서 인용한 시바 이쿠마의 편지에 의하면,[103] 시바 쓰카사가 있는 신센구미 주둔소는 도사번의 습격에 대비해서, "미부낭사들도 그날 밤은 무척 조심을 했으며, 대(大銃)·소(十匁筒) 화포에 탄환을 장전하고 주둔소 뒤쪽에 방패를 줄지어 세워 놓았다. 밤새 잠도 안자고 경계를 하고 있었다고 한다"라고 하듯이, 밤새워 대·소 화포에 탄환을 장전하고, 또 뒷문에는 방패를 세워서 삼엄한 경계태세를 갖추고 있었다.

다음날 11일 아침, 시바 쓰카사는 신센구미의 주둔소를 나와 구로다니에 있는 아이즈번 본진으로 향했다. 그 도중에 형인 이쿠마와 호카사부로外三郎를 만났다. 그때 쓰카사는 도망친 자는 분명히 수상한 자였으며, 게다가 자기가 창으로 찌르지 않았다면 자신이 두 동강이 났을 것이라며 정당성을 주장했다.

한편 부상당한 도사번사 아사다 도키타로는 뜻밖의 부상을 입어 체면이 서지 않아 치료한 다음에 상대방에게 분함을 풀리라 생각했지만, 만일 자신의 용태가 악화된다면 무사도에 어긋날지도 모른다고 생각하여 하는 수 없이 자살을 했다.

이번 일로 아이즈번이 난처하게 되자 최종적으로는 시바 쓰카사가 형인 호카사부로의 가이샤쿠介錯(할복하는 사람 뒤에서 목을 베어주는 일—역자주)로 할복을 하게 되었다. 형 이쿠마의 편지에는 할복은 훌륭했으며, 번주인 마쓰다이라 가타모리는 아까운 무사를 잃게 되었다고 끊임없이 울고 가신들도 모두 눈

---

103 『新選組日誌』 상, 221~222쪽.

물을 흘렸다고 한다.

6월 13일 시바 쓰카사의 장례식이 진행되었다. 신센구미에서는 히지카타, 이노우에 겐자부로, 다케다 간류사이, 가와이 기사부로河合耆三郎, 아사노 가오루 등 5명이 참석했다. 그들은 시체를 쓰다듬으면서 모두 소리를 내어 울었다. 이외에 곤도 이사미와 신센구미 일동으로부터 부의금으로 각각 100필(匹=疋)[104]씩 전해졌다.

이상으로 아케보노노요릿집사건은 이케다야사건 직후 신센구미나 아이즈번사가 극도로 긴장한 상태에서 일어난 우발적인 사고였지만, 두 무사의 할복은 교토 정국에 있어 아이즈번과 도사번의 외교적 해결 방법이기도 했다.

---

[104] 돈을 세는 단위. 당초에는 10文, 후에는 25文을 1匹로 했다(역자주).

3장

혼미하는 교토 정국

1. 금문의 변

존왕양이과격파의 반격

조슈번을 중심으로 하는 존왕양이과격파는 이케다야사건을 당하고 난 뒤 교토에서 세력을 만회하기 위해, 후쿠하라 에치고福原越後, 구니시 시나노国司信濃, 마스다 우에몬노스케益田右衛門介 등 3명의 가로가 군대를 이끌고 상경했다.

    1864년 7월 19일, 존왕양이과격파는 아이즈·사쓰마 양 번의 병력과 궁궐의 하마구리문蛤門 부근에서 맞붙었다. 이 전투는 금문禁門의 변이라고 불린다. 나가쿠라 신파치의 「낭사문구보국기사」에 의하면, 신센구미는 18일 날이 샐 무렵 후시미구伏見区에 있는 조슈번저를 불태우려고 계획을 세웠지만, 전날 밤 오후 8시경 후시미 쪽에서 대포 소리가 나고 히가시쿠조촌東九条村 (미나미구[南区])에서 소라고둥 소리와 북소리가 났기 때문에 담당 장소로 가게 되었다. 오가키번大垣藩으로부터 후시미의 경비가 충분치 못해 걱정이라는 말이 있었기 때문에 아이즈번병 200명과 신센구미 전원이 후시미로 향했다.

이때 히코네번이 후시미의 관소를 경비하고 있었다. 거기에 조슈번의 가로 후쿠하라 에치고가 다가와 자신들은 교토 마치부교인 나가이 나오무네永井尚志의 명에 따라 덴류지天龍寺(우쿄구右京区)에 있는 병사들을 인수하기 위해서 관문을 통과하려는 것이니, 히코네번의 대답 여하에 따라서 공격할 생각이라고 말하자 히코네번은 그 기세에 눌려 통과를 허락했다. 후쿠하라의 책략은 히에이산比叡山(교토시 사쿄구[京都市 左京区]·시가현 오쓰시[滋賀県 大津市])에 올라가 오미로부터의 쌀 수송로를 차단하는 병량미 공격을 하려는 것이었다.

후쿠하라가 오가키번이 수비하는 관문으로 향하자 오가키번은 이들을 향하여 포격을 가하여 큰 전투가 시작되었다. 후쿠하라가 포탄에 맞아 낙마를 하자 후쿠하라군은 총붕괴되었다. 이때 신센구미는 오가키번에게 추격할지 여부를 묻자 오가키번은 추격하기는 곤란하다며 아직 날도 밝지 않았고 중간에 샛길도 있어 오가키번에서는 추격을 보류한다는 의사를 밝혔다. 그러나 신센구미는 추격하기로 결정하고 후시미이나리伏見稲荷(후시미구[伏見区])에서 스미조메墨染(후시미구[伏見区])까지 추격했다. 그러나 후쿠하라는 부상을 입은 채로 배를 타고 오사카로 도망을 갔고, 신센구미는 후쿠하라를 잡지를 못한 채 담당 지역으로 되돌아왔다.

날이 밝자 궁궐 쪽에서 대포 소리가 격렬하게 들려 지붕에 올라가 살펴보니 궁궐에서 검은 연기가 올라오고 있었다. "궁궐로!"라며 곤도 이사미가 지휘를 해서 시치조거리七条通를 거슬러 올라가 사카이마치문堺町門(가미교구[上京区])으로부터 약 218m 앞에 진을 쳤다. 이 당시 사카이마치문의 수비는 마쓰다이라 모치아키松平茂昭(에치젠 후쿠이번주[越前 福井藩主])가 맡고 있었으며 조슈 군대는 격퇴당하고 아이즈번병이 성문 내를 경비하고 있었다. 사카이마치문 동쪽에 있는 다카쓰카사鷹司 저택 내에 조슈인 50여 명이 잠복하고 있었기 때문에 다카쓰카

사 저택 내에 불을 질렀다. 사카이문에서는 아이즈와 신센구미가 조슈병을 협공했다.[1]

한편 센다이번사의 기록인 『관무통기』에 의하면, 당시 아이즈번은 다케다가도를 지키고 있었는데 궁궐의 경비가 걱정이 되었다. 그러자 곤도가 급히 달려와서 궁궐 방면도 아군이 우세하며, 연기가 올라가고 있는 것은 관군(막부 측)이 조슈번저를 불태우고 있기 때문이라고 보고했다.[2] 곤도는 아이즈번에 정보 제공도 하고 있었던 것이다. 오와리인尾張人이 수집 기록한 『갑자잡록甲子雜錄』에 의하면 이때 다케다가도를 지키고 있었던 것은 아이즈번과 신센구미, 그리고 순찰조였다.[3]

귀족 거주지公家町 맞은 편 모퉁이에 있는 히노가日野家의 저택에는 아이즈번의 초소가 있었다. 그런데 히노 저택에도 50여 명 정도의 조슈번사가 잠복해 있었으며 불시에 초소를 습격해왔다. 겨우 그들을 물리쳤지만 아이즈번에서도 사망자가 다수 생겼다. 신센구미는 구게문公家門 앞을 지켰다.[4]

또 시마다 가이의 일기에 의하면, 신센구미는 하마구리문에서 아이즈번과 합류해 사쓰마번과 함께 싸웠고, 오후 두 시경에는 조슈군이 있던 덴류지를 공격해 불태웠다.[5]

덴노산의 전투

그 후 궁궐에서는 시마즈 모치히사島津茂久를 덴류지 토벌에 임명하고, 마쓰다이라 가타모리와 신센구미는 덴노산天王山(교토 남부의 오토쿠니군 오야마자키초 소

---

1 永倉新八, 「浪士文久報国記事」, 『新選組日記』, 88~90쪽.
2 『官武通紀』 2, 288쪽.
3 『甲子雑録』 2, 125쪽.
4 永倉新八, 「浪士文久報国記事」, 『新選組日記』, 92쪽.
5 「島田魁日記」, 『新選組日記』, 204쪽.

제) 토벌에 임명했다. 그들은 7월 21일에 각각 출병했다. 22일 아침, 사쓰마군이 덴류지를 공격하자 조슈군은 대패하여 덴노산으로 도망을 쳤으나, 사쓰마군은 이를 끝까지 추격했다. 같은 22일 아침, 아이즈번과 신센구미도 덴노산을 공격했지만 아직 날이 밝지 않아 깃발을 접고 총들을 묶어 들고 요도성까지 몰려갔다.[6]

『관무통기』에 의하면, 오후 4시경에 존왕양이과격파를 추격하려 했지만 군량미 등을 준비하는 데 시간이 걸려 날이 저물고 신센구미가 여기저기를 탐색하여, 잠복해 있던 낭사의 목을 3~4개 노획하는 것을 목격했다고 한다.[7]

나가쿠라의 「낭사문구보국기사」에 의하면, 다음날 아이즈번과 신센구미는 야마자키 나루터를 선진·후진으로 나누어 건넜다. 그 앞의 호샤쿠지宝積寺 쪽으로는 아이즈번의 사무라이 대장 진보 구라노스케神保內藏助가 조원 100여 명 정도를 인솔하고, 신센구미 국장 곤도가 40여 명 정도의 대원을 인솔하여 진격했다. 덴노산의 밑은 부장 히지카타 이하 신센구미 전 대원 150여 명과 아이즈번병 400여 명이 지켰다.

이윽고 호샤쿠지 쪽에서부터 공격을 개시했다. 그곳에는 덴노산에서 645m정도 떨어진 곳에 마키 이즈미真木和泉가 있었다. 그는 구루메번사久留米藩士이자 스이텐구水天宮의 사관祀官으로 존왕양이과격파의 이론적 지도자였다. 마키는 금색 모자烏帽子를 쓰고 비단 예복直垂을 입고 20여 명 정도의 조원에게 총을 지니게 한 다음 약 109m 앞까지 진격해 왔다. 마키는 "나는 나가토사이쇼長門宰相(조슈번주의 당시 관직, 즉 조슈번주를 말함)의 가신 마키 이즈미다. 서로 이름을 밝히고 싸우자"며 말을 걸어왔다. 그러자 "나는 도쿠가와의 하타모

6 永倉新八, 「浪士文久報国記事」, 『新選組日記』, 93~94쪽.
7 『官武通紀』 2, 289쪽.

토 곤도 이사미다"라고 응수했다(단, 곤도가 막신[幕臣]이 되는 것은 이 다음인 1867년 6월의 일이다). 그 후 마키는 시를 한 수 읊고 난 뒤, 함성을 지르며 발포한 다음 진지오두막으로 물러났다. 곤도 등이 추격을 하자 마키 등은 진지오두막에 불을 지르고 불 속에서 전원 할복했다. 나가쿠라는 적이지만 훌륭한 전사라고 감탄했다. 그 후, 아이즈번은 덴노산에 올라 깃발을 흔들며 승리의 함성을 올렸다.[8]

「개정히고번국사사료改訂肥後藩国事史料」는 이때의 모습을 다음과 같이 기술하고 있다. 즉, 날이 샐 무렵 여러 세력들이 일제히 병사들을 움직여서 오전 10시경부터 전투가 시작되었다. 신센구미 등이 맨 선두에 서서 덴노산 산록에 도착했을 때 존왕양이과격파가 산 위에서 발포를 하여 몇 시간 동안 격렬한 교전이 이루어졌다. 과격파들은 당할 수 없다고 생각했던지 산 위의 진영에 불을 질러 신센구미 등이 공격해 올라갔다. 그곳에는 과격파 20여 명이 할복을 한 뒤 나란히 쓰러져 있었다. 그중에는 불에 타 죽은 자도 있었다. 그들은 전부가 사병이 아니라 지휘관 같았다.[9] 여기에서도 신센구미가 맨 선두에 서서 전투에 참가한 모습이 기록되어 있다.

아이즈번사의 편지에도 신센구미와 아이즈번이 선두에 서서 덴노산을 올라갔다고 기록되어 있으며, 「시마다 가이 일기」에는 신센구미가 아이즈번, 순찰조와 함께 덴노산을 공격했다고 쓰여있다. 그리고 「개정히고번국사사료」에 의하면 덴노산에서 죽은 자는 마키 이즈미 이하 17명이었다.[10]

신센구미는 덴노산전투 다음날인 23일에 오사카로 내려갔다. 그런데

8 永倉新八, 「浪士文久報国記事」, 『新選組日記』, 93~94쪽.
9 「改訂肥後藩国事史料」, 『新選組日誌』 상, 243쪽.
10 아이즈번사의 편지는 『官武通紀』 2의 323쪽에 실려 있음. 「島田魁日記」, 『新選組日記』, 204쪽; 「改訂肥後藩国事史料」, 『新選組日誌』 상, 244쪽.

오사카에서는 조슈 세력이 그들의 창고에 방화를 했기 때문에 시중에 잠복하고 있는 조슈인을 수색했다. 24일에는 조슈번저를 공격하여 20명 정도를 체포한 후 마치부교쇼에 인도했다. 그 후 신센구미는 객선(三十石船)을 타고 상경한 뒤 미부주둔소로 귀환했다.[11]

이상, 금문의 변 때 신센구미가 아이즈, 사쓰마, 히코네, 오가키 등 공무합체파의 여러 세력과 함께 싸웠고, 덴노산전투에서도 아이즈번이나 순찰조 등과 함께 싸웠다는 것이 명백히 밝혀졌다. 이 전투에서도 신센구미가 공무합체파 제 세력 특히 그 중에서도 아이즈번과 함께 싸웠다는 것이 확인되었다.

금문의 변을 계기로 조슈번을 중심으로 하는 존왕양이과격파는 괴멸했다. 더욱이 조슈번에 협력했다는 혐의로 아리스가와노미야 다카히토有栖川宮幟仁·다루히토熾仁 양兩 친왕부자親王父子, 전 간바쿠 다카쓰카사 스케히로鷹司輔熙 등도 처분되었다. 조정 내의 존왕양이급진파도 또한 세력을 상실하게 되었다.

신센구미의 평판

이케다야사건에서 금문의 변을 거쳐 신센구미의 이름은 막부 수뇌(幕閣)나 에도, 오사카, 교토의 시민들에게 알려지게 되었다. 덴노산전투가 끝난 뒤인 8월 4일, 막부로부터 신센구미의 이케다야사건 때의 활약이 인정되어 아이즈번을 통해 포상금이 수여되었다.

『아이즈번청기록』[12]에 따르면 신센구미의 눈부신 활약抜群相働이 장군의 귀에 들어갔다고 한다. 신센구미는 항상 명령된 바를 잘 준수했으며 충용의렬忠勇義烈의 뜻이 두텁고 교토 수위도 잘 수행하고 있던 차에, 이번에 한층

---

11 「島田魁日記」,『新選組日記』, 204쪽; 永倉新八, 「浪士文久報国記事」,『新選組日記』, 96쪽.
12 『会津藩庁記録』5, 494쪽.

[표 3-1] 금전대출표2

금 10냥	별도	금 20냥	곤도 이사미
금 10냥	별도	금 13냥	히지카타 도시조
금 10냥씩	별도	금 10냥씩	오키타 소지, 나가쿠라 신파치, 도도 헤이스케, 다니 만타로, 아사노 후지타로, 다케다 간류사이
금 10냥씩	별도	금 7냥씩	이노우에 겐자부로, 하라다 사노스케, 사이토 하지메, 시노즈카 간조, 하야시 신타로, 시마다 가이, 가와시마 쇼지, 가쓰라야마 다케하치로, 다니 산주로, 미시나 주지, 아리미치 간고
금 10냥씩	별도	금 5냥씩	마쓰바라 주지, 이키 하치로, 나카무라 긴고, 오제키 야시로, 슈쿠인 료조(宿院良藏), 사사키 구라노스케, 가와이 가사부로, 사카이 효고, 기우치 간타, 마츠모토 기지로, 다케우치 겐타로, 곤도 슈헤이
금 10냥	별도	금 10냥씩	세 사람에게

『아이즈번청기록 5』, 494쪽에서 인용

더 분발하여 큰 활약을 한 점으로 인해 포상을 받은 것이다.

　포상금의 등급은 [표 3-1]과 같다. 마지막에 있는 세 사람 앞으로 별도로 지급된 금 10냥씩은 사망한 오쿠자와 에이스케, 안도 하야타로, 닛타 가쿠자에몬에게 지급된 포상금이다. 총인원은 34명으로, 당시 신센구미 대원은 40명이었다고 하는데 야마나미 게이스케, 야마자키 스스무, 오가타 도시타로緒形俊太郎 등 6명은 주둔소를 지키거나(留守役), 몸이 좋지 않아 참가하지 않았다.

　따로 새로이 칼을 장만할 비용 10냥씩 지급된 오키타 소지 등 6명과, 사망한 3명을 더한 9명이 곤도 대원으로 분류되고, 따로 금 7냥씩과 5냥씩이 지급된 23명이 히지카타 대원이었다. 히지카타 대원 중에서도 이노우에 겐자부로 이하 11명이 증원군으로서 이케다야에 돌입한 것이라고도 추측된다.[13] 전술한 것처럼, 곤도 이사미가 편지에서 곤도 대원으로서 함께 돌입

---

13 『新選組日誌』 상, 251쪽.

했다고 하는 양자 슈헤이는 이 포상 금액에서 보는 한 히지카타 대원이거나 옥외에서 경비를 하고 있었던 것이 된다.

8월 15일에는 로주 이나바 마사쿠니稲葉正邦로부터 마쓰다이라 가타모리 앞으로 아이즈번과 신센구미에게 금문의 변 때의 활약상을 칭찬하여 장군의 이름으로 된 감사장이 수여되었다. 조슈번병들이 입경하여 궁궐에 다가와 발포를 하고 난동을 부렸을 때, 마쓰다이라 가타모리가 재빨리 입궐해 궁궐을 수호하고 가신들도 함께 분투하였다. 아이즈번 위탁인 신센구미도 즉시 출진하여 많은 적을 죽였다는 자세한 이야기를 들은 장군이 모두 충성스럽고 비할 데 없는 활약으로서 신통하게 생각한다는 것이 그 내용이었다.[14]

신센구미의 활동은 에도에서도 유명했다. 「고지마 마사노리 기록小島正則聽書」에 의하면 8월 24일 고지마 시카노스케와 사이이치才市가 에도에서 돌아와 이야기할 때에, "시중에 곤도 이사미를 진정한 무사라고 하는 소문이 들린다."라고, 당시 에도의 사람들은 곤도 이사미를 진정한 무사라고 칭찬했다고 한다. 한편 「가쓰 가이슈 일기勝海舟日記」에는 8월 23일, 사카모토 료마坂本龍馬는 에도에서 가쓰를 방문해 미부낭사(신센구미)가 수색을 명목으로 민중의 재산을 약탈하는 행위가 극심하여 모두가 피해를 입고 있다. 때문에 그들을 고용하고 있는 아이즈번의 평판도 좋지 않다고 이야기하고 있다.[15]

평판의 어긋남이 있기는 하지만 신센구미는 이 시기에 갑자기 유명해졌다.

14 「七年史」2, 343쪽; 平尾道雄, 『定本・新撰組史録・新装版』 초판, 『新撰組史』는 1928년, 新人物往来社, 2003년, 113쪽.
15 「小島正則聽書」, 「勝海舟日記」, 『新選組日誌』 상, 251쪽.

나가쿠라·하라다 등의 곤도 비판

이 무렵, 신센구미 내부에서는 조직화를 추진시키는 곤도 이사미와 동지적 결합을 중시하는 간부들 사이에 긴장이 높아졌다. 1864년 8월 하순경, 나가쿠라 신파치, 사이토 하지메, 하라다 사노스케, 오제키 마사지로尾関雅次郎, 시마다 가이, 가쓰라야마 다케하치로葛山武八郎 등 6명이 아이즈번주 마쓰다이라 가타모리에게 곤도의 비행 5개조를 열거하면서 고소하는 사건이 일어났다. 나가쿠라 신파치의 기록에는 다음과 같이 기록되어 있다.

즉, 곤도는 세리자와 가모의 암살 이후에 전제적이 되어, '미부의 주둔소에서도 다른 동지들을 대하는 것이 마치 부하를 취급하는' 듯했다. 이 때문에 시위장 시절부터 함께한 동지 중에는 곤도에게 불만을 가진 자가 생겼다. 대원들은 탈주하거나 반항을 하며 불만스러움을 내비쳤고, (곤도에 대한) 생각에도 여러 가지가 있어 마침내 신센구미는 괴멸할 징조도 보이게 되었다. 나가쿠라 등 6명은 마쓰다이라 가타모리와 면담을 하지만, 가타모리는 신센구미가 곤도 이사미, 하라다 사노스케, 나가쿠라 신파치 등이 합의를 해서 결성한 것으로 동지적 결합에 대한 이해를 표시했지만, 만약 이 때문에 신센구미가 붕괴한다면 신센구미를 위탁받고 있는 가타모리의 불찰로 인한 것이 된다며 그들을 설득했다. 돌아가는 길에 다케다 간류사이가 와서, 자신들이 곤도의 신하로서 봉사하겠다고 아첨한 것을 깊이 사죄했다고 한다.16 이 사건에서 신센구미 내부에 조직화·규율화를 목표로 권력 집중을 도모하는 곤도의 방침을 받아들이는 자와, 이러한 움직임을 비판하는 종래의 동지들이라는 두 개의 입장이 있었음을 알 수 있다.

신센구미가 사회의 주목을 받은 시기는 동시에 이들 내부의 모순을 드

---

16 永倉新八, 『新撰組顚末記』, 112~115쪽.

러내는 시기기도 했다. 이후, 9월 6일에 앞서의 6명 중 가쓰라야마 다케하치로가 할복을 했다. 자세한 사정은 모르나 이 소송 사건과 관련이 있다고 보는 견해도 있다.[17]

2. 막부 - 조슈전쟁 기간의 동향

조슈번의 공순 표시

금문의 변 이후에도 공무합체파는 조슈번에 대한 압력을 완화하지 않았다. 1864년 7월 23일, 조정은 막부에게 조슈번이 금문의 변 때 궁궐을 향해 발포했다는 이유로 조슈번 토벌의 칙명을 내렸다.

7월 24일, 장군 이에모치는 조슈번 토벌을 명령하고 자신도 35개 번 15만의 군대를 히로시마에 집결시켰다. 이것이 1차 막부 - 조슈전쟁의 개시다. 막부 측 총독에는 전 오와리번주 도쿠가와 요시카쓰德川慶勝가 임명되었다.

한편, 8월 5일에는 시모노세키전쟁이 발발했다. 영국·프랑스·미국·네덜란드로 구성된 4개국 함대 17척이 시모노세키를 공격했고, 14일에 조슈번은 항복을 하고 말았다. 이 전쟁 후 조슈번에는 보수파가 대두했다. 10월 21일, 조슈번은 막부에게 공순恭順 사죄를 표시하고 후쿠하라 에치고 등 삼가로는 자결을 했다. 12월 막부 측은 싸움 없이 철병령을 내리고 이에 1차 막부 - 조슈전쟁은 끝이 났다.

---

17 「往詣記」, 『新選組日誌』상, 259~260쪽.

도도 헤이스케의 곤도 비판

그 무렵 신센구미는 에도에서 장군의 상경을 요청하고 대원(동국[東國]의 병사)을 모집함과 동시에 오사카에서도 대원을 모집하였다.

1864년 8월, 우선 도도 헤이스케藤堂平助가 에도로 가서 이토 가시타로伊藤甲子太郎를 방문하여 입대를 요청했다. 도도는 이전에 이토의 도장에서 북진일도류를 배운 경력이 있었다. 나가쿠라 신파치에 의하면 이때 도도는 이토에게, 곤도는 쓸데없이 '막부의 주구幕府の爪牙'가 되어 활약을 하니 근왕의 목적은 언제 달성할지 알 수가 없다. 얼마 전에도 동지들이 많이 탈퇴를 했다. 이번에 곤도가 에도에 왔을 때 암살하고 이토를 대장으로 받들어서 신센구미를 순수한 근왕당으로 개편하고자 한다는 생각을 털어 놓았다. 이토는 놀라면서도 도도의 주장에 동의를 했다. 그리고 곤도와는 어쨌든 동맹을 하고 그의 동지가 되어 교토에 도착한 후 우리들의 비책을 실행하자고 밀약을 했다.[18]

이 이야기의 어디까지가 사실인지는 의심스러우나 이 시기에 막부의 이익을 제일로 생각하는 곤도와, 근왕의 뜻이 강한 도도 등과의 사이에 틈이 벌어진 것을 확인할 수 있다. 마쓰우라 레이松浦玲는 그의 저서 『신센구미新選組』[19]에서, 1865년 3월경을 경계로 신센구미가 '진충보국'='존왕양이'를 목표로 하는 사상 집단으로서의 성격을 불식시켰다고 기술하고 있다.

이 책에서는 1863년 이후의 교토 정국에 있어 곤도 등이 일관하여 공무합체파의 노선하에 움직이고 있었던 점, 그러한 가운데서 조직화·규율화를 진행시켰다는 점을 지적하고자 한다.

1864년 9월 5일경, 곤도 이사미는 나가쿠라 신파치, 오가타 도시타로와

---

18 永倉新八, 『新撰組顚末記』, 121~122쪽.
19 松浦玲, 『新撰組』, 岩波新書, 2003년, 110쪽.

함께 교토를 출발했다. 일행은 구와나(미에현[三重県])까지 빠른 가마(早駕籠)를 이용한 뒤, 해로로 이세만(伊勢湾)에서 아쓰타(熱田)(아이치현[愛知県])로 건너가 다시 빠른 가마를 이용해 에도에 도착했다. 9월 9일, 곤도 일행은 에도에 도착해 다음날인 10일에 아이즈번저에 인사차 들른 다음, 로주대우(老中格)인 마쓰마에 다카히로(松前崇広)가 있는 마쓰마에번저로 찾아가 장군 상경에 관한 건백서를 제출했다.[20]

　9월 12일, 17살의 사쿠마 가쿠지로(佐久間恪二郎)는 교토에서 신센구미에 입대하였다는 사실을 사쿠마 쇼잔(佐久間象山)의 아내이자 양모인 준코(順子)에게 편지로 알렸다.[21] 16일, 히지카타 도시조도 준코의 친오빠인 가쓰 가이슈에게 편지(히지카타 편지 14)를 보내어 가쿠지로의 입대를 알린다. 가쿠지로는 유학자이며 병학자, 게다가 난학자이며 포술학자로 알려진 마쓰시로번사(松代藩士) 사쿠마 쇼잔의 서자였다. 쇼잔의 문하생으로는 요시다 쇼인(吉田松陰), 가쓰 가이슈, 사카모토 료마, 가토 히로유키(加藤弘之) 등이 있었다. 쇼잔은 1864년 막부의 명에 의해 상경해 공무합체·개국진취를 주장했는데, 7월 11일 산조 기야마치(나카교구[中京区])에서 존왕양이과격파 낭사에 의해 암살되었다. 쇼잔의 암살 후 번에 의해 사쿠마 가문이 단절되었기 때문에 가쿠지로는 쇼잔의 원수를 갚기 위해 아이즈번사 야마모토 가쿠마(山本覚馬)의 소개로 신센구미에 입대하게 된 것이다. 가쿠지로는 친모 쪽의 성을 사용해 미우라 게이노스케(三浦啓(敬)之助)로 이름을 바꾸고 객원대원이 되었다.

　가쿠지로는 그 후 항상 곤도 가까이에 있었으며 금문의 변 때에도 출진을 했다. 다른 한편으론 히지카타나 아사노 가오루 등에게 귀번(歸藩)을 권유받

20 「橋本家日記」, 『新選組日誌』 상, 261쪽; 永倉新八, 『新撰組顛末記』, 115~118쪽.
21 『新選組日誌』 상, 262쪽.

앞으나 받아들이지 않았다. 신센구미 내에서는 대원들의 조악하고 난폭한 행동을 본받아 폭력적인 행실을 일삼다가 결국은 원수도 갚지 못한 채 1866년, 신센구미를 탈주했다.[22]

9월 중순, 이토 가시타로는 시위장에 있는 곤도 이사미를 방문해 친동생 스즈키 미키사부로鈴木三樹三郎 및 동지들이 신센구미에 입대하는 것을 승낙했다. 이때 이토와 함께 신센구미에 입대한 자로는, 가노 미치노스케加納道之助(와시오=鷲雄), 시노하라 다이노신篠原泰之進(하타 시게치카=秦林親), 핫토리 다케오服部武雄, 사노 시메노스케佐野七五三之助 등 존왕양이 용사 12명이었다.[23] 한편 곤도는 에도에 머무르는 동안 시위장을 거점으로 히노나 하치오지 등에 사는 지인들을 방문하러 다녔다.[24]

서양 지식을 접함

이 무렵 교토에서 신센구미를 책임지고 있었던 히지카타 도시조와 에도에 있는 곤도는 다같이 서양의 기술이나 지식에 접하게 된다.

10월 9일, 히지카타는 에도에 있는 곤도와 사토 히코고로에 보낸 편지 16에서, "교토의 신센구미는 매일 서양식 포술을 조련하고 있으며 최근에는 매우 숙달되었다. 이 정도면 조슈전쟁시에 선봉을 설 수 있다"며 곤도가 부재 중인 교토의 모습을 알렸다.

한편, 곤도도 에도에서 서양 의학을 전공한 막부 소속 의사인 마쓰모토 료준松本良順을 방문하고 있었다. 마쓰모토는 1857년에 막부의 명령으로 나가사키에 유학을 하여 네덜란드 해군군의관 폼페로부터 서양 의학을 배웠

---

22 西村兼文,「新撰組始末記」,『新選組史料集』, 41쪽.
23 「秦林親日記」,『新選組史料集』, 111쪽.
24 『新選組日誌』상, 267쪽.

다. 폼페는 1857년에 막부의 초청으로 일본에 와서 나가사키 해군전습소의 의관醫官이 되어 치료와 교육을 병행하다가, 1862년에 일본 최초의 서양식 병원인 나가사키양생소를 개설했다. 1862년, 마쓰모토는 장군 이에모치의 시의가 되었으며 다음해에는 서양의학소의 책임자가 되었다.

마쓰모토의 자서전에 의하면 ① 면회시 곤도는, 오늘날의 큰 문제는 대외관계인데 마쓰모토가 네덜란드인과 친한 데다 외국 사정에 능통하며 양학을 가르치고 있는 것이 사실이냐고 물었다. ② 마쓰모토는, 물은 그대로다. 최근에 낭사들이 함부로 외국인을 살해하는 것은 경박한 일이다. 서양인은 이익에 의해 움직이기 때문에 일본인으로서는 상대하기 쉽지만, 그들을 얕잡아 봐서는 안 된다. 손자가 말하였듯이 싸움의 방법은 상대를 알고 자기를 아는 것이다. 외국은 천문, 지리, 화학 등이 발달하고, 군함이나 대포가 진보하여 강력한 육해군을 정비하고 있다고 말한 뒤, 더 나아가 곤도에게 마음을 비우고 천하를 조망해 생각할 것을 충고하고, 지도나 기계도 등을 보여주면서 설명을 하였다. ③ 이에 대해 곤도는 크게 기뻐하며, 오늘 당신 덕분에 자신이 오랫동안 가지고 있었던 의문이 풀렸다고 말했다고 한다.[25]

이 무렵 히지카타나 곤도를 포함한 신센구미가 서양의 기술과 지식을 접하고 있었음을 엿볼 수 있다.

신센구미의 재편

10월 15일, 곤도 등은 신입대원 24명을 인솔하여 에도를 출발하였다. 이때의 신입대원은 이토 일파 외에, 후일 아이즈전쟁에서 부장副長이, 하코다테전쟁에서는 대장대우隊長並가 된 야스토미 사이스케安富才輔, 산조제찰사건三条制札

---

25 「蘭疇自伝」, 『松本順自伝・長与専斎自伝』, 平凡社, 東洋文庫, 47~49쪽.

事件, 아부라노코지油小路 암살, 덴만야天満屋사건 등에 관련된 오이시 구와지로大石鍬次郎 등 22명이었다. 이노우에 겐자부로의 형인 마쓰고로는 이들에 대해서 조슈 정벌을 위한 신식 신센구미라고 규정짓고 있다.[26] 10월 27일, 곤도 일행은 교토에 도착했다.

곤도 등은 신센구미를 재편성해 가고 있었다. 11월경 조슈 출병에 대비해「행군록行軍錄」과「군령軍中法度」을 제정했다.[27]

「행군록」을 보면, 선두에 나카무라 긴고中村金吾와 오제키 마사지로가 깃발을 들고 이어서 히지카타가 있다. 그 뒤로 행군시중역行軍世話役 시마다 가이가 있고, 이하 1번 오키타 소지, 2번 이토 가시타로, 3번 이노우에 겐자부로, 4번 사이토 하지메, 5번 오가타 도시타로, 6번 다케다 간류사이, 7번 대포조 마쓰바라 주지, 8번 대포조 다니 산주로 등이 계속된다. 이어서 말이 표시된 깃발 아래에 곤도 이사미가 있고, 그 양쪽을 곤도 슈헤이와 미우라 게이노스케가 지키고 있다. 그 뒤에 전령使番과 짐말행렬小荷駄이 이어진다.

한편, 군령은 9개조로 되어 있으며, 제1조는 "맡은 장소를 굳건히 잘 지키며 법식을 문란하게 하지 말 것, 진퇴는 조장의 명령에 따를 것", 즉 조장의 지휘에 따를 것, 제2조는 "적·아군의 강약에 대한 비평을 일절 하지 말 것", 즉 전쟁터에서의 비평을 금지할 것, 제5조는 "사사로운 원한이 있더라도 진중에서 다투지 말 것", 즉 개인 간의 다툼을 금지할 것 등 전쟁터에서의 금지사항을 열거한 것이었다.

12월 상순경에는 곤도가 오사카의 호상 22명으로부터 은 6600관을 빌렸다(표 2-1 참조). 이것도 막부 - 조슈전쟁에 대한 준비를 위한 것이라고 생각된다.

26「井上家文書」,『新選組日誌』상, 273쪽.
27 행군록은「異聞錄」,『新選組日誌』상, 276~277쪽; 軍中法度는 平尾道雄,『定本·新撰組史録』, 99쪽.

결국, 신센구미가 막부- 조슈전쟁에 출전하는 일은 없었고 이러한 계획은 헛일로 돌아갔지만, 이 시기에 신센구미가 임전태세를 취하고 있었던 것을 알 수 있다.

신식 신센구미의 체제를 강화해 가는 중인 1865년 정월 8일, 다니 산주로·만타로 형제와, 만타로의 문하생인 다카노 주로高野十郎와 마사키 나오타로正木直太郎 등 4명의 대원이 구라시키倉敷 출신의 다니가와 다쓰키치谷川辰吉의 밀고를 받고, 도톤보리道頓堀의 단팥죽 가게 이시쿠라야石蔵屋를 습격해 도사 낭인 오리 데이키치大利鼎吉를 참살했다.[28] 정월 27일에는 대원 약 30명이 오사카 도지마堂島의 하리마야 쇼베播磨屋庄兵衛의 집에 잠복하고 있던 사사키 롯카쿠겐지타유佐々木六角源氏太夫와 그 일당 낭사들을 습격 한 명을 죽이고 24명을 체포했다.[29]

야마나미 게이스케의 할복

1865년 2월 23일, 시위장 이래의 대원으로 부장, 총장을 역임한 야마나미 게이스케山南敬助가 신센구미를 탈주하는 사건이 일어났다. 나가쿠라 신파치에 따르면, 야마나미는 곤도가 진충보국의 본지를 어기면서 쓸데없이 막부의 주구가 되어 공명심에 불타는 것을 이전부터 불만스럽게 생각하고 있었다. 그는 원래 근왕사상을 품고 있었는데 곤도가 신센구미를 장악한 이래 경원시 당하고 있었다. 그러나 새로이 입대한 이토는 야마나미의 이상에 맞는 인물이었다. 이에 대해 곤도는 더욱더 시기하는 마음으로 그들을 보았기 때문에 야마나미는 마침내 결의를 하고 탈주를 꾀하여 오미노쿠니 오쓰까지 도망을 쳤다.

---

28 西村兼文, 「新撰組始末記」, 『新選組史料集』, 22~23쪽; 『会津藩庁記録』 6, 287~288쪽.
29 「元治漫録」, 『新選組日誌』 상, 290쪽.

곤도는 이 소식을 듣자 마음속으로 남몰래 기뻐하며, 야마나미가 규칙을 어겼다는 이유를 들어 무사도를 존중하는 입장에서 할복시키기로 하고, 오키타 소지에게 추적을 시켜 어렵지 않게 야마나미를 붙잡았다.[30] 야마나미가 탈주한 이유에 대해 니시무라 가네후미는 주둔소를 미부에서 니시혼간지로 이전하는 데 반대했기 때문이라고 하지만,[31] 실상은 불분명하다.

한편, 나가쿠라의 『신센구미 전말기』[32]에는 할복 장면이 다음과 같이 기록되어 있다.

> 곧이어 대장인 곤도가 부장 히지카타, 사이토 등의 간부들을 데리고 나타났다. 그리고 좌열한 면전으로 야마나미 게이스케를 불러내어, "신센구미 법령에 탈주를 금하고 있으며, 어기는 자는 할복을 명하도록 규정하고 있다. 야마나미 씨의 이번 탈주에 대해서도 법령대로 할복을 명한다"고, 엄숙하게 언도했다. 야마나미는 태연자약한 태도로 "할복을 명받아 감사하게 생각한다"라며 얼굴색도 변하지 않고 즉시 문양이 있는 예복(黑羽二重)으로 갈아 입고 요를 깐 다음 그 중앙에 정좌한 뒤, 좌열한 일동에게 오랜 기간의 교제에 감사를 표했다. 그런 다음 물로 작별의 잔(水杯)을 나눈 뒤 마음이 담긴 이별의 말을 했다. 가이샤쿠는 오키타 소지에게 부탁을 하고 신호를 할 때까지 목을 치지 말라고 당부했다. 그리고 조용히 소도를 집어 들고 아랫배를 푹 찔러 한일자로 그은 다음 앞으로 넘어졌다. 멋진 할복 모습에 곤도도, "아사노 다쿠미노카미(浅野内匠頭)일지라도 이렇게 훌륭하게 할복은 할 수 없었을 것이다"라고 칭찬을 했다. 장례식은 신도식(神道式)으로 하고 미부데라(壬生寺)에 정중하게 매장하였다.

---

30 永倉新八, 『新撰組顚末記』, 123~124쪽.
31 西村兼文, 「新撰組始末記」, 『新選組史料集』, 23쪽.
32 永倉新八, 『新撰組顚末記』, 125쪽.

할복에 즈음해서 이전부터 단골로 찾던 유곽 시마바라島原의 아케사토明里와 마에카와前川 집의 창 너머로 이별을 아쉬워했다는 이야기가 전해지지만,[33] 이 또한 자세한 것은 알 수가 없다.

어쨌든 야마나미의 탈주는 신센구미의 체제를 강화해 가는 중에 일어난, 조직화·규율화, 나아가 공무합체파 노선 강화에 대한 개인적 반란이라고도 할 수 있는 사건이었다.

니시혼간지로 주둔소 이전

2월 하순에는 히지카타 등이 주둔소의 이전을 위해 니시혼간지西本願寺와 교섭을 하고 있었다. 이 절의 사무라이侍臣였던 니시무라 가네후미는, 히지카타 등이 동지가 늘어 미부의 주둔소가 협소하게 된 점, 그리고 시외에 소재해 거리가 멀고 불편하다는 점을 이유로 넓은 집회장소를 가진 니시혼간지로의 이전을 요구했다고 기록하고 있다. 교섭에 즈음해서 그들은 폭언, 험담, 위협적인 태도로 매일 압박을 가하여 마침내 절 측이 요구를 수용했다고 말하고 있다.[34]

2월 28일, 니시혼간지는 이전을 승낙하고 신센구미는 3월 초순에 개장 작업을 한 뒤 3월 10일경에 이전했다.[35]

3월 26일, 기온 일대에 큰 화재가 발생하여 신센구미는 전투복 차림으로 출동하여 순찰조, 별동대와 함께 게이샤, 무희, 유녀 등을 손을 잡아 보살피면서 피신시켰다.[36]

---

33 子母澤寬,『新選組物語』, 20쪽.
34 西村兼文,「新撰組始末記」,『新選組史料集』, 23쪽.
35 「九条家国事記録」,『新選組日誌』상, 297쪽; 永倉新八,『新撰組顚末記』, 135쪽;『新選組日誌』상, 299쪽.
36 「元治漫録」,『新選組日誌』상, 301쪽.

4월 5일, 히지카타는 이토 가시타로, 사이토 하지메와 함께 대원모집을 위해 에도로 갔다. 히지카타는 향리鄕里 히노日野를 거점으로 대원들을 모집했다.[37] 이때 곤도 이사미는 아사노 가오루 등을 대동하고 오사카에서 대원을 모집하고 있었다.[38] 4월 27일, 히지카타는 52명의 대원들을 인솔하고 에도를 출발하여 5월 10일에 교토에 도착했다.[39] 이번의 신규대원 중에는 무쓰 남부 출신의 요시무라 간이치로吉村貫一郎가 있었다.

니시무라 가네후미의 「신센구미 시말기」에 의하면, 5월 하순경에 에도, 오사카, 교토에서 모집한 신규대원을 포함해 새로운 조직이 편성되었다. 종래의 부장보좌副長助勤를 개편해서 5명당 1명의 오장伍長을 두고, 10명당 1명의 장을 두었다. 석순은 총장 곤도 이사미, 부장 히지카타 도시조, 참모 이토 가시타로 순이며, 밑으로 1번 오키타 소지, 2번 나가쿠라 신파치, 3번 사이토 하지메, 4번 마쓰바라 주지, 5번 다케다 간류사이, 6번 이노우에 겐자부로, 7번 다니 산주로, 8번 도도 헤이스케, 9번 스즈키 미키사부로, 10번 하라다 사노스케가 각각 조장이 되었다. 이외에 대원조사 및 감찰역으로서 야마자키 스스무, 시노하라 다이노신, 요시무라 간이치로 외 4명, 회계담당자勘定掛로서 가와이 기사부로, 그리고 물품담당자, 서기, 단속역 등을 두고, 검술, 유술, 문학, 포술, 마술, 창술 등의 사범도 임명을 했다. 이 무렵 신센구미의 규칙도 명문화되었다. 니시무라는 규율의 강화를 목표로 하는 것이라고 기록하고 있다.

6월 21일, 대원 세야마 다키토瀬山多喜人와 이시카와 사부로가 대원규칙을 위반하여 할복당하고, 7월 15일에는 사노 마키타佐野牧太가 시중의 부상富商에게

---

37 「小島政則聞書」, 『新選組日誌』 상, 306쪽.
38 阿部隆明, 『史談会速記録』 제83집, 합본14, 381쪽.
39 「秦林親日記」, 『新選組史料集』, 112쪽.

금전대출金策을 하여 대원규칙 위반으로 참수되었다. 7월경에는 대원인 사카이 효고酒井兵庫가 탈주하여 오키타 등 5~6명에게 습격당해 중상을 입고 후일 사망했다. 이 시기에 고참대원인 가와시마 가쓰지가 독단적으로 금전대출을 했다는 이유로 니조강변二条河原에서 도야마 야효에富山弥兵衛에게 참수당했다.[40]

9월 1일경, 1863년 이래 함께해 왔던 4번조 조장 겸 유술사범 마쓰바라 주지가 사망했다. 사망 이유에 관해서는 다양한 추측이 오간다. 먼저, 실수를 하여 할복하려고 칼을 배에 갔다 대려다 제지당하고 평대원으로 강등당했는데, 그때의 상처가 원인이 되어 사망했다는 설과, 살해한 낭사의 처를 불쌍하게 여겨 보살펴 주는 사이에 서로 사랑하게 되어 미부의 덴진요코초天神横町(시모교구下京区)에서 동반자살心中했다는 설, 그리고 병사했다는 설[41] 등이 있지만, 실상은 불분명하다.

조직화·규율화와 관련해서 많은 대원들이 처벌을 당했던 것이다.

장군 이에모치의 상경

2차 조슈 정벌을 위해 장군 이에모치가 상경을 한 뒤 오사카로 향하게 되었다. 이에 앞서 교토·오사카에서 낭사들의 활동이 활발해졌기 때문에 5월, 신센구미는 오사카의 미나미시타데라마치南下寺町(덴노지구天王寺区)에 있는 만푸쿠지万福寺를 거점으로 경비 활동을 시작했다. 5월 26일, 오사카의 신센구미는 유학자로 조슈인과 교류가 있었던 후지이 란덴藤井藍田을 체포해서 만푸쿠지에서 혹독하게 조사를 하였다. 후지이는 이 과정에서 살해된 것으로 추측되는데, 윤 5월 14일에 시체가 유족들에게 건네졌다. 윤 5월 5일에 신센구미는

---

40 西村兼文,「新撰組始末記」,『新選組史料集』, 25~26, 29, 36쪽.
41 실책설은 西村兼文,「新撰組始末記」,『新選組史料集』 34쪽; 동반자살설은 子母澤寬,『新選組物語』, 142~157쪽; 병사설은 永倉新八,「同志連名記」,『新選組日誌』 상, 348쪽.

오사카의 교바시의 북쪽을 지키며 통행인들의 조사를 실시하였다.[42]

또한 윤 5월 12일에는 교토쇼시다이가 시중에 수상한 자가 다수 잠입했다는 정보를 입수해 시중순찰체제를 강화했다. 이때 순찰을 분담한 것은, 슈고쇼쿠, 쇼시다이, 가가번加賀藩, 조반조定番組(원래 임무가 순찰임무였던 조), 마키타 히로타카蒔田広孝(순찰조 책임자), 마쓰다이라 야스마사松平安正(동[同]), 쇼시다이조所司代組, 신센구미 등 8개의 조직이었으며, 신센구미의 담당 지역은 동쪽이 니시노토인西洞院(시모교구[下京区]), 서쪽과 남쪽이 오도이御土居, 북쪽이 고조거리였다.[43]

『연성기문連城紀聞』 등에 의하면 윤 5월 12일에 신센구미는, 스노우치 시키부巢内(須賀井)式部 등 5명을 교토, 오쓰, 제제膳所 부근에서 장군을 습격할 계획을 세웠다는 이유로 체포했다. 또 「개정히고번국사사료」에 의하면, 윤 5월 14일, 제제번사 가와세 다자이河瀨太宰 등 6명이 마찬가지로 장군 이에모치의 습격을 계획하고 있었다는 죄목으로 교토부교쇼에 체포되었다. 이 시기에 신센구미는 14일과 18일에 아이즈번이 체포한 29명의 낭사들을 관리하고 있었다.[44]

이러한 긴장감이 고조되는 가운데 윤 5월 22일 장군이 입경했다. 신센구미는 산조케아게三条蹴上(사교구[左京区])에서 니조조에 들어갈 때까지 경비를 했으며, 23일, 곤도 이사미는 이에모치를 수행하며 상경한 의사 마쓰모토 료준을 찾아가 담소를 나누었다.[45]

---

42 「御触及口達」, 「玉生堂事跡問答記」, 「近来年代記」, 『新選組日誌』 상, 313~317쪽.
43 『加賀藩史料』, 幕末編, 하권, 375쪽.
44 『連城紀聞』 2, 29쪽; 巣内信善遺稿 『新選組日誌』 상, 319쪽; 「改訂肥後藩国事史料」, 『新選組日誌』 상, 320쪽; 『連城紀聞』 1, 427~428쪽.
45 「島田魁日記」, 『新選組日記』, 212쪽; 「蘭疇自伝」, 『松本順自伝·長与専斎自伝』, 50쪽.

마쓰모토 료준의 의료 · 생활지도

마쓰모토 료준松本良順의 자서전에 의하면 윤 5월 말경에 마쓰모토는 곤도의 초청을 받아 신센구미 주둔소를 방문했다. 환담을 나누는 사이에 곤도는 히지카타에게 주둔소 내부의 안내를 명하고 세 사람이 둘러보았다. 주둔소 안에는 도검을 갈거나 쇠그물 옷을 보수하고 있는 용맹한 대원들이 다수 있었으며, 마치 수호전에 나오는 양산박의 풍경 같았다고 한다.

그러나 그중에는 드러누워(橫臥 · 仰臥) 있는 자, 벌거벗은 채로 음부를 드러내고 있는 자들도 있었기 때문에 마쓰모토가 꼴사납고 무례하지 않느냐고 물은즉, 곤도는 그들 모두가 병을 앓고 있기 때문에 규제를 가하고 있지 않다고 대답했다. 마쓰모토는 총인원의 1/3이 병자인 것을 놀라워했다. 곤도는 의사를 불러와도 그들은 모두 자기방식대로 대처를 하고 있다고 말했다.

그래서 마쓰모토는 서양 의학의 도입과 생활 개선을 제안했다. 즉, 환경이 좋은 방에 병자들을 나란히 눕히고 매일 의사가 회진을 해서 처방전을 만들고 약을 조제한다. 간호사를 두고 취침과 식사를 담당하게 한다. 그러면 한 사람의 의사가 많은 환자를 치료할 수 있다. 또 목욕탕을 설치해 위생에 신경을 쓴다. 이런 것들을 병원에 준거하여 도면을 그리고, 환자를 대하는 방법을 가르쳤다. 마지막으로 서양 병원의 개략적인 것도 설명했다.

그러고 나서 4~6시간 정도 지나니, 히지카타가 와서 선생님의 지시대로 바로 병실을 만들었으니 한번 오셔서 보시고 그래도 불비한 점은 지시해 주시면 고맙겠다고 말했다. 히지카타를 따라가 보니 병자를 집회소로 옮기고 목욕통을 3개 준비해서 목욕탕을 만들어 두었다. 너무나도 솜씨가 좋은데 놀라니, 히지카타는 "병법에서는 신속하게 대처하는 것이 중요한데, 이것이 바로 그것입니다"라며 웃었다.

마쓰모토는 또한 장부를 작성해서 난베이 세이이치南部精一의 약국에서 조제를 하게 하고 난베이에게는 매일 아침 회진을 시켰다. 마쓰모토는 주 2회 왕진을 하였는데, 머지않아 대부분의 환자가 회복했다고 한다. 병의 대부분은 감기였으며, 골절, 동통도 많았다. 식중독이 그 다음으로 많았고, 난치병으로는 심장병과 폐결핵 환자가 한 명씩 있었다. 그 외 70여 명의 병자는 한 달도 안 되서 모두가 완치되어 크게 기뻐했다고 한다.

이 무렵 마찬가지로 마쓰모토의 지도에 의해 주둔소 내에 양돈이 개시되었다. 내용인즉, 마쓰모토가 주둔소 내부를 검사했는데 주방이 매우 불결했다. 잔반이나 썩은 생선 등이 몇 개의 통에 넘쳐나고 있었다. 그래서 마쓰모토는 곤도에게 돼지 4~5마리를 사육하고, 이러한 음식물 찌꺼기를 먹여 충분히 살찌운 뒤 대원들에게 그 돼지를 먹이면 체력을 보강하는 데 충분할 것이다. 또 잔반은 씻어서 건조시킨 다음 닭의 모이로 쓰고, 그 닭이 낳은 달걀을 먹게 하면 유용할 것이라고 지도했다. 다음에 주둔소를 방문했을 때는 벌써 몇 마리의 돼지를 기르고 있었다. 그 후 때때로 돼지고기를 먹게 되었는데 대원들은 이 모두가 선생님께서 주신 선물이라며 기뻐했다고 한다.

더 나아가서 마쓰모토는 대원들의 조사 겸 감찰역인 야마자키 스스무에게 칼 상처 등을 봉합하는 기술을 가르쳤다. 야마자키는 의사 집안에서 태어났으며, 온화하고 조용한 성격의 소유자로 곤도의 신뢰가 두터운 인물이었다. 그에게 기술을 가르침으로서 신센구미에 큰 도움이 되었다. 야마자키는 웃으면서 '나는 신센구미의 의사다'라고 말했다고 한다.[46]

이시기에 신센구미는 서양의 지식과 기술을 많이 도입했다.

윤 5월 24일 장군은 교토를 출발하여 후시미에서 일박을 하고 25일에

---

46 『松本順自伝・長与專斎自伝』, 51~53쪽.

오사카성에 도착했다. 이때 신센구미는 후지노모리藤の森까지 경비를 했다.[47] 6월 중순에는 장군의 오사카 체재와 더불어 오사카에 오와리, 기슈, 로주, 여러 다이묘들, 하타모토 보병대, 신센구미, 에도의 소방대 등이 모여들어 오사카 시중은 크게 혼잡했으며, 물가도 등귀하여 사람들은 크게 난처해 했다고 한다.[48]

2차 조슈 정벌칙허와 제2차 행군록

9월 16일, 장군 이에모치는 재차 상경을 해 니조조에 들어갔다. 21일에는 궁궐에 입궐하여 2차 조슈 정벌에 관한 칙허를 얻고(이노우에 겐자부로의 편지 2), 23일에는 오사카로 되돌아갔다.[49]

이러한 움직임에 호응이라도 하듯이, 9월에 신센구미는 제2차 행군록을 작성하고 있다. 제2차 행군록을 보면, 선두에 부대 깃발과 깃발 책임자旗奉行가 있고, 포 부대와 소총 부대가 이어진다. 포 부대장大銃頭은 다니 산주로와 도도 헤이스케, 소총 부대장小銃頭으로는 오키타 소지와 나가쿠라 신파치의 이름이 보인다. 뒤이어 히지카타家의 가문 깃발家紋幟과 함께 히지카타가 있으며, 그 주위를 군사 책임자軍奉行와 행군 책임자行軍奉行가 둘러싸고 있다. 이어서 창 부대가 따르고 창 부대 책임자槍奉行로 사이토 하지메와 이노우에 겐자부로의 이름이 보인다.

그리고 큰 신센구미의 깃발縱長隊長旗과 곤도 가문의 깃발이 이어진다. 깃발 책임자가 이를 지키며, 나팔·북·징 책임자貝·太鼓·鉦奉行가 뒤를 잇는다.

---

47 「島田魁日記」, 『新選組日記』, 212쪽.
48 脇田修·中川すがね編, 『幕末維新大阪町人記録』, 清文堂史料叢書 70, 1994년, 92쪽.
49 内田九州男·島野三千穂 編, 『幕末維新京都町人日記: 高木在中日記』 9월 16일조, 9월 23일조, 238~239쪽.

그 다음에 곤도 이사미가 있으며 주위를 군사 책임자인 이토 가시타로와 다케다 간류사이, 전령, 행군 책임자가 둘러싸고 있다. 마지막으로 짐말행렬 깃발小荷駄旗과 짐말행렬 책임자가 따른다. 1년 전의 제1차 행군록에 비하면 현격하게 대규모의 행렬로 변해 있었다.[50]

미부데라의 번뇌

행군록을 작성할 무렵, 신센구미는 미부데라任生寺의 경내에서 군사훈련을 하고 있었다. 미부데라 문서에 의하면 이 군사훈련에 대해, 당초 미부데라는 신센구미의 신청을 거절했으나 신센구미는 부교쇼에 손을 써서 억지로 훈련을 할 수 있도록 한 것이다.

미부데라는 군사훈련을 허가함에 있어, ① 4와 9가 들어 있는 날로 해서 월 6회 훈련을 할 것, ② 말을 탄 채로 경내로 들어오지 말 것, ③ 참배인에게 폐가 되지 않도록 입구문과 그 외 두 곳의 통용문은 개방해 둘 것, ④ 대포 등은 사용하지 말 것 등의 조건을 제시했다. 그러나 신센구미는 이러한 조건 전부를 어겼다.

미부데라는 천황의 기원에 의해 건립된 조쿠간지勅願寺라는 입장을 강조하며 오스케大侍典(궁중여관의 최고위─역자주)와 오치노히토大御乳人(천황의 유모─역자주)의 가신에게 호소를 해서 대응책을 바랐지만, 일을 추진하다 만일 이 사실이 신센구미에게 누설될 경우 어떠한 일이 벌어질지 몰라 비밀리에 부탁을 했다.[51] 교토·오사카 지역의 서민뿐만 아니라 사원 또한 신센구미의 횡포를 두려워하고 있었다.

50「異聞録」,『新選組日誌』상, 353쪽.
51 壬生寺文書,「恐れ乍ら願い上げ奉る口上の覚」,『特別陣列・新選組史料が語る新選組の実像』, 京都国立博物館, 59쪽.

장군 이에모치의 격노

1865년(게이오 1) 9월 16일, 미국·영국·프랑스·네덜란드의 4개국 함대의 대표가 연합함대와 함께 오사카에 내항해서 조약의 칙허와 효고 개항을 요구했다. 이에 대해 이에모치가 오사카에 체재 중인 23일에 막부 로주 아베 마사토阿部正人(시라카와번주白河藩主)와 마쓰마에 다카히로는 효고 개항을 약속했다.

그러나 25일, 개항에 반대하는 히토쓰바시 요시노부가 오사카에 와서 여러 외국에게 개항 연기를 납득시켰다. 조정은 책임자인 로주 2명을 파면했다. 그러나 이에 대해 장군 이에모치는 조정이 막부의 인사에 개입하는 것에 격노하여 10월 1일에 장군직을 사임하는 상서를 조정에 제출하고 교토를 떠나 버렸다.

10월 4일, 히토쓰바시 요시노부, 마쓰다이라 가타모리, 마쓰다이라 사다유키 등 일회상 구성원이 후시미에서 장군 이에모치를 설득하여 니조조로 돌아오게 하였다.[52] 그 후 이에모치는 11월 3일까지 약 1개월간 교토에 체재한다.

1차 히로시마 출장

9월 21일에 2차 조슈 정벌에 관한 칙허를 획득함에 따라 막부는 대감찰관 나가이 나오무네 등을 조슈심문사로 파견하기로 했다. 심문사는 히로시마에 있는 고쿠타이지國泰寺에서 조슈번 대표를 심문할 예정이었다. 곤도가 아이즈번을 통해 심문사에 동행할 수 있도록 청원을 하자 받아들여졌다.

곤도는 11월 4일자 사토 히코고로 등에게 보낸 편지 26에서, 조슈심문사

---

52 家近良樹, 『孝明天皇と'一会桑'』, 128~129쪽.

를 수행하러 히로시마까지 가서, 거기서 다시 하기성萩城까지 나아가야 하는 곤란한 임무라고 기술하고 있다. 곤도는 또한, "조슈에 들어가서 전투라도 하게 되었을 때에는 많은 적을 당할 수 없을 것이니(かの地へ入り干戈白刃交え候節, 孤勇当てるべからず), 실로 만 번을 죽어도 빠져나올 수 없는 시기에 다다를 것입니다"라며, 결사의 각오임을 기술하고 있다.

그리고 편지의 말미에 사토 등에게 대략 다음과 같은 내용을 의뢰하고 있는데, 자신의 부재중에 부모님을 잘 보살필 것을 부탁함과 동시에, 신센구는 히지카타 도시조에게 맡겨놓고 있다는 것, 또 천연이심류의 후계는 오키타 소지가 맡기로 했으니 다른 의견은 필요 없다는 것이었다. 여기서 심문사의 수행에 즈음한 곤도의 결심을 엿볼 수 있다. 그 뒷부분에는 다케다 간류사이, 이토 가시타로 등 대원 8명을 데리고 간다고 쓰여 있다.

11월 7일, 곤도 일행은 조슈심문사 대감찰관 나가이 나오무네, 감찰관 도가와 반자부로戸川鉾三郎, 마쓰노 마고하치로松野孫八郎 등을 따라 오사카를 출발했다.[53] 16일 히로시마에 도착한 일행은 20일에 히로시마의 고쿠타이지에서 조슈번의 시시도 빈고노스케宍戸備後助(璣)를 심문했다. 이때 나가이는 곤도(給人), 다케다(近習), 이토(中小姓), 오가타(徒) 이렇게 4명을 자신의 '가신'으로 조슈에 파견하고 싶다고 말했지만, 조슈 측에서 거절했다. 이때 곤도는 천연이심류의 개조인 곤도 나가히로와 같은 구라노스케內藏助로 칭했다. 11월 22일, 나가이는 곤도 등을 조슈와의 절충역으로 삼고 싶다고 말했으나 조슈번에게 거절당했다. 또 당일 날 곤도 등이 조슈번 숙사를 찾아 갔으나 면회가 거절되었다. 다음 날 23일, 곤도 등은 마침내 조슈번사와 회담을 가졌고, 더 나아가 12월 11일에는 조슈번사와 동행하여 조슈번에 들어가려고 하였지만 이 또한 거절당했다.[54]

---

53 『京都守護職始末』 2, 183쪽; 「慶応新聞紙」, 『新選組日誌』 상, 362쪽.

그 후 12월 15일, 곤도, 다케다, 이토 등 세 명은 히로시마번사 우에다 오토지로上田乙次郎와 데라오 세이주로寺尾生十郎의 소개서를 가지고 대감찰관의 가신으로서 조슈번의 지번支藩인 이와쿠니번岩国藩의 신미나토新湊(야마구치현 이와쿠니시 신미나토초山口県 岩国市 新港町])로 찾아가 이와쿠니번과 내밀하게 직접 담판을 하게 되었다. 그러나 이와쿠니번은 곤도 등과의 회담을 거부했다. 곤도 등은 이와쿠니번에 도움이 되는 정보를 조슈번에 비밀리에 제공하는 등의 조건을 제시했지만 이와쿠니번은 조슈번에게 의심받는 것을 피하기 위해 제의를 거절했다.[55]

곤도 일행은 철저한 거부에 직면하여 마침내 조슈번에 가려는 생각을 단념하고 히로시마를 경유하여 12월 22일 교토로 돌아와 교토슈고쇼쿠 마쓰다이라 가타모리에게 보고했다. 같은 날 저녁 무렵에 심문사 나가이도 가타모리에게도 보고를 하고 있다.[56]

이상에서 곤도 등이 교토슈고쇼쿠 마쓰다이라 가타모리의 지시하에 조슈번에 대한 정보를 수집하고 있었음을 알 수 있다.

2차 히로시마 출장

1866년 정월 22일, 막부는 심문사의 보고를 받고 조슈번에 대한 처분안을 결정했다. 처분안의 내용은, 10만 석 삭감, 번주의 은퇴와 세자의 영칩거永蟄居, 삼가로가三家老家의 단절이었다. 26일에는 전권사자로서 로주 오가사와라 나가미치小笠原長行(히젠 가라쓰번주[肥前唐津藩主])가 히로시마에 출장하기로 결정되었다.[57]

54 末松謙澄, 『防長回天史』 하권, 柏書房, 1967년, 854~871쪽.
55 『吉川経幹周旋記』 4, 223~231쪽.
56 『京都守護職始末』 2, 183쪽.
57 末松謙澄, 『防長回天史』 하권, 887쪽.

이러한 움직임과 관련하여 곤도의 2차 히로시마 출장이 실현되었다. 정월 27일, 곤도 이사미는 이토 가시타로, 시노하라 다이노신, 오카타 도시타로 등 3명과 함께 교토에서 히로시마로 출발해, 2월 3일에 도착했다.[58]

2월 16일에는 곤도와 이토가 이전에 접촉이 있었던 히로시마번사 데라오를 통하여 히로시마에 출장을 왔던 이와쿠니번사 시오노야 데이스케塩谷鼎助와의 회담을 신청했지만 시오노야는 이를 거절했다.[59]

니시무라 가네후미의 「신센구미 시말기」에 의하면 곤도가 히로시마에 있는 동안인 2월 12일, 교토에서는 신센구미 대원으로 회계책임자였던 가와이 기사부로가 처벌을 받아 사망을 했다. 니시무라는 회계상의 불미스러운 일 때문이라고 하였으나 자세한 것은 알 수 없다. 3월 12일의 곤도 일행의 귀경을 사이에 두고 4월 1일에는 다니 산주로가 사망했다. 다니의 사인에 대해서 니시무라는 "돌연사다. 무언가 사정이 있다고 한다"라고 전할 뿐 상세한 것은 알 수 없다. 6월 19일, 시바타 히코사부로柴田彦三郎가 금전대출을 한 데다가 탈주를 하다 붙잡혀 23일에는 할복을 했다. 당시 신센구미가 동요하는 모습을 엿볼 수 있다.[60]

어찌했던 곤도 일행의 두 번에 걸친 히로시마 출장은, 1·2차 막부 - 조슈전쟁 기간에 그들이 막부 측의 정보 수집을 위해 최전선에서 활동하고 있었다는 것을 말해 주고 있다.[61]

58 정월 28일자 미야카와 오토고로 앞 미야카와 노부키치 편지『新選組日誌』하, 12쪽;「秦林親日記」,『新選組史料集』, 112쪽.
59 『吉川経幹周旋記』4, 266쪽.
60 西村兼文,「新撰組始末記」,『新選組史料集』, 34쪽.
61 大嶋陽一,「二度目の広島行き 第二次幕長戦争への道」,『新選組情報館』, 79쪽.

3. 2차 막부 - 조슈전쟁과 신센구미의 막신화

2차 막부 - 조슈전쟁의 시작

1866년 6월 7일, 2차 막부 - 조슈전쟁이 시작되었다. 6월 15일, 1차 출장 이래로 히로시마에 체재하고 있었다고 여겨지는 신센구미 대원 야마자키 스스무와 요시무라 간이치로는 막부 측의 고전을 전하고 있다.[62]

7월 25일, 막부는 교토 시중의 경비체제를 다시금 개편했다. 막부의 통달에 의하면 이때의 경비담당자는, 슈고쇼쿠, 쇼시다이, 순찰역(두 개 지역), 쇼시다이조, 정번조, 신센구미(두 개 지역)의 6개 조직이며, 번들을 제외시키고 신센구미와 순찰조의 담당 지역을 확대했다. 이때 신센구미의 담당 지역은 종래의 지역에다 동쪽은 산이 있는 데까지山限, 서쪽은 데라마치 가모천까지 寺町鴨川限, 남쪽은 시치조거리 부근七条通辺까지, 북쪽은 시조거리四条通 지역까지 확대되었다.[63]

이렇게 함으로써 시중의 치안체제는 막부, 슈고쇼쿠, 쇼시다이(일·회·상)에 의해 독점되었다.

이에모치의 사망과 산조제찰사건

2차 막부 - 조슈전쟁이 한창이던 7월 20일, 장군 이에모치는 오사카성 내에서 병사했다. 그러나 장군의 사망이 공표된 것은 1개월 후인 8월 20일이며, 이와 관련하여 21일에 조슈 정벌을 정지하라는 칙령이 하달되었다.

8월 28일, 교토의 산조오하시 서쪽 끝에 있었던 조슈를 조적朝敵이라고

---

62 『中山忠能履歴資料』7, 317~318쪽.
63 『中山忠能履歴資料』7, 449쪽; 『孝明天皇紀』제5, 774쪽.

[표 3-2] 산조제찰사건 포상금 지급

금 20냥씩	7번조 책임자(七番組頭)	하라다 사노스케
	감찰역	아라이 다다오
	7번 조원	이토 나미노스케
	7번 조원	우쓰미 지로
금 15냥씩	7번 조장(七番組長)	안도 유사부로
	5번 조원	나카조 쓰네하치로
	5번 조원	이키 하치로
	7번 조원	미즈구치 이치마쓰
	동(同) 감시역(物見)	하시모토 가이스케
금 7냥 2부씩	조 감시역 간부	가토 히구마(加藤羆)
	조 감시역 간부	야구치 겐스케
금 1000필씩	감찰역	핫토리 다케오
	감찰역	오이시 구와지로
	3번 조원	아리도시 간고, 고바야시 게이노스케
금 1000필씩		이케다 고타로
		기노시타 이와오

西村兼文,「新撰組始末記」,『新選組史料集』33쪽에서 인용.

쓴 방(제찰)을 도쓰가와향사十津川郷士 나카이 쇼고로中井庄屋 일행이 다리 밑에 숨겼다. 9월 2일에 방을 재차 세웠지만 5일에 다시금 버려져 있었다. 9월 10일에는 세 번째로 방이 세워지고 신센구미가 감시를 하게 되었다. 그러던 중 9월 12일에 도사번사 12명이 세 번째로 방을 버리려는 것을 목격하고 잠복하고 있던 신센구미 대원 30여 명과 소전투가 벌어졌다. 도사번은 사망 2명, 체포 1명, 신센구미도 부상자 다수를 내는 결과를 가져왔다. 이 사건을 산조제찰三條制札사건이라 한다. 아이즈번은 12월 20일에 이 사건 때 신센구미의 활약에 대해 특별히 수고했다(「格別骨折相働」)는 이유에서 포상금을 지급했다([표 3-2] 참조).[64]

---

[64] 西村兼文「新撰組始末記」,『新選組史料集』, 31, 33쪽;『中山忠能履歴資料』8, 194, 216쪽.

이토 가시타로의 분리

9월 26일, 이토 가시타로伊藤甲子太郎와 시노하라 다이노신은 곤도의 첩 집을 방문하여 곤도, 히지카타와 함께 천하의 형세에 대해서 토론을 했다. 시노하라의 일기에 의하면, 이토와 시노하라는 근왕에 대해 얘기한 반면에 곤도 등은 도쿠가와 막부의 추세에 대해서만 논의를 했기 때문에, 이토 등이 고메이 천황의 지킴이(衛士)가 될 것을 주장한 것에 대해 곤도 등은 이를 경계하여 이탈하는 것을 허용하지 않았다. 다음날인 27일에는 시노하라 등은 만약 자신들의 의견이 받아들여지지 않는다면 곤도 등의 목을 베겠다고 언성을 높이며 토론을 벌였지만 그래도 곤도 등은 분리를 인정하지 않았다. 그러나 곤도 등이 근왕의 취지를 모르고 무력에 의해서 사람들을 억누를 뿐이라고 주장하자 마침내 분리를 허락하기에 이르렀다고 한다.[65] 이 무렵 곤도파와 이토파의 대립이 표면화되어 있었다는 것을 알 수가 있다.

1866년 12월 25일, 고메이 천황이 사망했다. 사인에 대해서는 두창痘瘡이라고도, 독살이라고도 얘기되고 있다(서장 주7 참조). 다음해인 1867년 정월 1일부터 3일까지 이토, 나가쿠라, 사이토 하지메 등은 시마바라에서 연회를 열었다. 그들은 주둔소로 돌아가지 않고 4일에 곤도에게 호출을 받을 때까지 밤새 마시고는 근신 처분을 받았다.[66]

그 후 정월 18일, 이토 일행은 규슈로 유세를 위해 떠났으며, 2월 2일 다자이후大宰府(후쿠오카현[福岡県])에 도착해 마키 게키真木外記(마키 이즈미[真木和泉]의 동생), 미즈노 게이운사이水野溪雲齋(구루메번지사[久留米藩志士]), 나카오카 신타로中岡慎太郎, 히지카타 히사모토土方久元 등과도 회담을 가진 뒤, 신센구미를 분

---

65 「秦林親日記」, 『新選組史料集』, 113쪽.
66 永倉新八, 『新撰組顛末記』, 131~133쪽.

리하여 천황가의 능지기陵衛士가 될 것을 밝혔다.67

3월 10일, 교토에 있던 시노하라 등은 조정으로부터 고메이 천황의 능지기에 임명되었다. 3월 12일에 귀경한 이토는 다음날 신센구미로부터의 분리를 곤도, 히지카타에게 신청해 승인받았다. 이토와 함께 분리한 대원들은 사료에 따라 차이는 있지만 시노하라에 따르면, 스즈키 미키사부로, 시노하라, 아라이 다다오新井只雄, 가노 미치노스케, 아베 주로, 우쓰미 지로內海次郎, 하시모토 가이스케橋本皆助, 모나이 아리노스케毛內有之助, 핫토리 다케오, 도도 헤이스케, 도야마 야효에 등 11명이었다.68

아베 주로에 따르면, 여기에 사이토 하지메가 참가했다고 하는데,69 사이토는 곤도가 심은 스파이라고도 한다. 이토와 곤도는 분리에 즈음해서 "앞으로 서로 탈퇴해서 신센구미에서 능지기로, 또 능지기에서 신센구미로 소속을 바꾸기를 원하는 자가 있어도 결코 허용하지 말 것"70이라는 약속을 교환했다. 4월 14일, 신센구미 대원인 다나카 도로조가 탈주를 했으나 다음날 발견되어 할복당하게 되었는데, 이는 이토에게 합류하기로 하였지만 앞서의 약속 때문에 합류가 인정되지 않아서 생긴 일이라고 한다.71

이후 6월, 능지기들은 고다이지高台寺(히가시야마구[東山区])의 겟신인月真院에 주둔소를 정했다.72 이토파는 주둔소명을 따서 '고다이지당高台寺党'이라고도 불렸다.

67 伊藤甲子太郎, 「九州道中記」, 『新選組日誌』 하, 41쪽.
68 「秦林親日記」, 『新選組史料集』, 113쪽.
69 阿部隆明(十郎), 『史談会速記録』 제90집, 합본15, 280쪽.
70 「江戸会誌」 2책 3호, 『新選組日誌』 하, 48쪽.
71 「蓊草年録」, 『新選組日誌』 하, 48쪽.
72 「秦林親日記」, 『新選組史料集』, 114쪽.

신센구미의 막신화와 대원들의 비판

6월 10일, 신센구미는 아이즈번의 위탁에서 막신화幕臣化가 결정되었다. 신분은 대장인 곤도가 순찰조 요리키격 하타모토(見廻組与力格, 三百俵旗本), 부장인 히지카타가 순찰조원 대표격(見廻組肝煎格, 七十俵五人扶持), 부장보좌역인 오키타 이하 6명이 순찰조격(見廻組格, 七十俵三人扶持), 대원조사역인 이바라키 쓰카사茨木司이하 6명이 순찰조대우(見廻組並, 四十俵), 기타 나머지 대원 전원은 순찰조 고용(見廻組御抱え御雇い入れ)으로, 전 대원이 막부의 신하로 결정되었다.[73]

그러나 6월 12일, 막신화를 둘러싸고 지금까지의 취지에 반한다는 반대론이 일어나 사노 시메노스케, 이바라키 쓰카사 등 10명이 신센구미를 탈주했다.[74] 그들은 이토파에 합류하려고 하였지만, 앞서의 다나카 도로조의 경우와 마찬가지로 거절당했다.[75]

6월 13일, 사노 일행은 아이즈번에 대해, 자신들은 이전부터 근왕양이 · 진충보국의 뜻을 이루기 위해 번을 탈출해 신센구미에 참가했지만, 지금까지 그럴듯한 공을 세우지 못했다. 이번에 막부의 신하가 된다는 이야기가 있는데, 공적도 없으면서 이를 받아들일 수는 없다. 오히려 신념이 철저하지 못하여 출신 번에 대해서도 면목이 없고 두 명의 주군을 섬기게 되는 결과가 된다. 아이즈번은 곤도에게 막부의 신하가 되는 것을 받아들이지 않도록 지시해 주길 바란다는 것이었다. 곤도 등 5명이 슈고쇼쿠 저택에 가서 사노 일행을 설득하였지만 실패로 끝났다. 6월 14일, 사노, 이바라키, 도미가와 주로富川十郎, 나카무라 고로中村五郎 이렇게 4명은 슈고쇼쿠 저택에서 자결했다.[76] 남은 자들의 동향에 대해서는 알려진 바가 없다.

---

73 「丁卯雑拾録」 1, 191~192쪽.
74 「丁卯雑拾録」 1, 192~193쪽.
75 西村兼文, 「新撰組始末記」, 『新選組史料集』, 36쪽.

막부친번 집회에서의 곤도의 주장

6월 15일, 신센구미는 주둔소를 니시혼간지에서 후도도촌_{不動堂村}으로 옮겼다.[77]

17일에는 곤도 이사미가 막부친번_{幕府親藩}의 집회에서 토론을 했다. 의제는 2차 막부 - 조슈전쟁의 결과를 놓고 앞서 5월 25일에 제출된 마쓰다이라 요시나가, 시마즈 히사미쓰, 다테 무네나리, 야마우치 도요시게 등 4인의 연명으로 된 조슈관전에 관한 건백서(「사번상서[四藩上書]」)나, 조슈번주 모리 다카치카 부자의 관위 복구에 대한 것들이었다.

곤도는 조슈를 용서하면 조슈는 막부의 잘못을 공격해 다시 소동을 일으킬 것이 분명하다. 가령 막부에 잘못이 있다 하더라도 친번_{親藩}은 옳고 그름을 표명하지 않고 최선을 다하는 것이 충의_{忠義}다. 그런데 도자마_{外樣}의 사람들처럼 발언하는 것은 어째서인가라는 취지의 발언을 했다.

그 자리에 미토번사가 3명이 있었는데 토론이 시작되자 곧바로 술을 마시기 시작해, 이러한 자리에서 그러한 얘기를 해봐야 뭐하겠는가, 저 같은 사람이 얘기해봤자 아무것도 바뀌지 않는다며, 얼마 안 가 3명 모두 돌아가고 말았다고 한다.[78]

막신이 된 곤도는 공적인 자리에서 막부를 옹호하는 조슈정벌론_{征長論}을 전개한 것이었다.

6월 22일, 신센구미 5번 조장이며 문학사범이던 다케다 간류사이가 다케다가도에서 신센구미에게 참살당했다. 이유는 불분명하나, 10일의 막신 등용명부에 이름이 기재되어 있지 않은 것으로 보아 이 무렵부터 고립되고

---

76 「丁卯雑拾録」 1, 193~196쪽.
77 6월 24일자 미야카와 노부키치 편지, 『新選組日誌』 하, 57쪽.
78 「越前藩幕末維新公用日記」, 『新選組日誌』 하, 58쪽.

있었음을 알 수 있다. 23일에는 다케다의 동지라고 알려진 가토 구마加藤熊(원문에서는 히구마[羆]인 듯함 - 역자주)가 사망했다(또는 할복했다고도 한다).[79]

　　같은 23일, 전 신센구미 대원을 막부의 신하로 등용하는 것이 정식으로 통달되었다. 로주 이타쿠라 가쓰시게가 동료인 이노우에 마사나오井上正直(도토미 하마마쓰번주[遠江 浜松藩主]), 이나바 마사쿠니稲葉正邦(야마시로 요도번주[山城 淀藩主]), 마쓰다이라 야스나오松平康直(무쓰 다나구라번주[陸奥 棚倉藩主]), 오가사와라 나가미치에게 보낸 통달에는, 지난 5년간의 체포나 긴급 활동에 있어 신센구미의 공로가 크며, 신분을 부여하여 포상할 것을 마쓰다이라 가타모리가 상신하여 실현되었다고 쓰여 있다.[80] 내용은 앞서 10일의 통달문과 같은데, 조사역이 8명으로 늘어 총원 96명으로 되어 있다.

곤도와 이토의 건백서 대결

1867년 6월 24일, 신센구미의 히지카타 도시조, 야마자키 스스무, 오가타 도시타로, 요시무라 간이치로 등 4명은 곤도 이사미의 건백서를 의주議奏(천황을 가까이서 보필하며 정치 자문, 결정에 참가하는 역)인 야나기하라 사키미쓰柳原前光, 오기마치산조 사네나루正親町三条実愛에게 제출했다.

　　곤도 건백서의 내용은 다음과 같다. 앞서 4개 번에서 조슈를 관대하게 처분해야 한다는 건백서가 제출되고 이것을 귀족들이 모여 지지를 한다는 정보를 얻었다. 그러나 조슈 정벌은 작년 5월 중에 막부가 결정을 하고 조정의 허가를 받은 "조정과 막부가 일치해서 처분"한 조막朝幕일치의 방침이다. 지금에 와서 조슈 정벌을 '무명의 경거망동妄挙無名'이라고 하는 것은

---

79 「世態志」, 「往詣記」, 『新選組日誌』 하, 58, 61쪽.
80 「新徴組大砲組之留」, 『新選組日誌』 하, 59쪽.

돌아가신 천황(고메이 천황)과 장군(도쿠가와 이에모치)을 능멸하는 것이다. 만약 관대한 처벌이 내려진다면 조정과 막부가 곤란한 처지가 되는 것은 물론이거니와, 출병하고 있는 여러 번에게도 옳고 그름이 전도하게 된다. 천황과 막부의 권위는 쇠퇴하고, 민심이 떠나 신의를 잃을 것이다. 따라서 4개 번의 건백서는 채용하지 말고 진정한 공무합체가 되는 것이 중요하다고 주장한 것이다.[81]

그런데 8월 8일, 곤도의 건백서에 이어서 이토 가시타로, 사이토 하지메, 도도 헤이스케, 스즈키 미키사부로 등 능지기 4명이 의주 야나기하라 사키미쓰와 로주 이타쿠라 가쓰키요 등에게 건백서를 제출했다.

이 건백서의 내용은 곤도와는 정면으로 대립되는 것으로, 조슈관대론을 주장하는 것이었다. 즉, 만약에 세 번째 조슈 정벌을 실행한다면 비록 막부가 승리를 한다 해도 인심은 어지러워지고 천하의 여론은 비등하며, 여러 제후와 만민은 복종하지 않을 것이다. 조슈 문제 하나로, 국내는 동요해서 와해되거나 아니면 외국의 식민지처럼 되어 버릴 것이니 관대한 처분이 필요하다는 내용이었다.[82]

신센구미의 임무

이 무렵 정국의 중심이 된 교토에서 곤도와 신센구미는 새로운 임무를 맡게 된다.

8월 14일, 도쿠가와 요시노부의 심복인 하라 이치노신原市之進이 암살당했다. 9월 13일, 나카가와노미야는 하라의 후임으로 곤도 이사미를 추천하

---

81 「丁卯雑拾録」1, 226~229쪽.
82 『中山忠能履歴資料』 8, 445~448쪽.

고, 나아가 마쓰다이라 가타모리에게 곤도를 자신의 가신으로 빌리고 싶다는 뜻을 전했다.[83] 여기서 곤도에 대한 나카가와노미야의 두터운 신뢰를 엿볼 수 있다.

도사번사의 일기에 의하면, 이 무렵 곤도는 나가이 나오무네의 저택에서 도사번의 고토 쇼지로後藤象二郎를 소개받아 조슈 정벌이 옳지 않음을 듣게 된다.[84] 9월 27일에는 오카야마번 가로로 근왕가인 헤키 다테와키日置帶刀와도 조슈 정벌에 대해 회담을 나누고 있다.[85]

또, 이 시기 신센구미는 막부의 요인要人을 경호했다. 10월 8일, 앞서 하라 이치노신이 암살되었기 때문에 비슷한 사건을 방지하기 위해서 로주 이타쿠라 가쓰키요와 교토 마치부교인 나가이 나오무네를 경호하는 것이 신센구미의 새로운 임무였다. 나가이는 신센구미의 경호에 감사를 표했다고 한다.[86]

그 외에 신센구미는 조슈와 내통하고 있었던 나카야마 다다야스中山忠能의 저택을 감시하고 있었다. 이것을 눈치챈 이와쿠라 도모미는 10월 13일에 아들 야치마루八千丸(후일의 도모쓰네[具経])를 나카야마 저택에 파견을 했다. 야치마루는 조슈번주 부자의 관위를 복구하는 칙서를 수령해 나카야마 저택을 나왔지만, 신센구미는 이를 간과했다고 한다.[87] 이 칙서로 하여금 조슈번은 역적의 입장을 벗어나게 되었다.

83 『朝彦親王日記』2, 531쪽.
84 「寺村左膳手記」, 『維新日乗纂輯』3, 日本史籍協会叢書 12, 1926년 초판, 1969년 복각, 東京大学出版会, 490쪽.
85 「改訂肥後藩国事史料」, 『新選組日誌』하, 72쪽.
86 「会津藩文書」, 『史籍雑纂』2, 續日本史籍協会叢書, 복각판, 東京大学出版会, 1977년, 304쪽; 永井尚志, 『史談会速記録』제172집, 합본25, 476쪽.
87 「岩倉公実記」, 『新選組日誌』하, 75쪽.

4. 대정봉환, 그리고 왕정복고

대정봉환과 신센구미

1867년 6월 22일, 사쓰마번은 도사번과 맹약을 맺고, 도쿠가와 요시노부가 조정에 정권을 반납한(대정봉환大政奉還) 뒤에 공무합체와 제후회의를 중심으로 구미의 의회제도를 도입한 공의정체公議政体를 수립하기로 했다. 그러나 다른 한편으로 사쓰마번은 9월 18일에 조슈번과 막부를 군사적으로 타도하는 토막의 맹약을 맺었다. 그 후 토막파 귀족 이와쿠라 도모미와 사쓰마번의 오쿠보 도시미치大久保利通가 획책을 하여 10월 13일에 사쓰마, 14일에 조슈번에 토막의 밀칙이 하달되었다.

이보다 앞서 10월 3일, 전 도사번주 야마우치 도요시게는 토막파보다 선수를 치기 위해 15대 장군 요시노부에게 정권을 조정에 돌려줄 것을 건백했다. 토막의 밀칙을 눈치챈 요시노부는 14일에 정권을 조정에 반납했고, 15일에 이것이 허락되었다. 이로써 하루 전에 내려진 토막의 밀칙은 의미를 상실하게 되었고, 21일에 철회되었다.

정권 반납 당일, 곤도 이사미는 오기마치산조 사네나루를 방문하고 있었다. 13일에 니조조에 중신들이 호출되어 장군으로부터 정권을 조정에 반납한다는 소식을 들었다. 이로 인해 또 다시 인심이 시끄러워지고 소문이 무성하게 되었다.[88] 에치젠 후쿠이번사 나카네 셋코中根雪江의 일기에 의하면 막신이 된 곤도 이사미는 대정봉환에 대해 이를 오와리나 에치젠의 계략이라고 비판하며 거칠게 따졌다.[89]

---

88 「嵯峨實愛日記」, 『新選組日誌』 하, 75쪽.
89 「丁卯日記」, 『再夢紀事・丁卯日記』 2, 229쪽.

한편 9월 말에 대원모집을 위해 에도에 갔던 히지카타 도시조와 이노우에 겐자부로는 11월 3일에 교토로 돌아왔다.[90] 히지카타 등이 없는 사이에 교토 정국은 대역전을 당하고 말았던 것이다.

『기록 신센구미聞きがき新撰組』에 의하면, 히지카타는 에도로 돌아왔을 때 틈을 봐서 다마의 히노숙역으로 사토 히코고로를 방문했다. 이 책에는 1867년 봄이라고 되어 있으나, 「하시모토가 일기橋本家日記」에 의하면 10월 8일의 일이다. 이때 이야기가 신센구미 대원의 훈련에 관한 것에 이르면, 이 무렵 히코고로의 장남 겐노스케源之助(후일 도시노부俊宣)가 꽤나 능숙하고 숙련되었다는 것을 듣고 히지카타는 훈련법을 보여 달라고 했다. 당시 17세였던 겐노스케는 정원으로 나가 12단 찌르기와 난타를 선보이고 나아가 소대중대小隊中隊의 조련법을 실연했다. 히지카타는 이것을 보고 감탄한 뒤 교토의 신센구미에서도 이처럼 숙달된 자는 없다며 가능하다면 겐노스케를 교토로 데리고 가서 대원들에게 교수해 주기를 바란다고 했다. 아버지인 히코고로는 찬성을 했지만 어머니 노부(도시조의 누나)가 반대해 결국 가지 않기로 했다고 한다.[91]

이 무렵, 교토의 신센구미는 총 다루는 법과 부대 훈련 등을 실시하고 있었으며, 이것은 히지카타가 여기에 강한 관심을 가지고 있었다는 것이 알려지게 된 일화다.

10월 15일에는 교토의 가와라마치河原町(나카교구中京区) 오미야近江屋에서 도사번의 사카모토 료마와 나카오카 신타로가 암살되었다(나카오카는 17일에 사망). 처음에는 신센구미의 짓이라는 소문이 있었지만,[92] 그 후 순찰조의 행위라는

---

90 「橋本家日記」「新選組聞書」,『新選組日誌』하, 73, 78쪽.
91 佐藤昱,『聞きがき新選組』112쪽.
92 「寺村左膳手記」,『維新日乘纂輯』3, 499쪽.

것이 알려지게 되었다. 이 시기 신센구미는 문자 그대로 역사의 중심에 있었다.

아부라코지의 전투

11월 10일, 이토 가시타로가 인솔하는 능지기 일파에 가담해 있던 사이토 하지메가 탈주하여 신센구미로 돌아왔다.[93] 혹은 이 시기에 신센구미에 의한 이토 암살계획이 본격화되었는지도 모른다.

11월 18일 밤 9시경, 신센구미는 국사를 논의한다는 명목으로(『신센구미 전말기』에는 300냥의 군자금을 빌려주기 위해), 사메가이醒ヶ井 거리 기즈야바시木津屋橋(시모교구下京区)에 있는 곤도의 첩 집으로 이토를 불러내어 곤도, 히지카타, 하라다 등이 주연을 베풀었다. 거나하게 취한 이토는 돌아가는 길에 시치조 아부라코지油小路에서 매복하고 있던 오이시 구와지로에게 습격을 받아 살해당했다. 더 나아가 신센구미는 그 자리에서 매복하고 있다가 이토의 시체를 수습하러 온 능지기 동료들을 급습하여 격렬한 싸움을 벌였다. 나가쿠라 신파치에 의하면 곤도 이사미가 도도 헤이스케는 살려두라는 지시를 내려 도도를 도망치도록 하였으나 사정을 모르는 대원 미우라 쓰네사부로三浦常三郎가 쫓아가서 베어 버렸다고 한다.[94]

능지기인 핫토리 다케오는 용맹하고 무술이 뛰어나 분전을 했지만, 전후좌우로 공격을 당해 사망했다. 이 전투에서 능지기인 도도 헤이스케, 핫토리 다케오, 모나이 아리노스케가 참살되었다. 신센구미에서도 부상자가 생겼지만 상세한 것은 알 수가 없다. 다음날 19일, 살아남은 능지기 중에 스즈키 미키사부로, 가노 미치노스케, 도야마 야효에는 사쓰마번저로 피신을 했다.

---

93 「秦林親日記」, 『新選組史料集』, 112쪽.
94 永倉新八, 『新撰組顛末記』, 143~144쪽.

아베 주로, 우쓰미 지로는 도사번저로 피하려고 하였으나 거절당하자, 22일 시노하라 다이노신을 포함해 3명이서 사쓰마번저로 피신했다.[95]

덴만야사건

12월 7일에는 신센구미가 경호를 담당하고 있던 기슈번사 미우라 야스타로 三浦休太郎를 무쓰 겐지로陸奧源次郎(후일의 무네미쓰[宗光]) 등 해원대海援隊 16명이 습격을 해서 난투가 벌어졌다.

미우라는 이요 사이조번(伊予西条藩(아이치현[愛媛県])에서 태어나 1850년 에도에 와서 창평횡昌平黌에서 수학했다. 출신 번인 기슈번에서 발탁되어 교토 아부라코지 하나야마치花屋町(시모교구[下京区]) 북쪽에 있는 덴만야天滿屋를 숙소로 정하고 섭외 활동을 하고 있었다. 그런데 사카모토 료마와 나카오카 신타로가 암살되자 도사번사 등이 범인을 탐색하던 중에 미우라가 순찰조(신센구미라고도 함)에게 암살을 명령했다는 소문이 퍼졌다. 이는 이전에 발생한 기슈번선과 해원대 소유의 배가 충돌하여 그 배상 문제로 미우라가 료마에게 원한을 품고 있었다는 것이다.

이날 도사번사 야마와키 다로山脇太郎, 야마자키 기쓰바山崎橘馬, 도쓰가와 향사 나카이 쇼고로 등이 덴만야를 습격했다. 미우라를 경호하고 있었던 사람은 신센구미 십수 명이었다. 사건의 경과나 관련자들의 면면에 대해서는 여러 설이 있다. 「신센구미 시말기」 등에 의하면, 그들이 이층에서 담소를 나누고 있는 사이 자객인 야마자키 기쓰바 등이 비젠번사를 사칭하고 이층으로 올라갔다. 나카이 쇼고로는 '당신이 미우라인가'라고 묻고, 미우라가 '그렇다'고 대답하자마자 즉각 칼을 빼서 미우라의 이마를 내리쳐 경상을

---

95 阿部隆明, 『史談会速記録』 제90집, 합본15, 285~290쪽; 加納通広·小山正武, 『史談会速記録』 제104집, 합본17, 90~91, 96~98쪽.

입혔다. 양 파는 칼끝에서 불꽃이 튈 정도로 격렬하게 싸웠는데, 신센구미와 기슈번에서 응원이 왔을 무렵에는 도사번사 등은 도망친 뒤였다.

희생자는 신센구미 측에서는 전사자가 미야카와 노부키치宮川信吉 1명으로, 미야카와는 무사시노쿠니 다마군 오사와촌의 미야카와 야고로宮川弥五郎의 이남으로 곤도 이사미의 종제에 해당했다. 중상은 후나즈 가마타로舟津釜太郎 1명으로 수일 후에 사망했다. 한편, 습격한 측은 나카이 쇼고로 1명이 사망했고, 미우라는 난투 와중에 탈출했다.[96] 후일 미우라는 메이지기에 원로원의원, 귀족원의원 등을 역임하고 1903년에는 도쿄부지사에 취임했다. 또 습격 측의 한 사람인 무쓰 무네미쓰는 후일 농상무장관과 외무장관으로서 활약을 했는데, 불평등조약의 개정에 진력을 했다.

미우라와 료마의 암살 사건과의 관계는 명확하지 않지만, 덴만야사건은 정정이 불안한 교토에서 소문이 불러일으킨 사건이었다.

미유키 다유와 고코 다유

매일 긴장을 했던 탓인지 곤도 이사미에게는 교토나 오사카에 단골 여성들이 있었다. 1889년 당시 64세였던 시마다 가이와 1911년 당시 71세였던 미유키 다유深雪太夫의 회고담을 자료로 모은 시모자와 간에 따르면 곤도의 단골은 교토 산본기三本木(가미교구[上京区])의 고마노駒野, 우에노植野, 시마바라의 긴 다유 金太夫, 기온 야마키누山絹의 오요시ぉ芳 등이었다.

미유키 다유는 오사카 하치켄야八軒屋(주오구[中央区])의 신센구미 어용상인 교야 주코로에京屋忠兵衛의 중개로 곤도가 기적에서 빼내어, 교토 사메가이의

96 西村兼文,「新撰組始末記」,『新選組史料集』, 48~49쪽; 永倉新八,『新撰組顚末記』, 150~152쪽; 「晦結溢言」,『新選組日誌』하, 99~103쪽.

기즈야바시木津屋橋 아래쪽에 있는 고쇼지興正寺(또는 붓코지仏光寺라고도 함)의 저택에서 생활하고 있었는데, 그 후 류머티즘에 걸려 후시미에서 요양을 하고 있는 동안에 곤도는 미유키 다유의 여동생 다카코孝子(고코 다유御幸太夫, 오코おこう)와도 친하게 되었다고 한다. 오요시와의 사이에 남자애를, 다카코와의 사이에 여자애를 가졌지만 그 후의 확실한 사정은 알 수가 없다.

한편 히지카타 도시조는 1863년 11월의 편지 4에서, 시마바라의 하나키미 다유花君太夫, 천신天神, 일원一元, 기온에는 예기芸妓가 3명, 기타노北野에서는 기미쿠니君菊, 고라쿠小楽, 오사카 신마치新町에서는 와카즈루 다유若鶴太夫, 그외 2~3명으로 많은 여성의 이름을 거론하고 있으며, 시모자와 간에 따르면, 시마다 등은 히지카타의 단골로 시마바라의 시노노메 다유東雲太夫의 이름을 들고 있다. 또 순찰조의 사사키 다다사부로는 시마바라의 나미지 다유浪路太夫의 단골이었다고 한다.

그 외 1929년에 하라다 사노스케의 아내 마사의 이야기에 의하면, 사노스케와 부부가 된 것은 1865년 니시혼간지로 주둔소를 이전했을 무렵으로 절 부근의 가마야초鎌屋町 시치조七条(시모교구下京区)에 집을 가졌다. 다음해 시게루茂라는 남자아이가 태어났는데 종형의 양자가 되었다. 1867년 12월 17일에 둘째아이가 태어났다. 12월 11일에 신센구미가 후시미부교쇼로 옮겼을 때 하라다는 군자금을 배분받았다고 하면서 이부금二分金으로 200냥을 급히 가지고 왔다고 했다.[97]

왕정복고

이 무렵 여러 번주는 11월 중에 막부에 의해 상경하도록 명령을 받았지만,

---

[97] 子母澤寛,『新選組始末記』, 224~235쪽; 동『新選組遺聞』, 39~44쪽.

실제로 상경한 자는 16명에 지나지 않았다. 대부분의 다이묘들은 와병 중, 나이가 어리다, 번 내의 사정 등을 이유로 상경 연기를 신청하고 자기의 영지에서 교토 정국의 동향을 지켜보고 있었다. 이러한 상황 속에서의 요시노부의 정권 반납은 반납 받은 조정이 어찌할 바를 몰라서 다시 정권을 막부에 위임할 것이라는 예측에 근거한 조치였다.

당시 막부 측에서는 양학자 쓰다 마미치津田真道의 「일본국총제도日本国総制度」(1867년 9월), 로주 마쓰다이라 노리카타松平乗謨의 안(동년 10월), 니시 아마네西周의 「의제초안議題草案」(동년 11월) 등 모두가 장군 중심의 도쿠가와 통일정권 구상이 있었다. 이 구상이 실현되면 토막파의 천황중심국가 구상은 좌절된다.[98]

그러나 토막파는 요시노부의 목적을 봉쇄하기 위해 다음 수를 두었다. 12월 9일, 토막파의 주도하에 사쓰마·오와리·후쿠이·도사·아키安芸 등 5개 번병이 궁궐문을 봉쇄한 다음 천황이 학문소에서 왕정복고포고령을 발포한 것이다. 왕정복고의 내용은, 요시노부의 정권 반납, 장군직 사퇴를 승인하고, 에도 막부의 폐지, 총재·의정·참여라는 삼직을 설치하고 진무천황의 창업정신으로 복고, 개화 정책의 채택 등이었다.

12월 6일에 나카야마 다다야스 앞으로 보낸 이와쿠라 도모미의 편지에 의하면, 이와쿠라나 오쿠보 도시미치가 8일에 왕정복고 결행을 하고자 했더니 고토 쇼지로가 9일을 주장하며 양보하지 않았다. 이와쿠라는, "오늘 아침에도 말씀드린대로 꽤 회会·상桑·신선新撰에 어렵고도 무지막지한 주장이 있었으나 거절하고 8일로 한다고 단언을 했습니다"[99]며, 이 결정의 배경에 아이즈, 구와나, 신센구미의 움직임이 있었음을 기록하고 있다. 또 에치젠

98 佐藤宏之, 「鳥羽·伏見の戰い」, 『新選組情報館』
99 『中山忠能履歷資料』 9, 147쪽.

후쿠이번사 나카네 셋코 앞으로 보낸 이와쿠라의 궁궐 경비 조목에는, '오늘 각오해야 할 사항'으로서 아이즈·구와나·쓰津·오가키大垣 등 4개 번, 그리고 순찰조와 더불어 신센구미를 궁궐 경비에서 제외시킬 것을 들고 있었다.[100]

　　이날 밤의 어전회의(小御所会議)에는 삼직(총재, 의정, 참여)과 사쓰마·오와리·후쿠이·도사·아키번의 중신이 참석을 해서 도쿠가와의 처분을 토의했다. 이때 야마우치 도요시게, 마쓰다이라 요시나가 등 공의정체파는 요시노부의 참석을 주장했지만, 이와쿠라를 위시한 토막파는 요시노부가 관직을 사퇴하고 영지를 반납할 것辞官·納地을 강경하게 주장하며 공의정체파를 압도했다.

　　같은 날, 장군직과 함께 교토슈고쇼쿠, 교토소시다이 두 직책이 폐지되고 장군 요시노부, 마쓰다이라 가타모리, 마쓰다이라 사다유키는 각각 그 직을 반납했다. 일회상 권력의 지도자들은 마침내 공적인 지위를 상실하게 되었다.

신센구미와 미토번의 대립

12월 9일의 왕정복고 포고령의 발포에 수반하여 12일, 교토의 구막부 측 군사들은 철수하게 되었다.

　　단, 교토 시중의 혼란도 있고 하여 신센구미는 아이즈·구와나와 함께 장군이 부재 중인 니조조를 지키는 임무가 부여되었다.[101]

　　그러나 12월 13일, 곤도는 니조조에서 미토번사와 대립하게 된다. 미토 번사 하세가와 사쿠주로長谷川作十郎에 의하면, 이날 골격이 건장한 장사가 성큼성큼 다가와서는 자기는 곤도 이사미라 한다, 이번에 니조조 경비의

100『淀稲葉家文書』, 日本史籍協会叢書 187, 1926년 초판, 1975년 복각, 東京大学出版会, 411쪽; 小野正雄 감수, 『杉浦梅潭箱館奉行日記』, 457쪽.

101「島田魁日記」, 『新選組日記』, 219쪽;「改訂肥後藩国事史料」, 『新選組日誌』하, 105쪽.

중책을 미토번이 담당하게 되었다고 들었다, 자신도 이전부터 니조조의 수비를 명령받고 있었는데 잘 부탁한다고 말했다. 그러나 가로인 오바 슈젠노쇼大場主膳正는 인사도 하지 않고, 니조조의 수비는 요시노부로부터 직접 오바 등에게 명령을 했기 때문에 다른 사람에게 수비를 명했다고는 듣지 못했다, 따라서 도움은 필요 없다고 대답을 했다.

그러자 곤도는 고압적인 태도로 목소리를 거칠게 하면서, 니조조의 경비는 장군의 안위와 관련되는 중요사항이다, 따라서 신센구미에 아이즈, 구와나 병사도 포함해서 철통같이 지키는 것은 당연하다, 자신도 이미 경비 명령을 받은 이상 부족하지만 미토번의 지휘하에 들어가 한목숨 바칠 각오다, 라고 말했다. 그러나 미토번은 이번에 성을 위탁받은 이상 미토번만의 힘으로 지킬 것이니 신속하게 성에서 물러날 것을 거듭 요구했다.

곤도는, "격분한 모습을 얼굴 전체에 나타내며 무섭게 자리를 박차고 일어나 사라졌다"고 하듯이, 격노하면서 자리를 떴다. 하세가와에 의하면, 이때의 곤도의 얼굴 표정은 무시무시했으며 필사의 각오였다. 그러나 미토번은, 곤도 등에게는 막부만 있을 뿐 조정은 없는 것과 마찬가지이므로 니조조에 두더라도 도움은 되지 않고 나중에 해만 될 것이라고 생각했다고 한다.

이때 막부 감찰관 엔도 미치아키라遠藤道章가 와서 곤도 일행을 성에서 물러나게 하는 것은 좀 그러하니 성 안에 머물게 하면 미토번에 도움이 될 것이라고 주장했다. 그러나 미토번은 엔도에게 다른 사람의 힘은 빌리지 않을 것이니 신센구미에게 성에서 물러나도록 명령해 달라고 하였으나 엔도는 아무 말 없이 퇴성했다.[102]

나가이 나오무네도 신센구미와 미토번 사이에서 고생을 한 듯하다. 나

---

102 『德川慶喜公伝』, 史料篇 3, 240~242쪽.

가이에 의하면 전장군 요시노부는 니조조의 경비를 미토번에 명령했으나 막부 수뇌부는 신센구미에게 니조조의 경비를 명령했기 때문에 논쟁이 일어나 신센구미로부터 호소하는 바가 있었다. 미토번사를 호출하여 질문을 하면 장군이 직접 명령을 했다고 하고, 신센구미 또한 막부 수뇌부로부터 명령을 받았다고 했다. 그러면 담당구역이 정해져 있는지 물으면 그렇지 않다고 했다. 나가이도 결단을 할 수 없어 고생을 한 것이다.[103]

이 사건은 신센구미가 퇴성함으로서 일단락되었다. 아이즈·구와나와 함께 신센구미가 니조조를 경비해야 한다는 곤도의 주장이 결국 채택되지 않은 것이다.

같은 12월 13일, 교토에 있던 구막부군의 재편성이 시작되었다. 신체제는 슈고쇼쿠와 쇼시다이가 면직된 것을 계기로 쇼시다이 소속의 후시미조 요리키·도신, 거기에다 마치부교쇼 지배하의 순찰조 등이 모두 신유격대新遊擊隊로 개편되고, 그 휘하에 신센구미는 신유격대고용新遊擊隊御雇의 신분으로 재편되는 것이었다. 그러나 신센구미는 이를 거부하고 이전대로 신센구미라는 이름으로 활동하기로 했다.[104]

곤도 이사미의 조난

구막부파와 토막파 사이에 긴장이 고조되어 가던 중인 12월 18일, 곤도 이사미는 후시미의 구막부파 진영에서 니조조로 찾아가 귀족들을 설득하여 사쓰마, 조슈, 존왕파를 배제하고자 했다.

곤도 상경의 정보를 입수한 구舊이토파의 스즈키 미키사부로, 가노 와시

---

103 永井尚志,『史談会速記録』제172집, 합본25, 475~476쪽.
104『淀稲葉家文書』, 414쪽;「島田魁日記」,『新選組日記』, 219쪽.

오, 시노하라 다이노신, 아베 주로 등 8명은 다케다가도에서 곤도의 귀환 길에 매복해서 기다리고 있었다. 시마다 가이, 요코쿠라 진고로橫倉甚五郞, 이노우에 신사에몬井上新左衛門, 종인 요시스케芳介 등이 곤도를 경호하고 있었다.

습격을 했던 시노하라의 일기에 따르면, 12월 18일, 곤도는 15명을 데리고 후시미에서 교토로 갔다. 오후 2시경에 아베 주로, 사하라 다로佐原太郞, 우쓰미 지로가 곤도의 첩 집을 습격했을 때는 이미 떠난 뒤였다. 하인에게 귀로를 묻자 후시미가도라고 했다. 즉시 2~3명이 서둘러 후시미로 돌아와 응원을 부탁했다.

오후 4시가 지나서도 가도에 매복하고 있자, 반대쪽에서 곤도가 의기양양하게 말을 타고 왔다. 시노하라 일행은 집에 숨어서 미닫이문의 그늘에 숨어 발포를 했다. 총알은 곤도의 어깨를 관통했지만 곤도는 피를 흘리면서도 말 등에 엎드린 채 도망을 갔다. 시노하라 등은 칼을 빼들고 돌격하여 두 명을 베었다.

같은 습격조에 있었던 아베 주로에 따르면, 곤도가 본 가도를 이용해 교토에서 후시미로 돌아가던 와중에, 아베 일행은 샛길을 통해 후시미의 사쓰마번저로 돌아가 동지들을 이끌고 와서 매복하고 있었다. 후시미의 오와리번저 쪽의 굽은 길목에서 아베와 도야마 야효에는 총을, 가노와 시노하라는 창을 지참하고 기다리고 있었다. 도야마가 저격을 하자 곤도는 어깨와 가슴 사이에 총알이 맞았다. 수행원은 20명 정도 있었는데 도망치고 말았다. 아베와 사하라가 칼을 빼들고 곤도에게 돌진하자, 곤도는 말안장을 붙잡고 3명 정도가 칼로 말 엉덩이를 때려 도망가게 했다. 동지인 가노와 시노하라는 창을 버리고 도망치고 말았다.

한편, 이때 곤도를 경호하고 있었던 시마다 가이의 일기에 의하면 곤도

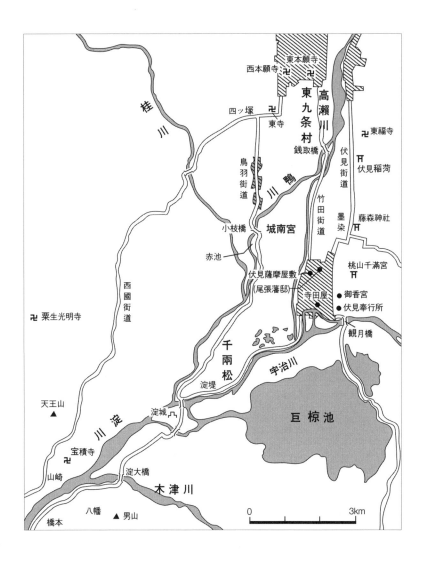

는 후시미의 스미조메墨染 부근에서 7~8명에게 가슴을 저격당했다. 그러나
말에 채찍을 가해 후시미성으로 피했다. 호위를 하던 이노우에 신사에몬과
하인 요시스케가 살해되었다. 습격한 자들은 신센구미를 탈주한 자들 같았

다고 기록하고 있다.[105]

중상을 입은 곤도는 막부의 의사 마쓰모토 료준에게 치료를 받기 위해 그날 중으로 오키타 소지와 함께 오사카로 향했다.[106]

이렇게 긴장이 고조되어 가는 가운데 곤도는 지병(결핵)이 악화된 오키타 소지와 함께 전선을 이탈하게 되었다.

5. 보신전쟁의 발발

도바·후시미전투

이 무렵 에도를 비롯한 각지에서 사쓰마번사나 토막파에 의한 통행인 살해나 강도짓 등의 도발 행위가 빈발했다. 이에 대해 막부는 1867년 12월 25일, 쇼나이번 등 4개 번에 명령을 내려 2000명을 동원해 에도의 사쓰마번저와 지번 사도와라佐土原번저를 불태우고 많은 낭사를 체포했다.

이 소식을 접한 오사카성의 구막부군과 막부를 지지하는佐幕派 여러 번병들은 다음해인 1868년(메이지 1) 정월 2일, 사쓰마를 토벌한다는討薩表 기치를 내걸고 교토로 진격했다. 군대의 구성은 프랑스 군사고문단의 훈련을 받은 구막부군 5000명을 비롯해, 아이즈 3000명, 구와나 1500명 정도 합계 1만 5000명이었다. 이에 대해 사쓰마, 조슈, 도사, 아키 등의 군사는 4500명 정도였다.

---

105 「秦林親日記」, 『新選組史料集』, 116쪽; 阿部隆明, 『史談会速記録』 제90집, 합본15, 293~294쪽; 「島田魁日記」, 『新選組日記』, 219~220쪽.
106 1868년 2월 1일자 이노우에 마쓰고로 앞 사토 히코고로 편지, 『新選組日誌』, 116쪽.

정월 3일

정월 3일, 도바에서 사쓰마군이 구막부군을 포격하고, 후시미에서도 조슈군이 전투를 개시했다. 마침내 보신戊辰전쟁이 시작된 것이었다.

이때 신센구미는 전년 12월에 아이즈번병 등과 함께 오사카에서 상경해 후시미부교쇼에 주둔하고 있었는데,[107] 앞서 밝혔듯이 12월 18일에 곤도가 부상을 당해, 히지카타가 지휘를 하고 있었다.

나가쿠라 신파치의 「낭사문구보국시사」에 의하면, 후시미부교쇼에서의 공방은 3일 아침, 조슈·사쓰마·도사 3번의 군사가 작전을 개시해 고코궁御香宮(후시미구(伏見区))에 대포 4문을 설치했다. 고코궁은 후시미부교쇼를 한눈에 내려다볼 수 있는 장소에 있었다. 총독 마쓰다이라 부젠노카미松平豊前守(大河内正質[오코치 마사타다]), 가즈사 오타키번주上総大多喜藩主나 각 조의 대장이 집합하여 마침내 오늘 밤에는 전투가 개시되는 것은 아닌지 긴장을 했다. 부교쇼의 대문은 아이즈번병, 남북문은 전습병傳習兵, 안쪽 문은 신센구미가 각각 분담을 해서 경비를 했다. 저녁 무렵이 되자 고코궁에서 대포가 발사되어 잠시 동안 포격전이 진행되었다. 사쓰마 등 3번藩이 쏜 포탄은 대부분 파열했는데, 신센구미가 안쪽 정원에서 발사한 대포 한 발이 고코궁까지 포성을 울렸고 사쓰마 등 3번 측에 많은 사상자를 냈다.[108]

교토 조닌의 기록을 보면 신센구미는 아이즈번과 함께 포진을 해서 적과 대치를 하고 있었다. 오전 4시경에 신센구미가 발포를 하여 쌍방이 대포와 소총으로 교전을 하여 '천지진동'하는 '대란'이 되었다고 한다.[109]

히지카타 도시조는 나가쿠라에게 포격전만으로는 결말이 나지 않기

---

107 「丁卯日記」, 『再夢紀事·丁卯日記』, 286쪽.
108 永倉新八, 「浪士文久報国記事」, 『新選組日記』, 148~149쪽.
109 『幕末維新京都町人日記: 高木在中日記』, 280쪽.

때문에 울타리를 넘어 백병전을 해 달라고 부탁을 했다. 나가쿠라조는 그때까지 포격이 없었던 나가야長屋의 반대쪽에서 밖으로 나갔으나 적진에서 미닫이문을 부수고 안쪽에서 사격을 가해 왔다. 이 때문에 다수가 피격을 당했지만, 겨우 울타리를 넘을 수 있었다. 이미 전사할 각오를 했기에 돌격은 생명을 걸고 감행되었다. 사쓰마 측이 나가야에 불을 지르고 도망을 쳤기 때문에 돌격은 할 수가 없었다. 부상자가 "나가쿠라 씨, 내 목을 베어주시오"라고 부탁하기에 어쩔 수 없이 목을 베고, 남은 자들은 겨우 부교쇼 안으로 돌아왔다.

나가쿠라는 시마다 가이가 흙담 위에서 내민 총대를 붙잡고 끌어올려졌다. 처마의 기와鬼瓦에 손이 닿아 겨우 부교쇼 안으로 들어갔다. 나가쿠라는 시마다에게 밖에 아직 부상자가 있으니 사다리를 걸쳐 안으로 들어오게 하여 치료를 받게 해달라고 부탁을 했다. 시마다의 힘은 다섯 말이나 되는 쌀가마니 세 섬을 들 수 있을 정도여서 나가쿠라는 시마다에게 도움을 받았다고 기록하고 있다.

후시미부교쇼의 본전에도 총알이 날아들었다. 불이 붙기도 하여 한 번은 껐지만 여기저기서 불길이 치솟아 도무지 안쪽으로는 들어갈 수가 없어 아이즈번병과 합류했다. 총독의 명령에 따라 대문을 열고 세 방향으로 돌격을 했다. 사쓰마 측은 격렬하게 총격을 가해 왔지만 고코궁에서 모모야마桃山까지 격퇴시키고, 그 위에 단바丹波·단고丹後까지 물리쳤다. 그러나 아군도 대부분 총에 맞아 소수만이 남게 되자 원위치인 부교쇼 대문으로 철수했다. 그후 후시미는 지리적으로 불리하다고 여겨져 전군이 요도淀성 아래로 철수했다. 총독인 마쓰다이라 부젠노카미가 요도성 내로 들어가기 위해 담판을 지으려 했지만, 요도성을 지키는 담당자가 칙명이 아니면 들일 수 없다고 대답했다.[110] 요도성으로의 입성을 거부한 것은 로주 이나바 마사쿠니(에도 재중)가 번주인 요도번이 신정부 쪽으로 돌아섰음을 의미하는 것이었다.

정월 4일

정월 4일 아침 8시경, 사쓰마군이 도바가도로 몰려왔다. 아이즈군과 신센구미가 응전을 했지만 대패하여 도바가도의 숙역에 불을 지르고 철퇴했다. 사쓰마군의 전사자도 많았다. 이날 닌나지노미야 요시아키 친왕仁和寺宮嘉彰親王이 정토대장군征討大将軍에 임명되어 천황으로부터 관군의 깃발錦旗과 절도節刀를 하사받고, 자신들을 '관군'으로 칭하고 구막부군을 '적군賊軍'으로 규정했다. 시마다 가이의 일기에 의하면 이날 신센구미는 아이즈·구와나의 군사들과 함께 패전을 하여 요도성 아래 포진했다.[111]

정월 5일

정월 5일 아침 7시경, 요도강둑에 사쓰마군, 도바가도에 조슈·도사 양 군이 몰려왔다. 이에 대해 구막부군은 요도강둑에는 선진을 아이즈군과 신센구미가 맡고, 후진을 유격대대장頭取 지요다 도요타로千代田豊太郎조 200명이 맡았다. 또 도바가도에서는 선진을 오가키군이, 후진을 순찰조, 보병 1개 소대가 맡았다.

　구막부군 측은 모두 고전을 면치 못했는데 요도강둑에서는 잠시 포격전을 전개한 후 아이즈군과 신센구미 모두가 총을 버리고 칼을 빼들고 돌격을 감행했다. 그곳은 오른쪽이 강이고 왼쪽은 늪지대여서 어디로도 피할 수가

---

110 永倉新八, 「浪士文久報国記事」, 『新選組日記』, 149~153쪽.
111 永倉新八, 「浪士文久報国記事」, 『新選組日記』, 168쪽; 「島田魁日記」, 『新選組日記』, 220쪽.

없었다. 그런데 사쓰마군은 새로운 병력으로 교체되고 총알을 뒤에서 장전하는 신형 총元込銃砲으로 사격을 해왔기 때문에 아이즈군과 신센구미는 다수가 전사했다. 구막부군 측은 다시금 돌격을 감행했지만 사쓰마군이 새로운 병력을 투입했기 때문에 약 218m 정도 후퇴하여 강독 옆으로 피해 갔다.

이때 히지카타 도시조는 신센구미 대원인 아라키 신사부로荒木新三郎를 만났다. 아군이 모두 대피했다는 보고를 받고 일동은 요도성 밖으로 철수했다. 도중에 나가쿠라는 아이즈번사 긴다 햐쿠스케金田百助와 함께 요도 고바시에서 342m 정도 떨어진 곳에서 대포 일 문을 발견했다. 마침 포탄도 있었기 때문에 우선 대포를 쏜 다음 잠시 거기에 머물다가 대포를 요도강에 묻었다.

그 후 신센구미는 요도성 아래로 철수했지만 강 반대쪽은 신정부군이 점령을 해, 작은 다리를 사이에 두고 격렬한 포격전을 전개했다. 사쓰마군은 배를 준비해 요도성 안으로 들어갔다. 이를 본 히지카타는 총독 마쓰다이라 부젠노카미에게 적이 배를 타고 성내로 들어가려 하니 우리도 성과 담판을 지어 성내로 들어가야 한다고 진언을 했다. 부젠노카미가 성을 지키는 담당자留守居에게 이야기를 했지만 이번에도 칙명이 없으면 입성할 수 없다는 대답이었다. 하는 수 없이 성하城下에 불을 지르고 하시모토橋本숙역으로 철수했다.[112] 이날의 전투에서 시위장 이래의 동지인 이노우에 겐자부로가 요도의 센료마쓰千両松에서 전사를 한 것을 비롯해 부장보좌인 야마자키 스스무(중상을 입고 나중에 사망했다는 설도 있다) 등 모두 14명의 신센구미 대원이 전사했다.[113]

112 永倉新八, 「浪士文久報国記事」, 『新選組日記』, 153~155쪽.
113 『新選組日誌』 하, 125쪽.

정월 6일

전투는 6일에도 격렬하게 계속되었다. 6일 아침 7시경, 도도 다카유키가 덴노산 아래쪽 관문을 수비하고, 마쓰다이라 사다유키와 도다 우지아키라 戸田氏彰(미노 오가키번주[美濃 大垣藩主]), 기타 보병이 하치만산八幡山을 지키게 되었다. 하시모토 숙역은 아이즈군, 신센구미, 유격대, 순찰조가 맡았다.

사쓰마군이 하치만 제방을 공격해 와서 신센구미와 격돌했다. 이때 사쓰마군은 책략을 사용해 하치만 제방의 도리이鳥居 앞까지 진출했다. 사쓰마군과 오가키군은 군복과 전투모가 비슷해, 적과 아군을 구분하는 표시라고는 팔에 있는 두 줄의 선과 팔목에 있는 한 줄 외에는 없었다. 그것을 이용해 사쓰마군이 오가키군처럼 행동한 것이다. 사쓰마군은 계속해서 자기 쪽으로 대포를 쏘아 댔다. 약 545m 정도 떨어져 보다 보니 오가키군처럼 보였다. 적인 것을 알았을 때는 이미 오가키군으로서는 도저히 방어할 수 없는 상태였다.

거기에 히지카타 도시조와 하라다 사노스케는 병사를 이끌고 327m 정도 진격을 하자 사쓰마군이 그들을 향해 발포했다. 겨우 참호진지胸壁 속으로 피신해 격전을 치렀다. 나가쿠라 신파치와 사이토 하지메도 병사를 이끌고 하치만산 허리 부근에서 싸웠다.

이날 요도강 반대편을 지키고 있었던 쓰번의 도도군이 신정부 쪽으로 돌아섰다. 이 때문에 구막부 측은 일시에 형세가 불리해졌다. 하치만 제방에서는 도도군의 배반에 의해 구막부 측이 흩어질 우려가 있었다. 그래서 히지카타나 하라다는 더욱더 전진을 명령했다. 그 사이에 도도군이 아이즈군에게 쫓겨났다는 보고가 들어와 일동은 모두 크게 기뻐하며 용기를 얻었다.

순찰조 대장 사사키 다다사부로는 히지카타에게 자신의 부대는 강을 건너 조리대나무 숲에 병력을 잠복시키겠다고 했다. 그러나 배를 모으고 있는 곳에 사쓰마군이 제방 밑으로 몰래 돌아와 눈앞에 나타났기 때문에 크게 고전했다. 그곳에 있는 외딴집 한 채에 구막부 측이 불을 질러 나가쿠라 신파치와 사이토 하지메 일행에게 신호를 보내고 하시모토 진지陣屋로 철수했다.

그러나 나가쿠라 등은 이 신호를 알아채지 못하고 계속해서 하치만산 허리에서 싸우고 있었다. 그들이 하치만 제방을 보니 아군은 한 명도 없고, 외딴집에 불이 붙어 있었다. 이를 이상히 여기고 신센구미 대원 다무라 이치로田村一郎를 히지카타가 있던 곳에 파견하였으나, 이미 한 사람도 빠짐없이 하시모토로 철수한 뒤였다. 그래서 나가쿠라와 사이토는 병력을 이끌고 하시모토 진지로 이동하던 중, 적에게 앞뒤로 포위를 당했지만, 필사적으로 돌파하여 진지에 도착했다.

이렇게 되자, 총독 마쓰다이라 부젠노카미, 육군부교대우 오쿠보 다다쿠미大久保忠恕, 와카도시요리114대우若年寄並인 육군부교 다케나카 시게카타竹中重固 등이 상의를 하여 우선 오사카로 전군을 철수하기로 했다. 신센구미는 오사카성 경비대大番들의 숙소에 주둔하고 그 외의 군사들은 성 내에 집결했다.115

시마다 가이의 일기에는 도도군의 배반에 의해 구막부 측이 붕괴되어 오사카로 패주했다고 기록되어 있다.116

구막부 측은 군사 수는 더 많았으나 지휘 계통이 통일되어 있지 않았고, 병사들의 사기도 오르지 않는 데다 초전에 패해 적군賊軍이라고 낙인이 찍히는 등 여러 요소에 의해 패전한 것이었다.

---

114 에도 막부의 직명. 로주(老中) 다음의 중요한 직으로 하타모토나 로주 지배 이외의 여러 관리들을 통괄했음. 규모가 작은 후다이다이묘에서 수장이 임명되었음.
115 永倉新八, 「浪士文久報国記事」, 『新選組日記』, 155~158쪽.
116 「島田魁日記」, 『新選組日記』, 221쪽.

나가쿠라의 기록에 의하면 오사카성에서 도쿠가와 요시노부를 비롯해, 마쓰다이라 가타모리 및 여러 관리들(諸役人)이 모여 군사회의를 열었다. 아이즈번 가로 진나이 구라노스케는, "덴노산과 하치만산을 빼앗긴 이후에는 오사카성에 머무는 것이 위험하니 일단 에도로 돌아가서 우스이고개碓氷峠, 고보토케小仏峠고개, 하코네산에 병사를 배치하는 것이 좋겠다"고 상신을 했다.

곤도 이사미는, "저에게 300명의 군사를 맡겨 주신다면 효고와 사카이에 배치를 하고, 저는 성 안에서 지휘를 하겠습니다. 이번 달까지는 버틸 수 있다고 생각하니, 그 사이 간토에서 병사를 증원하여 주십시오. 만약 패한다면 성 안에서 싸우다 죽을 각오입니다. 한 사람도 전사하는 자가 없으면 이에야스東照宮에 대해 면목이 없습니다"고 상신을 했다.

요시노부는 일단 에도로 가기로 하고 가타모리를 비롯한 여러 관리를 대동하고 군함을 타고 에도로 향했다.[117]

정월 7일 이후

정월 7일에는 요시노부 토벌령이 내려지고, 서일본의 여러 번들은 싸워보지도 않고 신정부하에 통합되었다. 신센구미는 7일에 오사카성의 니노마루二の丸에 들어갔지만, 도쿠가와 요시노부가 이미 오사카성을 탈출한 뒤였다. 게다가 요시노부로부터 아이즈번병과 신센구미도 신속하게 오사카를 철수하여 후지산마루富士山丸와 준도마루順動丸를 타고 에도로 향하라는 지시가 있었기 때문에, 정월 10일 오사카를 출발하였다. 도쿠가와의 하타모토는 전부 기슈번의 위탁이 되었다.[118]

117 永倉新八, 「浪士文久報国記事」, 『新選組日記』, 158~159쪽.
118 「島田魁日記」, 『新選組日記』, 224쪽; 永倉新八, 「浪士文久報国記事」, 『新選組日記』, 159~160쪽.

도바·후시미전투 후, 신정부가 조정의 적朝敵으로 지명한 사람은 ①
도쿠가와 요시노부, ② 마쓰다이라 가타모리, ③ 마쓰다이라 사다유키였다.
일회상 권력의 붕괴와 함께 신센구미의 교토에서의 활동은 종말을 고했다.

신센구미의 정치적 위치

이상으로 신센구미의 교토에서의 활동을 살펴보았다.

당시, 교토 정국의 주도권을 장악하고 있었던 것은 공무합체파이며,
구체적으로는 일회상 권력이었다. 신센구미의 활동은 말하자면 이들 정치
세력의 부침과 함께했던 것이었다. 이미 말했듯이 교토의 신센구미에 대해
나가쿠라는 '막부의 주구'라고 했으며, 고치현高知県의 향토사 연구자인 마쓰
무라 이와오松村巖는 '아이즈번의 주구'라고 평했다. 신센구미야말로 문자
그대로 공무합체파의 주구로 활동한 것이었다.

교토에서 물러난 신센구미 대원의 대부분은 그 후 구막부군이나 좌막파
번병들과 함께 보신전쟁을 치르게 된다.

에도 귀환 후

1. 신센구미의 에도 귀환

오사카에서 에도로

1868년 정월 12일, 준도마루는 시나가와品川(도쿄부 시나가와구[東京都 品川区])에 입항했다. 이틀 뒤인 14일에는 후지산마루는 요코하마에 입항해, 그날 밤 부상자들을 의학소로 운반했다. 요코하마의 의학소는 막부가 설립한 프랑스어 전습소를 수축해서 병원으로 개조한 것인데, 프랑스 의사가 치료를 담당하게 되었다. 여기에 구막신, 아이즈번, 신센구미의 부상병이 입원을 하였다.[1]

15일, 후지산마루는 시나가와에 도착해, 히지카타 이하의 대원은 시나가와숙역의 가마야釜屋를 숙소로 정했다.[2] 이때 곤도 이하 부상자들은 간다 이즈미바시神田和泉橋(지요다구[千代田区])의 의학소에 수용되었다. 이 의학소는 원래 간다 오다마가이케お玉が池에 있었던 종두소種頭所가 전신이었는데, 나

---

1 「新撰組往時実戦譚書」, 『新選組日誌』 하, 129쪽.
2 永倉新八, 「浪士文久報国記事」, 『新選組日記』, 160쪽;「島田魁日記」, 『新選組日記』, 224쪽.

중에 간다 이즈미바시로 옮겨져 1860년에 막부 직할이 되었다. 1861년에 서양의학소로 개칭하고, 1863년에 의학소로 다시 개칭하여 마쓰모토 료준이 책임자가 되었다.

이 무렵에 막부는 서양 의학을 중시하고 있었다. 정월 25일 이후 신센구미를 포함한 구막부 측 부상자는 한방의학교의 의학관에 수용되었지만, 치료를 담당한 것은 마쓰모토 료준을 비롯한 양의였다.[3]

이러한 와중에 16일, 사쿠라번사佐倉藩士 요다 갓카이依田学海는 곤도와 히지카타를 만났다. 그때 히지카타는, "무기란 대포가 아니면 소용이 없다. 나, 칼을 차고 창을 들었지만 한 번도 사용할 수가 없었다"[4]며, 칼이나 창은 사용할 데가 없고, 이제 무기는 대포의 시대라고 말했다.

신센구미의 에도에서의 활동

에도 귀환 후 얼마 되지 않아, 곤도 이사미는 도쿠가와 요시노부에게 고후성甲府城(야마나시현 고후시[山梨県 甲府市])을 자신에게 위임해 달라는 건백서를 제출했다.[5]

정월 20일, 신센구미는 에도 가지바시鍛冶橋 문안에 있는 아키즈키 다네타쓰秋月種樹의 구舊 관사 저택元役宅을 주둔소로서 배정받았다. 이 관사 저택은 1867년 12월 25일 아키즈키가 와카도시요리에서 면직된 이후부터는 비어 있었다.[6] 정월 22일, 막부는 아이즈번 82명의 전상자에게 밀감 8상자와 면직물(金巾) 82필을 수여하고, 곤도 이사미 외 6명의 신센구미 전상자에게 밀감 1상자와 면직물 6필을 수여했다.[7]

---

3 『續德川實記』제5편, 368쪽.
4 「譚海」, 『新選組日誌』하, 132쪽.
5 永倉新八, 「浪士文久報国記事」, 『新選組日記』, 160쪽.
6 『續德川實記』제5편, 325쪽.
7 『續德川實記』제5편, 365쪽.

정월 28일, 곤도 일행은 가마야에서 가지바시안에 있는 구舊 아키즈키 관사 저택으로 옮겼다.[8]

「금은출입장金銀出入帳」(259쪽 참조)에 의하면, 2월 3일 신센구미에게 막부로부터 300냥이 지급되고, 같은 날 100냥으로 신식 총 5정을 구입하였다. 신식 총은 신센구미가 서양화를 추진하였음을 말해주고 있다.

2월 12일, 곤도는 에도성에서 도에이잔東叡山 우에노上野에 위치한 간에이지寬永寺에서 공순칩거를 하고 있는 요시노부의 경호를 명받았다. 15일 이후, 신센구미의 절반과 유격대가 교대로 근무하였고, 25일에 해임되었다.[9]

앞의 「금은출입장」에 의하면, 이 사이 2월 24일에 6냥 2부로 망토를 구입했고, 29일에는 13냥 2부로 바지 대금을 지불하고 있다. 히지카타의 사진(머리말 참조)과 같이 신센구미가 서양식 복장을 착용하기 시작했음을 알 수 있다.

2. 고요진무대와 고슈 가쓰누마전쟁

3월 1일, 고요진무대의 출진

2월 28일, 곤도 이사미는 막부로부터 고요진무(가이[甲斐] 지방의 치안유지)를 명령받고, 대포 6문, 신식 총 25정, 미니에 총(후타쓰한토二ツハント ウ, 통칭 후타쓰밴드二つバンド라고 불렸음) 200정이 지급되고,[10] 수당으로 595냥이 지급되었다. 「금은

---

8 「島田魁日記」, 『新選組日記』, 224쪽. 그런데 永倉新八, 「浪士文久報国記事」, 『新選組日記』, 160쪽에는 2월 1일로 되어 있다.
9 「島田魁日記」, 『新選組日記』, 225쪽.
10 「島田魁日記」, 『新選組日記』, 225쪽; '후타쓰밴드(二つバンド)'에 대해서는 野口武彦, 『幕府步兵隊』, 中公新書, 2002년, 76쪽 참조.

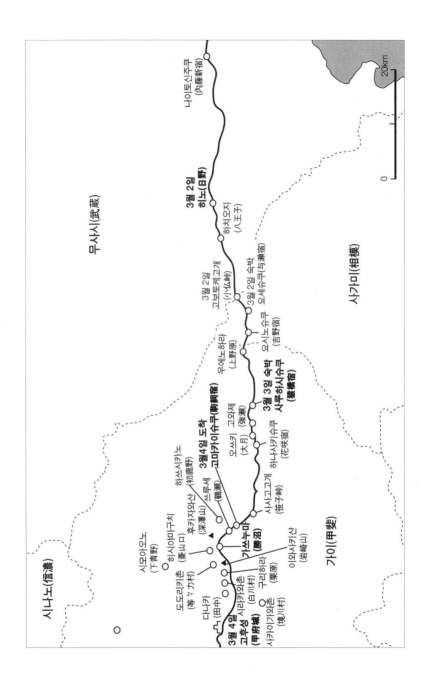

시나노(信濃)

무사시(武蔵)

사가미(相模)

가이(甲斐)

시모아오노
(下青野)

하시아마구치
(麦山口)

도도리키촌
(等々力村)

다나카
(田中)

시라카와촌
(白川村)

구리하라
(栗原)

3월 4일
고후성
(甲府城)

시라카와촌
(白川村)

이와사키산
(岩崎山)

가쓰누마
(勝沼)

후카자와산
(深澤山)

하쓰시카노
(初鹿野)

쓰루세
(鶴瀬)

3월 4일 도착
고마가이슈쿠(駒飼宿)

오쓰키
(大月)

고와제
(强瀬)

사사고고개
(笹子峠)

하나사키슈쿠
(花咲宿)

우에노하라
(上野原)

요시노슈쿠
(吉野宿)

3월 3일 숙박
사루하시슈쿠
(猿橋宿)

3월 2일
고보토케고개
(小仏峠)

3월 2일 숙박
요세슈쿠(与瀬宿)

하치오지
(八王子)

3월 2일
히노(日野)

나이토신주쿠
(内藤新宿)

20km

0

4장_에도 귀환 후 191

출입장」에 의하면, 다음날인 29일에는 아이즈번으로부터 1200냥, 의사 마쓰모토 료준으로부터 3000냥을 수령했다. 또한 막부로부터 추가로 금 3000냥, 대포 8문, 신식 총 300정과 탄약을 지급받았다.[11]

그 후, 신센구미는 고요진무대甲陽鎮撫隊로 부대명을 바꿨다. 대장 곤도 이사미는 와카도시요리격으로 승진되고 오쿠보 다케시大久保剛로 이름을 바꿨으며, 부장인 히지카타 도시조는 요리아이석격寄合席格으로 승진하고 나이토 하야토内藤隼人로 이름을 바꾸었다.[12]

3월 1일, 곤도를 포함한 고요진무대는 100여 명 정도로 에도성 가지바시야의 주둔소를 출발해 고후성으로 향했다.[13] 2일에는 히지카타의 출신지인 히노숙역에서 곤도와 히지카타가 말을 타고馬上二人[14] 지나갔다고 기록되어 있다.

고요진무대의 출진은 에도 주변의 농촌에 다양한 형태의 부담을 가져다 주었다. 2월 마지막 날, 나이토신주쿠의 도매업자問屋는 가미샤쿠지이촌上石神井村(네리마구[練馬区]), 가미시모호 오야촌上下保谷村(니시토쿄시[西東京市]), 노나카신덴野中新田 3개조小平氏(고쿠분지시[国分寺市]), 메구리타촌市廻り田村(히가시무라야마시[東村山市]), 나카토촌中藤村(무사시무라야마시[武蔵村山市]) 등의 조향촌助郷村[15]에 대해서, 3월 1일에 신센구미가 고요진무대로서 고슈가도를 올라감으로 인부를 3명씩을 제공하라고 지시하고 있다. 가미샤쿠지이촌의 경우, 그 후에도 화물의 수송을 위하여 3월 2일에 10명, 6일에는 9명, 8일 오전 8시경에는 10명이 징발되었다.[16]

---

11 永倉新八, 「浪士文久報国記事」, 『新選組日記』, 162쪽.
12 「宇津木政兵衛日記」, 『新選組日誌』하, 144쪽.
13 「島田魁日記」, 『新選組日記』, 225쪽.
14 日野宿橫町, 「河野清助日記」, 『新選組日誌』하, 144쪽.
15 가도가 지나가는 근린 촌(역자주).

고요진무대의 출진은 공용으로서 가도 주변의 여러 촌에서 인부를 징발함으로써 가능했던 것이다.

3월 2일, 고슈가도로 진군

한편, 이와쿠라 도모사다岩倉具定(도모미의 2남)가 이끄는 도산도東山道선봉총독군先鋒総督軍은 스와諏訪(나가노현 스와군 시모스와마치[長野県諏訪郡下諏訪町])에서 나카센도中仙道군과 고슈가도군으로 나뉘어서 에도를 향해 진격을 했다.

고슈 가쓰누마甲州勝沼전쟁의 목격자인 노다 이치우에몬勝野田市右衛門이 쓴 「가쓰누마・가시오자카勝沼・柏尾坂전쟁기」에 의하면 곤도 일행은 표면적으로는 고슈가도 주변의 농민반란을 진압하기 위한다는 명목으로 고슈(고요)진무대라고 명명했지만, 사실은 고후성을 지키는 병사들과 협력해서 고후성에 농성을 하여 신정부군의 동진을 저지하는 것이 목적이었다. 곤도・히지카타에게 협력하며 시위장을 돌보고 있던 히노숙역의 촌장 사토 히코고로는 가스가 사카리春日盛로 변명을 했다.[17]

곤도와 함께 가쓰누마에서 싸웠던 사토 히코고로의 일기에 의하면, 상황은 다음과 같다. 고요진무대는 1868년 3월 1일에는 후추숙역에 머물렀다. 사토 일행이 면회를 하자, 인원이 부족하다며 응원을 요청했다. 2일에는 히노숙역의 사토집에서 휴식을 취하고 하치오지숙역에서 점심을 먹었다. 히노숙역에 있는 문인 22명이 일행에 참가를 했다. 정오를 지나 하치오지숙역을 출발해, 고보토케고개를 넘었을 때쯤 해가 져 요세与瀬(가나가와현[神奈川県])숙역에 머물렀다. 3일에는 비가 오는 가운데 요세숙역을 출발해 우에노하라

---

16 渡辺嘉之, 「幕末・維新期の江戸近郊農村の混乱」, 『新撰組情報館』, 116쪽.
17 野田市右衛門, 「勝沼・柏尾坂戦争記」, 『新選組史料集』, 208쪽.

上野原(야마나시현[山梨県])에서 점심을 먹고 사루바시猿橋(오쓰키시[大月市])숙역에서 일박을 했다. 4일, 하나사키花咲숙역에서 점심을 먹고 있을 때에 미확인 정보이기는 하나 신정부군이 고후 시내에 도달했다는 보고가 들어왔다. 그 후, 사사고笹子고개를 넘어 고마카이駒飼숙역에 도착했을 즈음, 고후 시내가 어제 신정부군 2000명에 의해 제압당했다는 소식이 들려왔다. 이 소식을 듣자 히지카타는 곧바로 원군을 청하러 에도로 향했다.[18]

한편, 「가쓰누마·가시오자카전쟁기」에 의하면, 야간급행가마(夜早駕籠)가 왔는데, 그 고장 출신으로 길 안내 및 대포 발사 책임을 맡고 있었던 유키무니조結城無二三가 이를 붙잡아 곤도의 면전으로 끌고 갔다. 엄하게 문책한 결과, 그는 신정부군이 신슈 가미스와에 도착했다는 것을 도카이도東海道관군선봉官軍先鋒에게 알리는 사자였다. 대범한 곤도도 놀랐다. 스와에서 고후까지는 130리, 요세에서 고후까지는 180리, 이대로는 신정부군이 먼저 도착할 것이므로 즉시 명령을 내려 날이 밝기 전에 출발을 했다.[19]

3월 3~5일, 전투 준비

고요진무대는 고슈가도로 서진하면서 전투 준비를 하였다. 유키 무니조는 사카이카와境川(야마나시현 히가시야쓰시로군 사카이카와촌[山梨県 東八代郡 境川村])에 가서 구마키치熊吉라는 노름꾼博徒에게 명령을 하여 고후 방면의 정찰하게 하였다. 곤도 일행도 진군을 하였지만 선진이 사루바시에 도착을 했어도 후진은 여전히 오쓰키大月에 숙박하고 있는 상황(사료에는 이렇게 되어 있지만 정확하게는 선진이 오쓰키, 후진이 사루바시인 듯하다)이어서, 4일에 겨우 고마카이에 도착하여, 와타나

---

18 「佐藤彦五郎日記」, 『図録日野宿本陣』, 43쪽.
19 「勝沼·柏尾坂戦争記」, 『新選組史料集』, 208쪽.

베 한베의 집을 본진으로 삼았다. 이때 총인원은 마부에 심부름꾼까지 전부 합쳐서 121명이었다. 야무라谷村(쓰루시[都留市])에는 아이즈번사 가지와라 겐모쓰梶原監物와 히노 모토노조日野本之丞가 지휘관이 되고, 쓰루군 고와제強瀬(오쓰키시[大月市])에 있는 젠푸쿠지全福寺 주지인 사이토 이치다쿠사이斉藤一諾斎, 예전에 곤도 휘하의 신센구미 대원이었던 다테가와 지카라立川主税, 이와토노산岩殿山(오쓰키시[大月市]) 대법사大法師 등이 따르고 있었다.

그러나 이대로는 병사 수가 부족하였기 때문에 앞서 말한 대로 히지카타가 증원군을 요청하기 위해 단신으로 빠른 가마(早駕籠)를 이용해 에도 쪽으로 향했던 것이다. 당시 요코하마나 가나가와를 수비하는 채엽대菜葉隊라는 부대가 있었다. 그들은 하늘색의 상의를 착용한 1600명 규모의 부대였다. 이들은 이틀 늦게 출발하여 곤도 일행과 합류하기로 되어 있었는데, 갑자기 계획이 변경되어 히지카타가 이들을 맞이하러 간 것이었다. 곤도는 근신인 가와사키 준도川崎順道 외 10명을 데리고 쓰루세촌鶴瀬村의 가메스케亀助를 안내인으로 하여 정찰을 감행하고, 도도로키촌等々力村의 스기노보杉の坊 남쪽에 관문을 세웠다. 한편 유키는 관문을 지키는 가쓰누마촌의 가기야 마고베鍵屋孫兵衛에게 가쓰누마 이와사키岩崎의 농민들에게 한 집에 두 단씩의 장작을 공출하도록 해서 그날 밤 밤새도록 화톳불을 피우도록 명령을 했다. 또한 시모아오노촌下青野村, 그 밖의 여러 촌들에 대해서 유키의 지휘하에 막부 편을 들도록 지시했다.[20]

나가쿠라 신파치의 기록에 따르면, 이 사이에 진무대 대원들은 정세가 불리함을 눈치채고, 자신들은 원군이 오지 않으면 싸우지 않겠다며 나가쿠라, 하라다 사노스케, 사이토 하지메에게 호소했다고 한다. 이 세 명이 곤도

---

20 「勝沼·柏尾坂戦争記」, 『新選組史料集』, 209쪽.

와 히지카타에게 이 사실을 알리자, 곤도는 당혹해 하며 동지들을 속일 수밖에 없겠다면서, 대원들에게 아이즈번병 600명이 사루바시에 도착해 있으니 내일 전투에는 충분히 도착할 것이라고 알리라 했다.[21]

그런 다음 곤도는 한 가지 꾀를 생각해 냈다. 그것은 가쓰누마 언덕 위에 관문을 만들고, 이미 신정부군이 고후성에 들어갔다는 전제하에 고후 마치부교인 와카나 미오사부로若菜三男三郞에게 편지를 보내, 신정부군을 방심하게 한 뒤 전투 준비 시간을 벌려고 한 것이었다. 편지에는, 자신은 고후성을 단속하라고 명령을 받았으며 진무대로서 현지에 왔지만, 신정부군이 이미 입성하고 있었다. 그런데 갑자기 자신들이 고후성으로 돌입한다면 이는 불경한 행위가 되는데 자신들은 신정부군에 저항할 의도는 조금도 없으므로 와카나의 주선으로 잠시 신정부군이 진군을 멈추도록 신정부군의 대장에게 요청해 주길 바란다. 자신들은 가까운 마을들을 진무하고 나서 고후로 향할 것이라는 것이었다. 한편, 곤도는 쓰루세촌으로 돌아가서 의용병을 모집해 약 50명을 조직했다. 모집에 즈음해서 곤도는 금 10냥을 지급하고, 거기에다 은상을 약속하고 있었다.[22]

3월 6일, 개전

진무대는 쓰루세에서 부대를 둘로 나눴다. 한 부대는 사토 히코고로가 지휘를 하는 가스가부대로 히가와日川를 남쪽으로 건너 이와사키산岩崎山(히가시야마나시군 가쓰누마초[東山梨郡 勝沼町]) 중턱으로 나와 향도암嚮導巖에 진을 쳤다.

또 다른 부대는 곤도가 지휘하는 부대로, 가쓰누마의 동쪽 끝 부분의 가시오자카 위로 올라가, 정면으로는 후카사와가와深沢川를 내려다보며 대

---

21 永倉新八,「浪士文久報国記事」,『新選組日記』, 163~164쪽.
22「勝沼・柏尾坂戦争記」,『新選組史料集』, 210쪽.

포 2문을 설치했다. 강의 서쪽에 있던 노다 고로사에몬野田五郎左衛門과 아메미야 이치타로雨宮市太郎의 저택 두 채를 불태워 없애고 방어하기 좋은 장소에 진을 쳤다. 곤도는 소수의 부하를 데리고 가쓰누마, 도도로키, 다나카, 구리바라栗原(야마나시시[山梨市]) 부근을 정찰했다.

한편, 신정부군도 정찰 활동을 통해 진무대가 소규모임을 알아차리고 고후 시내의 동정이 아직 안정되지 않은 점을 들어, 주력부대는 고후성을 지키기로 하고 이나바군因幡軍 3개 소대, 스와군諏訪軍 1개 소대, 도사군土佐軍 2개 소대가 출진했다. 정면은 다니 다테키谷干城가 지휘하는 도사·이나바군 500~600명이 진격을 하고, 남쪽은 스와군이 히가와를 거슬러 진군을 했다. 그런 다음 도사군은 히시야마菱山(히가시야마나시군 가쓰누마초[東山梨郡 勝沼町]) 방면에서 하지카노初鹿野 쪽으로 향해 북쪽의 산속으로 올라갔다.

전투의 시작은 이와사키산에서 시작되었다. 도사·이나바군이 가스가 부대를 격파하고, 스와·도사군이 이와사키산의 산 정상과 산 허리에서 가시오자카를 향해 대포를 쏘아 대었다. 진무대는 대포 일 문을 강 남쪽을 향해 발포하며 이와사키산에 있는 신정부군과 교전했고, 또 한 대는 가도의 서쪽을 향해 쏘며 이나바군과 교전을 했다.

진무대의 작전은 이와사키산을 향해 산탄散彈을 발사하고, 가도 쪽으로는 유탄榴彈(작렬탄)을 발사하는 것이었다. 산탄을 발사하여 적의 통행을 막고 유탄으로 적을 살해한 다음, 발도대拔刀隊가 연기를 등지고 돌격한다는 작전이었다. 그러나 포수가 바뀌고 포탄을 바꾸어 장전하는 바람에 이와사키산으로 유탄을 발사하고 가도로 산탄을 발사하고 말았다. 게다가 유탄의 화구를 자르지도 않은 채 무작정 발사를 했기 때문에 효과가 없었다.

그래도 오전에는 서쪽을 향해 발포한 대포의 연기가 신정부군 쪽으로 불었기 때문에 연기 속에서 돌격을 감행하자 전투는 백중지세였다. 그러나 오후가 되자 바람의 방향이 바뀌어 형세가 역전되었다. 이러한 상황 속에서 곤도는 신센구미 대원들과 함께 돌격을 감행해 용감하게 싸웠기 때문에 신정부군은 고후성에 원군을 청하기에 이르렀다.

원군 요청을 받은 신정부군 선봉인 이타가키 다이스케板垣退助는, 적은 300명도 안 되는 소규모인 데 비해 아군은 그 두 배의 병력에도 패전하다니 어찌된 일이냐며 격노했다. 그리고 선진의 여러 지휘관들은 전사를 하라, 전사하지 않고 고후로 돌아온다면 자신이 사살할 것이라고 말한 뒤 사자를 돌려보내고, 1분대一分隊를 다니 다테키군의 원군으로 파견했다.

다니군은 후카사와산에 올라가 있었는데 후방에 원군이 도착하자 사기가 올랐다. 원군은 오후 1시경 산 정상에 올라가 아래를 내려다보니 아군은 이미 패해 있었다. 그래서 산 정상에서 진무대 본진으로 쳐들어갔지만 본대는 전부 빠져나간 뒤였고 남은 사람은 노인이나 부상병뿐이었다. 다니가 지금이 적격이라 여기고 일제히 사격을 명하자 남아 있던 진무대는 허둥지둥 패주했다.[23]

진무대의 패주

형세를 역전시킨 신정부군은 단숨에 진무대를 추격해 왔다.

다니 다케키는 태세를 재정비해서 진무대를 배후에서 사격했다. 진무대는 전후와 이와사키산 방면으로부터 공격을 받아 절체절명의 위기에 처하게 되었다. 이때 히코네번사 사사키 하지메佐々木一가 적중으로 돌격을 감행해서 혈로를 확보해 진무대는 쓰루세, 고마카이 방면으로 퇴각했다. 진무대의 대포 담당자는 신정부군이 대포를 사용하지 못하도록 대포를 처분한

---

23 「勝沼・柏尾坂戦争記」, 『新選組史料集』, 212쪽.

뒤 퇴각했다. 소마번相馬藩 낭사 소마 가즈에相馬主計는 늪지로 뛰어내려 산속으로 도망을 쳐 사사고고개를 목표로 패주했다.

곤도 이사미는 교토에서 저격당한 총상이 아물지 않았지만, 명도인 사다무네貞宗를 지휘봉 대신에 휘둘렀다. 그 후, 사토 히코고로의 가스가부대를 소집해 겨우 10여 명의 인원으로 고마카이의 고자이시御座石에 진을 치고 신정부군의 진격을 저지해서 아군이 사사고고개를 넘도록 원호했다. 신정부군은 사쿠라노키까지 몰려왔지만 소총으로 3~4시간 공격만 했을 뿐이었다.

곤도 일행은 진무대 대부분이 사사고고개를 넘었을 무렵, 고자이시를 철수하기로 했는데, 아이즈번사 오사키 쇼스케大崎荘助가 곤도에게, 병력을 철수할 때 중요한 것은 후미殿軍다. 그러기 위해서는 자기는 혼자 남아 모두를 위해 전사할 각오다. 산길의 요소에 섶나무와 장작을 쌓아서 신정부군이 다가오면 불을 지를 것이다. 이러한 산중의 외길에서는 불이 꺼질 때까지 통과할 수가 없으니, 그 사이에 피신해 주기를 바란다고 말했다. 곤도는 하는 수 없이 오사키의 안을 승낙했다.

그 후, 신정부군이 진격해 와서 고마카이숙역에서 곤도의 본진을 지키고 있던 와타나베 한베渡辺半兵衛를 체포했다. 신정부군이 사사고고개에 다다르자, 예정대로 오사키는 장작에 불을 지르고 연기 속을 헤집고 다니면서 돌격을 가한 뒤 산속으로 도망쳤다. 신정부군이 장시간 공격을 시작하지 않은 것은 진무대가 너무나도 소규모라, 오히려 수상하게 여겼기 때문이라고 한다.[24]

이렇게 해서 고슈가쓰누마전쟁은 고요진무대의 패배로 끝이 났다.

전투 개시부터 약 2시간 후 진무대는 패주한 것이었다. 너무나도 일방적인 싸움에 산에서 구경을 하던 지역 주민들은 욕을 퍼부었다고 한다. 퇴각

---

24 「勝沼·柏尾坂戦争記」, 『新選組史料集』, 213쪽.

중에 곤도 등은 요시노숙역吉野宿(가나가와현 쓰쿠미군 후지노마치[神奈川県 津久井郡 藤野町])에서 태세를 재정비하여 다시 싸울 것을 주장했다. 그러나 병력의 차를 알게 된 대원들은 동의를 하지 않았고, 아이즈번의 원군이 온다고 속인 곤도에 대한 불신감도 생겨나 집단 탈주도 일어났기 때문에 진무대는 하치오지 방면으로 퇴각했다.[25]

8일, 진무대는 하치오지숙역에서 회의를 한 뒤 에도로 철수하기로 하고 곤도 등은 즉시 에도로 돌아왔다. 나가쿠라 신파치와 하라다 사노스케는 대원들의 관리를 명령받아 에도 혼조에 있는 오쿠보 슈젠노쇼타다쿠미大久保主膳正忠恕 저택에 대원들을 인솔하여 들어갔다.[26]

그동안 에도 주변의 농촌에서는 가쓰누마전쟁에 수반한 부담이 계속되고 있었다. 3월 8일 오후 2시경에 진무대의 패배 소식이 전해지고, 퇴각하는 진무대의 짐을 나를 인마를 준비하라고 지시받았다. 다음날인 9일에는, 이번에는 신정부군인 도사번·이나바번의 통행을 위해 인부들을 준비하라는 지시가 내려졌다. 이와 동시에 10일에는 진무대의 퇴각을 도울 인부 10명을 준비하라는 명령을 받는 등 분주한 나날이었다.[27]

나가쿠라·하라다의 이탈

3월 11일경, 나가쿠라와 하라다 등은 곤도가 있는 이즈미바시의 의학소로 찾아와 면회를 했다. 사실은 그 전날 밤, 나가쿠라 등이 신세력을 조직하고, 곤도와 히지카타를 설득해 아이즈로 옮겨가 최후의 분전을 하기로 의견을

---

25 山梨日日新聞連載記事, 「勝沼戦争」; 保垣孝幸, 「甲陽鎮撫隊の結成と勝沼柏尾戦争」, 『新撰組情報館』, 91쪽.

26 永倉新八, 「浪士文久報国記事」, 『新選組日記』, 169쪽.

27 渡辺嘉之, 「幕末·維新期の江戸近郊農村の混乱」, 『新選組情報館』, 116~117쪽.

모으고, 단결을 축하하는 의미에서 연회를 열어 밤새도록 즐겼다.

다음날 그들이 곤도와 면회를 했을 때, 곤도는 나가쿠라 등이 결정한 사항을 사적인 결의라며 인정하지 않고, "단지, 나의 가신이 되어서 활동하겠다면 동의할 수도 있다"고 했다. 나가쿠라 등은 화를 내면서, "두 명의 주군을 섬기지 않는 것이 무사의 본분이다. 이제까지 동맹은 해 왔지만 아직 그대의 신하는 될 수 없다"고 말하고 물러났다. 이 때문에 신센구미를 이탈한 대원들은 나가쿠라와 하라다 외에 하야시 신타로林信太郎, 마에노 고로前野五郎, 나카조 쓰네하치로中条常八郎, 마쓰모토 기하치로松本喜八郎였다.[28]

이들 이탈조는 여러 번의 탈주자나 전 하타모토 등 50명으로 '세이쿄타이靖共隊'를 결성해, 대장에 하가 기도芳賀宜道, 부장에 나가쿠라, 하라다 등 간부를 선출했다. 하가 기도는 나가쿠라의 오래된 친구로, 전 마쓰마에번사松前藩士 이치카와 우하치로市川宇八郎가 하타모토 300석인 하가가芳賀家에 양자로 들어간 인물이었다.[29]

그리고 하라다 사노스케는 이후 5월 15일에 일어난 우에노上野전쟁에 쇼기타이彰義隊의 일원으로 참가를 해서 부상을 당했다는 설이 있지만, 사료상으로는 확인되지 않고 있다.[30]

초창기부터의 대원이었던 나가쿠라·하라다의 이탈은 곤도의 조직화·규율화의 방침에 대해, 동지적 결합을 중시하는 대원들의 최후의 저항이기도 했다.

---

28 永倉新八, 「浪士文久報国記事」, 173~174쪽; 『新撰組顚末記』, 175쪽.
29 永倉新八, 『新撰組顚末記』, 177~178쪽.
30 浦井祥子, 「上野戦争と新撰組」, 『新選組情報館』, 112~113쪽.

3. 곤도 이사미의 최후

신센구미의 확대

곤도와 히지카타가 인솔하는 신센구미 본대는 아이즈행에 대비해서 부대를 재편성하고 규모를 확대해 갔다.

3월 13일, 신센구미의 선발부대 48명은 에도를 떠나 고헤신전五兵衛新田 (아다치구[足立区])의 가네코 겐주로金子健十郎의 저택에 도착해서 이곳을 주둔소로 삼았다. 14일에는 곤도가 대원 약 10명과 함께 도착했고, 15일에는 히지카타가 대원 4명과 함께 도착했다. 이후에도 대원들이 속속 도착을 해, 25일에는 총인원이 169명이 되었다.[31]

그 사이인 3월 16일에는 가쓰 가이슈 아래에서 구막부군 항전파에게 공순을 표하도록 설득하던 군사책임자 마쓰나미 곤노조松濤権之丞가 가네코 저택을 방문했다. 17일에는 같은 군사책임자인 요시자와 다이스케吉沢大助가, 19일에는 아이즈번사 가네카와 나오키兼川直記가, 24일에는 신센구미와 친밀했던 의사 마쓰모토 료준이 각각 가네코 저택을 방문하고 있어, 활발한 정보 교환이 이루어지고 있었음을 알 수 있다. 곤도는 구막부 대관이었던 사사이 한주로佐々井半十郎와도 편지를 주고받고 있었다. 이 시기, 곤도는 변명인 오쿠보 다케시를 다시금 오쿠보 야마토大久保大和로 개명했다.[32]

한편, 3월 13일, 중산도로 진격해 온 신정부군은 이타바시板橋(이타바시구[板橋区])숙역에 들어가 이이다 우베飯田宇兵衛의 집을 총독부 본진으로 삼았다.

---

31 「金子家史料」, 『新選組日誌』하, 156~160쪽.
32 「金子家史料」, 『新選組日誌』하, 160~163쪽.

곤도의 체포

그 후, 신센구미의 대원수가 더욱 늘어나자 가네코 집은 협소했는지, 4월 1일, 시모사의 나가레야마流山(지바현 나가레야마시[千葉県 流山市])로 이전한다. 가네코 문서에 의하면, 이때 대원은 227명이었다. 그리고 나가레야마시 온다가恩田家 문서에 따르면, 4월 1일에서 2일에 걸쳐 신센구미 380~390명이 나가레야마의 고묘인光明院과 류잔지流山寺, 그 외 거처에 유숙을 하고, 곤도와 히지카타 일행은 나가오카 시치로베長岡七郎兵衛(곡물중간상인 '나가오카 사부로베[永岡三郎兵衛]'라고도 함)의 집을 본진으로 삼고 유숙하게 되었다.[33]

한편, 신정부군은 우쓰노미야성宇都宮城(도치기현 우쓰노미야시[栃木県 宇都宮市])을 점거하려는 아이즈·구와나군 등에 대항하기 위해 히코네번, 구막신 오카다 쇼겐岡田将監부대, 시나노信濃의 이와무라다번岩村田藩 및 그 외의 부대를 원군에 포함시켰다. 대군감大軍監에는 총독부 내참모內参謀인 가가와 게이조香川敬三가 취임을 하고 천황가의 문장인 국화문양의 깃발을 지참했다.

신정부군은 4월 1일 이타바시숙역을 출발해 그날 밤은 센주千住(아다치구[足立区])숙역에서 숙박을 하고, 2일에는 닛코가도로 나아가 가스카베粕壁(사이타마현 가스카베시[埼玉県 春日部市])에 도달했다. 여기서 곤도부대가 나가레야마 부근에 집결해 신정부군의 배후를 끊을 계획을 세우고 있다는 정보를 입수한다.

3일, 신정부군은 곤도 이사미를 체포하게 된다. 히코네번의 관계 사료에 따르면, 신정부군은 구막부군이 나가레야마숙역에 집결해 있다는 정보를 입수한 뒤, 3일, 고시가야越谷(사이타마현 고시가야시[埼玉県 越谷市])숙역까지 되돌아와서 도네가와利根川를 건너 오후 4시에 나가레야마숙역에 도착했다. 구막

---

33 「金子家史料」, 『新選組日誌』 하, 163~164쪽; 2004년도 流山市立博物館企画展, 「新選組流山に入る」 전시 팸플릿.

부군이 여기저기 분산해 있는 사이에 총독부 척후인 사쓰마번사 아리마 도타有馬藤太와 히코네번 척후인 니시무라 스테조西村捨三, 거기에 히코네번의 와타나베 구로사에몬渡辺九郎左衛門이 이끄는 소대가 구막부군 본진에 육박하여 대장을 불러냈다.

본진으로부터는 나이토 하야토(히지카타 도시조)라는 자가 두 명을 데리고 나타났다. 그래서 어디 소속의 병사이며 왜 여기 주둔하고 있는지를 묻자, 최근에 에도로부터 보병이 다수 탈주를 하여 횡포를 부리고, 게다가 이 지역 농민들의 봉기에 관한 소문도 있어 단속을 하기 위해 출장을 와 있다, 신정부군에 대해서는 조금도 불경한 행동을 하는 자는 아니라고 대답했다.

이에 대해 신정부군은 에도에서 도쿠가와 요시노부가 공순함을 표명하고 있음에도 불구하고 아직까지 무장을 하고 있는 것이 이해되지 않는다, 탈주보병의 횡포에 대해서는 총독부가 진압하겠으니 그대들은 관계하지 말라고 말했다. 그리고 즉시 무장을 해제하고 제출하는 성의를 보이면 나름대로의 조치를 취하겠지만, 만일 지체하면 토벌하겠다고 말했다. 그러자 대장인 오쿠보 야마토라는 자가 본진과 분대의 병기를 모두 모아 대포 3문, 소총 118정을 넘겨주었기 때문에 히코네번에 맡겼다. 앞서 나가레야마로 이전했을 때 신센구미 대원이 227명이라고 했지만, 상당수의 소총이 확인된 셈이다.

그 후, 오쿠보 야마토에게 같은 질문을 했던 바, 나이토 하야토와 같은 대답을 했다. 그러나 와타나베 구로사에몬은 오쿠보 야마토가 곤도 이사미의 변명이라는 것을 간파하고 총독부로 출두하라고 명령한 뒤, 3일 밤에 곤도를 고시가야숙역으로 연행해 다음날 와타나베가 이타바시숙역의 본진으로 데리고 갔다.[34]

---

34 「井伊直憲家記」, 『新選組日誌』 하, 166~167쪽; 이상의 곤도 체포에 관한 기술에 대해서는, 吉田

한편, 하타모토 오카다씨의 가신 도미타 주타로富田重太郎의 기록에 의하면, 신정부군의 가가와 게이조가 나가레야마로 진격을 하고 있을 때에 척후인 아리마 도타와 우에다 구스지上田楠次(도사번쥬土佐藩士)가 나가레야마에 구막부군이 다수 있다고 보고를 했다. 아리마는 도네천의 나루터로 가서 나가레야마의 정보를 확인했다. 가가와 휘하의 히코네, 오카다, 이와무라다 등의 군대가 진격하면서 소총에 장전을 하였다. 나가레야마 근처에서는 구보로 전진했다. 선진인 히코네번 병사들이 세 발 정도 발사했으나 적은 저항하지 않고 남쪽으로 피했다. 남쪽에서는 우에다 구스지가 진격해 와 가가와·히코네군과 합류를 했다. 가가와, 우에다, 아리마는 상의를 한 뒤, 구막부군이 있는 미소야味噌屋를 포위하고 가가와와 아리마가 들이닥치자, 대장인 오쿠보 야마토는 부하 2~3명과 함께 있었다. 오쿠보가 대답하기를 자신은 신정부군의 분대로, 시기를 봐서 참가할 생각이며, 결코 신정부군에게 적대적인 사람은 아니라고 했다. 그 외 쇼묘인称名院에 구막부군이 있다고 하여 대장인 오쿠보에게 안내를 시켜 조사를 하였다. 부대를 신정부군의 척후가 발견하고 그들이 버린 소총 250정을 압수하여 히코네번 본진으로 보냈다.[35]

이상 두 개의 사료에는 차이점도 발견되지만, 나가레야마에서는 대규모의 전투가 없었고, 오쿠보 야마토 자신도 저항을 하지 않고 체포당했다는 것을 알 수 있다. 또한 압수한 소총 수가 118정과 250정이라는 차이를 보이기는 하나, 이 시기에 신센구미의 서양화가 크게 진행되었다는 것도 알 수가 있다.

이렇게 해서 오쿠보 야마토는 체포되어 신센구미의 대장 곤도 이사미인 것이 탄로나 히코네번에서 본진으로 호송되었다.[36]

政博,「近藤勇最期の二十五日間」,『新選組情報館』, 93~96쪽.
35 「官軍記」,『新選組日誌』하, 165~166쪽.
36 「總督府日記」,『新選組日誌』하, 170쪽.

곤도에 대한 조사

4월 3일, 곤도가 체포되던 날 밤에 히지카타 도시조는 에도로 돌아가 전 막신 幕臣으로 회계총재와 와카도시요리를 역임한 오쿠보 이치오大久保一翁와, 마찬가지로 전 막신으로 해군부교를 역임한 가쓰 가이슈를 방문했다.[37] 가쓰의 일기에 의하면, 히지카타는 나가레야마에서의 곤도 체포에 관한 경위를 얘기하고 곤도의 구명을 탄원했지만, 실패로 끝났다.[38]

한편 신센구미 본대는 "4일, 무기를 관군에게 내어주고 사병 모두는 아이즈번으로 도피했다",[39] "4일, 병기를 모두 관군에게 내어주고 나서, 사관, 병졸 대충 150여 명은 모두가 아이즈성으로 도피했다".[40] 무장이 해제된 다음 150여 명은 아이즈로 도망을 간 것이다.

5일, 곤도는 조사를 받은 다음 투옥되었다. 신센구미 대원인 소마 하지메相馬肇가 가쓰 가이슈 휘하의 마쓰나미 곤노조의 편지를 이타바시숙역에 있는 곤도에게 전달하고,[41] 마찬가지로 소마가 오쿠보 이치오, 가쓰, 히지카타의 편지를 곤도에게 전달했다.[42] 구막부 관계자가 곤도와 연락을 취하려고 했음을 알 수 있다.

이하 곤도에 대한 조사의 모습을 요시다 마사히로吉田政博의 「곤도 이사미 최후의 25일간」[43]에 따라서 살펴보고자 한다. 조사는 각 번의 입회하에 진행되었다. 곤도는 교토에서 부상한 총상의 재발을 이유로 사면을 청원했지만 허락되지 않았고 나가레야마에 군대가 집결한 이유에 대해 추궁당했

---

37 「島田魁日記」, 『新選組日記』, 227쪽.
38 「勝海舟日記」, 『新選組日誌』 하, 173쪽; 「新撰組往事実戦譚書」, 『新選組日誌』 하, 169쪽.
39 「島田魁日記」, 『新選組日記』, 231쪽.
40 「中島登覚え書」, 『新選組史料集』, 76쪽.
41 「總督府日記」, 『新選組日誌』 하, 174쪽.
42 「島田魁日記」, 『新選組日記』, 228쪽.
43 吉田政博, 「近藤勇最期の二十五日間」, 『新選組情報館』, 96~102쪽.

다. 곤도는 도쿠가와 요시노부에 대한 신하의 책임을 다하려고 한 것이지 신정부군에 대항하려는 것은 아니었다고 답변했다.

곤도의 행동에 관한 가쓰 가이슈의 관여에 대해서도 곤도는 부정했다. 도사번의 다니 다테키나 야스오카 료타로安岡亮太郎 등은 곤도를 고문해서 가쓰 가이슈나 오쿠보 이치오를 추궁할 자료를 얻자고 주장했다. 반면에 사쓰마의 히라타 규주로平田九十郎 등은 가쓰 등의 관여가 밝혀지면 에도성 개방에도 영향이 있을 것이라며 반대했다.

동산도선봉총독부의 이와쿠라 도모사다는 다니 등의 의견에 찬성을 했지만 사쓰마번사로 총독부 참모인 이지치 마사하루伊地知正治는 강경하게 반대하며, 히라다의 의견이 채택되지 않으면 병사를 이끌고 귀환할 것이라고 압박했다. 이 때문에 이와쿠라는 자신의 주장을 접고 다니 등을 설득해 사쓰마의 주장대로 곤도를 교토로 호송하기로 했다. 곤도는 결말이 나지 않은 어중간한 상태에 놓이게 되었다.

4월 14일, 이와쿠라 등은 대총독부 참모인 사쓰마의 사이고 다카모리西郷隆盛에게 곤도를 교토로 송치한다고 알려[44] 이를 확인했다.

구막신의 견해

그러나 그 후 사태는 급변했다. 총독부 군감 후지이 규세이藤井九成가 남긴 「후지이 규세이 수기藤井九成手記」[45]에 실린 태정관太政官 앞으로 보낸 이와쿠라 도모사다·도모쓰네의 날짜를 알 수 없는 문서에 의하면, 수인 곤도 이사미는 교토에 있을 때의 소행뿐만 아니라 사사로이 병사를 이끌고 고슈로 출병

---

44 「東山道先鋒総督通帳」, 東京大学史料編纂所所蔵, 『大日本維新史料』稿本.
45 「藤井九成手記」, 『大日本維新史料』稿本.

을 했고, 나가레야마에서도 대포나 탄약을 소지하고 있었다. 곤도는 고슈·나가레야마의 출진이 오쿠보 이치오의 명령에 의한 것이라고 말했기 때문에 도쿠가와가의 감찰관을 호출하여 물었다.

감찰관의 주장은, 오쿠보 야마토라는 인물은 도쿠가와가에는 존재하지 않으며 곤도도 탈주하고 있어 도쿠가와가와는 관계가 없다. 곤도의 죄에 대해서는 천하의 사람들이 알고 있는 바이며, 이번에도 사심에 의해 병사를 이끌고 신정부군과 전쟁에 이른 것은 도쿠가와 요시노부의 공순의 표시와도 배치되는 것으로 용서할 수 없는 대죄다. 단, 고슈·나가레야마건에 대해서는 이쪽에도 책임이 있으니 처벌받아도 어쩔 수 없다고 생각한다.

좀 더 의견을 말하자면, 신정부군인 여러 번의 번사들은 원래 '곤도의 고기를 먹고 싶다'고 할 만큼 곤도를 증오하고 있기 때문에 조금이라도 빨리 엄벌에 처해야 할 것이다. 이는 천하의 대죄이니 교토 시중에 끌고 다닌 다음, 효수를 해서 천하 의사義士의 마음을 위로해 주길 바란다.

만약, 관대한 처치가 내려진다면 천하의 유지는 희망을 잃어버리고 신정부군의 여러 번병들도 납득할 수 없게 된다. 현재는 일신一新(즉 유신을 말함)의 시기라 이러한 비상시기에 함부로 살해를 해서는 안 되지만, 한 사람을 처형해서誅殺 천만인이 기뻐하는 조치가 취해지지 않는다면 천하의 백성은 조정을 경멸하며 비난하게 될 것이다. 영단을 가지고 처치해 주길 바란다며, 곤도에 대한 엄벌을 요구하였다.

이처럼 곤도는 마지막에는 구막신, 그것도 공순파 관료에게조차도 버림을 받았던 것이다.

곤도의 처형

4월 24일, 총독부의 이와쿠라는 시모쓰케下野 방면으로 진격할 예정이었던 것을 급히 변경하여 이타바시숙역을 지나 이나바번의 에도 저택으로 들어갔다. 이타바시숙역은 총독부가 부재한 상황이 되었다. 이러한 가운데, 25일 저녁 무렵에 하타모토 오카다 도쿠노스케岡田督之助의 무술사범 역인 요코쿠라 기소지橫倉喜三次에게 곤도의 칼을 수령하라는 명령이 내려지고, 곤도는 숙역 변두리인 히라오平尾(이타바시구(板橋区)) 이정표一里塚 부근에서 처형되었다.

이때의 상황에 대해서 「시마다 가이 일기」에는, "25일, 이타바시숙역 밖에서 처형되다. 공公이 죽음에 임할 때 얼굴색 하나 변하지 않고 조용히 죽음에 임해, 보는 사람마다 눈물을 흘리면서 애석해 하지 않는 사람이 없었으니, 실로 고금무쌍의 인걸이다"[46]라고 기록되어 있다. 또 나가쿠라 신파치에 의하면 곤도는 총독부 측에서 항복사죄를 하도록 세 번이나 설득을 하였지만, "나는 근왕의 병사가 아니기 때문에 사죄할 필요는 없다"고 거절했다고 한다.[47]

곤도의 머리는 총독부 본진인 이이다 우베의 집 앞에서 확인 작업首検査을 거쳤다. 그 후 "머리를 이타바시숙역에 3일 동안 효수한 다음 소금에 절여 교토로 보냈다고 한다",[48] "곤도 이사미의 머리는 소주에 담가 교토로 보냈다. 태정관에서 검사実験를 하고 3일간 효수했다"[49]라는 기록대로, 머리는 이타바시에서 3일간 효수되었고 그런 다음 소금에 절여서인지, 아니면 소주에 담가서인지는 불분명하나 교토로 보내졌다.

---

46 「島田魁日記」,『新選組日記』, 228쪽.
47 永倉新八,「浪士文久報国記事」,『新選組日記』, 179쪽.
48 「戊辰間新聞」,『新選組日誌』하, 196쪽.
49 「永代記録」,『新選組日誌』하, 196쪽.

곤도의 처형 장소

호가키 다카유키保垣孝幸의 「곤도 이사미 처형」[50]에 따르면, 곤도의 처형 장소에 대해서는 ① 오늘날 대부분의 해설 등에 설명되어 있는 이타바시숙역의 형장, ② 숙역의 변두리인 고신즈카庚申塚[51], ③ 다키노가와 산겐야滝野川三軒家(기타구北区)[52], ④ 이타바시숙역과 다키노가와 산겐야 사이의 이정표[53] 등 네 가지의 설이 있다. 이들 여러 설에 대해서는, ① 이타바시숙역 형장설은 이타바시에 상설 형장이 존재했다는 증거가 확인되지 않으며, 곤도의 처형 장소가 이타바시 형장이라고 불리게 되었다고 생각한다. 또 ② 숙역의 변두리인 고신즈카설에 대해서도, 이타바시숙역이나 다키노가와촌에 고신즈카라 불리는 장소는 없고, 스가모巣鴨(도시마구豊島区)의 고신즈카가 그대로 전용되지 않았나 생각된다. 게다가 ③ 다키노가와 산겐야는 종묘상 집주 지역이며 여기를 형장이라 부른 흔적은 없다.

한편 1868년 윤 4월 6일 발행된 「고코신문江湖新聞」에 의하면 ④ 이타바시숙역과 다키노가와 산겐야 사이의 이정표에는 곤도 이사미의 처형방(스테후다捨札)이 세워져 있었다고 한다. 방은 참수 등에 처해진 사형수의 죄상을 기록해서 효수(고쿠몬獄門=사라시쿠비晒し首)된 머리 옆에 세워진 입찰立て札이다. 이타바시숙역 본진의 이이다 하루노리飯田春教의 「추원이저기萩園耳底記」에는, 곤도의 입찰 사진과 함께 "4월 25일 저녁 무렵, 이타바시 히라오·다키노가와 산림지入会地에서 사형에 처해졌다"는 기록이 있다.

즉, 호가키에 의하면 ④ 이정표 부근의 산림지가 곤도의 처형지라고

---

50 保垣孝幸, 「近藤勇処刑」, 『新選組情報館』, 102~106쪽.
51 西村兼文, 「新撰組始末記」, 『新選組史料集』, 53쪽; 小野路村, 「小島家日記」
52 「近藤勇土方歳三両雄墓地改修記念碑」, 東京都北区役所 편집·발행, 『新修北区史』, 1971년, 1695쪽.
53 1868년 윤 4월 6일, 「江湖新聞」.

생각되는데, 산림지라 정해진 지명이 없었기 때문에 ①~③의 설이 생겨났다고 추측된다.

교토에서 효수

곤도의 머리는 나무통에 넣어져 미토번사로 도산도총독군東山道總督軍의 대감찰이었던 기타지마 히데토모北島秀朝가 상경할 때 주야겸행하여 호송했다. 기타지마는, 니조조에 설치된 임시 태정관에 출두하여 간토 지방의 정세를 상세히 보고함과 동시에 곤도의 머리를 형법관에게 인도했다. 나무통의 뚜껑을 열었더니 머리는 여전히 살아 있는 듯해서 귀족들이 신기하게 생각했지만, 이는 알코올에 담가져 있었기 때문이라고 한다.[54]

교토에서 윤 4월 8일부터 3일간 머리를 효수했을 때의 입찰에는, 곤도의 죄목으로서 흉악한 행위에 더해 고슈·가쓰누마나 나가레야마 등에서 관군 (신정부군)에게 저항했다는 항목이 열거되어 있었다.[55]

효수 마지막 날인 윤 4월 10일, 요다 갓카이는 당시 교토에 다음과 같은 노래가 유행했다고 기록하고 있다.[56]

10일, 곤도 이사미의 머리, 오늘까지 산조카와라에 효수되다.

당시 유행하던 돈야레부시(とんやれぶし)의 소절에 가사를 부쳐 시중에서 노래를 부르다.

산조카와라 아래에 왜 사람이 몰려 있을까(三条河原の下て群集するのハなんじゃいな)

---

54 「北島秀朝事績略」, 『新選組日誌』 하, 200쪽.
55 「太政官日誌」橋本博 편, 『改訂維新日誌』 제1권, 名著刊行会, 1966년, 38쪽.
56 「京坂日誌畧」, 『新選組日誌』 하, 201쪽.

도코톤야레톤야레나(トコトンヤレトンヤレナ)

저것은 역적 곤도 이사미의 머리다 모르는가(あれハ朝敵近藤勇の首しらナイカ)

도코톤야레톤야레나(トコトンヤレトンヤレナ)

곤도의 효수에 많은 사람들이 몰려들었으며, "미야상미야상宮さん宮さん" 이라는 노래에 새로 가사替え歌가 붙여질 만큼 큰 화제가 되었다는 것을 알 수가 있다. 교토에서 여러 가지의 활동을 한 신센구미인 만큼, 교토 서민의 반응 또한 컸던 것이다.

5장
아이즈·하코다테전쟁

1. 기타간토 지역에서의 전투

구막부군의 결집

1868년(메이지 1) 4월 3일, 곤도 이사미가 체포된 뒤, 히지카타 도시조는 곤도의 구명, 신센구미의 재건, 구막부군의 열세만회 등을 위한 다양한 활동을 전개했다. 곤도 구명은 실패로 끝났지만, 신센구미의 재건과 구막부군의 열세만회는 일정한 성과를 거두었다.

4월 11일, 에도성이 신정부군에게 인도되던 날, 히지카타는 에도를 탈출하여 시모사의 고노다이下総国府台(지바현 이치가와시[千葉県 市川市])로 가서 구막부군의 탈출병 3000여 명과 합류했다.[1]

이때 히지카타와 행동을 함께 한 신센구미 대원은 시마다 가이, 아야 이치로漢一郎, 나카지마 노보리中島登, 하타케야마 요시지로畠山芳次郎, 사와 다다스케沢忠助, 마쓰자와 오토조松沢乙造 등 6명이었다.[2]

---

1 「立川主税戦争日記」, 『新選組史料集』, 254쪽.

데와(出羽)

에치고(越後)

고리(桑折)

후쿠시마(福島)
도리와타리(鳥渡)

쓰치유(土湯)

보나리고개(母成峠)

와카마쓰(若松)

이나와시로코(猪苗代湖)

아카쓰(赤津)

후쿠라촌(福良村)
미요촌(三代村)

무쓰(陸奥)

세이시도
(勢至堂)

스카천(須賀川)

다지마진옥
(田島陣屋)

시라카와
(白河)

시라사카관문(白坂關門)

시모쓰케(下野)

닛코(日光)

히라가타
(平潟)

이마이치(今市)

야마자키(山崎)

해로(海路)

고즈케(上野)

시카누마
(鹿沼)

우쓰노미야(宇都宮)

다테누마(蓼沼)

야스즈카
(安塚)

히타치(常陸)

미부성
(壬生城)

시모다테(下館)

오야마(小山)

시모쓰마(下妻)

소도촌(宗道村)

무사시(武蔵)

가스카베(糟壁)

미쓰카이도
(水海道)

고시가야슈쿠(越谷宿)

후세(布施)

나가레야마
(流山)

고가네(小金)

시모사(下総)

조시(銚子)

에도(江戸)

고노다이(鴻/台[國府台])

사가미(相模)

가즈사(上総)

0   40km

······▶ 히지카타 도시조 등 6명의 대원   ──▶ 구 막부군 선봉대(아키레·히지카타군)

─·─▶ 사이토 하지메 등 약 130명의 대원   ---▶ 구 막부군 중·후군(오토리군)

2 「島田魁日記」, 『新選組日記』, 235쪽.

12일, 구막신인 오토리 게이스케大鳥圭介, 아이즈會津번사 아키즈키 노보리노스케秋月登之助, 구와나번사 다쓰미 간사부로立見鑑三郎 등에 히지카타도 참가하여 회의를 열었다. 회의 결과, 막부보병부교步兵奉行를 역임한 오토리 게이스케가 총독이 되었다. 오토리는 부대를 삼분하여, 선봉군 1000여 명은 아키즈키 노보리노스케를 대장으로, 히지카타 도시조를 참모로 해서 고가네촌小金村(지바현 가시와시[千葉県 柏市]·마쓰도시[松戸市])에서 북쪽으로 향하고, 중·후군 1000여 명은 오토리가 직접 총독이 되어 오야마小山(도치가현 고야마시[栃木県 小山市])에서 닛코로 향했다. 선봉군은 12일 밤은 고가네, 13일은 후세布施(가시와시[柏市]·아비코시[我孫子市]), 15일은 미쓰카이도水海道(이바라키현 미쓰카이도시[茨城県 水海道市]), 16일은 소도촌宗道村(유키군 지요카와촌[結城郡 千代川村])에서 야영을 했다.[3]

선봉군 소속이었던 시마다 가이의 일기에 의하면, "동조신군東照神君의 백기를 펄럭이며, 군열을 정비하여"라고, 이에야스의 권위를 앞세워서 시모쓰마번下妻藩(이바라키현 시모쓰마시[茨城県 下妻市])에 협력을 강요해 번사 10명을 참가시켰다. 17일에 선봉대는 시모다테下館(시모다테시[下館市])에 도착을 한 뒤, 시모다테번에 군사들을 전개시키고 대포를 설치하며, 히지카타는 본진을 설치하는 등 무력으로 위협을 가해서 시모다테번下館藩(이시카와 와카사노카미[石川 若狭守])의 번으로부터 돈 이외에 쌀·된장·장 등 병량미를 공출시켰다. 이날은 시모다테성하에서 숙영을 했다.[4]

우쓰노미야전쟁과 히지카타의 부상

18일, 선봉군은 다데누마蓼沼(도치기현 가와치군 가미노가와최[栃木県 河内郡 上三川町])에 숙

---

3 「戊辰戦争見聞略記」, 『新選組日誌』 하, 178, 180쪽.
4 「島田魁日記」, 『新選組日記』, 232쪽.

영하였다. 19일에는 우쓰노미야성宇都宮城(우쓰노미야시[宇都宮市])을 공격하여 큰 전투가 벌어졌고,[5] 대포·소총전의 결과 오후 4시경에 성을 함락시키고,[6] 20일에 입성하였다.[7] 이때 히지카타는 도망치려는 아군을 베고 진격을 독려했다고 한다.[8]

오토리가 인솔하는 중·후군은 14일 야마자키山崎(우쓰노미야시[宇都宮市])에서 숙영을 하고, 우쓰노미야성에서 선봉군과 합류했다.[9] 21일, 구막부군은 미부성壬生城(도치카현 시모쓰가군 미부마치[栃木県 下都賀郡 壬生町]) 공격을 위한 군사회의를 열고 22일에 출발했지만, 도중에 야스즈카女塚에서 전투가 벌어져 패했다.[10]

23일, 신정부군은 미부에서 진격을 해와 우쓰노미야성 탈환을 위한 공격을 개시했다. 구막부군은 고전을 면치 못하고 히지카타와 아키즈키도 부상을 당했다. 이때 히지카타는 발가락에 부상을 입었다.[11] 불리한 전황 중에 총독인 오토리 게이스케는 병력의 손실을 방지하기 위하여 닛코산에서의 결전을 제안해 휘하 부대장들의 합의를 얻어 구막부군은 어둠을 틈타 성을 탈출했다.[12]

시마다의 일기에 의하면, 4월 24일 히지카타와 아키즈키는 이마이치今市를 경유하여 아이즈로 향했다(25일, 곤도 이사미가 이타바시에서 처형된다). 26일, 히지카타는 아이즈영 내인 다지마 진영田島陣屋(후쿠시마현 미나미아이즈군 다시마마치[福島県 南会津郡 田島町])에 도착해 아키즈키와 헤어지고, 고노다이 이래의 신센구미

---

5 「野奥戦争日記」, 『新選組日誌』 하, 185쪽.
6 「慶応兵謀秘録」, 『新選組日誌』 하, 185쪽.
7 「島田魁日記」, 『新選組日記』, 234쪽.
8 佐藤昱, 『聞きがき新選組』, 156쪽; 구와나번사 中村武夫, 「桑名藩戦記」, 『新選組日誌』 하, 186쪽.
9 「戊辰戦争見聞略記」, 『新選組日誌』 하, 180쪽; 186쪽.
10 「野奥戦争日記」, 『新選組日誌』 하, 188쪽; 「島田魁日記」, 『新選組日記』 234쪽.
11 「島田魁日記」, 『新選組日記』, 234쪽; 「慶応兵謀秘録」, 『新選組日誌』 하, 191쪽.
12 「戊辰戦争見聞略記」, 『新選組日誌』 하, 190쪽.

대원 6명과 함께 아이즈성으로 향했다(28일, 곤도의 머리가 교토로 보내진다). 다음날인 29일, 히지카타는 아이즈에 들어가, 여기서 나가레야마 이래로 뿔뿔이흩어져 북상해 온 신센구미 전 대원이 재결집을 하게 되었다.[13]

한편, 오토리가 이끄는 구막부군은 닛코로 철수했다. 그러나 닛코 지역에서는 구막부군에 대한 지원이 충분히 이뤄지지 않아, 탄약이나 식료품 모두가 보급되지 않았다. 이에 오토리 군대는 닛코에서의 결전을 단념하고 이에야스 묘東照宮霊廟에 참배한 후, 이들도 아이즈로 향했다.[14] 아이즈전쟁은 드디어 목전에 다가왔다.

2. 아이즈전쟁과 신센구미

시라카와전쟁

시마다의 일기에 의하면, 1868년 윤 4월 5일, 아이즈에서 신센구미 대장이된 야마구치 지로山口二郎(사이토 하지메의 변명)는 신센구미 130여 명을 이끌고 시라카와白河(후쿠시마현 시라카와시[福島県 白河市]) 방면으로 출진하도록 명령을 받고아이즈번주 마쓰다이라 가타모리를 알현했다. 다음날 6일 그곳을 출발한신센구미는 그날 밤은 아카쓰赤津(고리야마시[郡山市])에서, 7일은 미요三代에서숙영했다(8일에서 10일까지 곤도 이사미의 머리가 교토 산조카와라에 효수되었다). 윤 4월 21일,신센구미는 미요에서 시라카와성을 향해 출발했지만, 이 날 신정부군이 시라카와성을 함락시켰기 때문에 22일에 신센구미는 시라카와성 아래에서

---

13 「島田魁日記」,『新選組日記』, 234~235쪽.
14 野口武彦, 『幕府歩兵隊』, 中公新書, 2002년, 245~247쪽; 大鳥圭介, 「南柯紀行」,『南柯紀行・北国戦争概略衝鉾隊之記』, 新人物往来社, 1998년, 25쪽; 安田寛子, 「会津・箱館時代」,『新選組情報館』, 121쪽.

숙영했다(이때 구막부군의 시라카와 방변 총독은 아이즈번 가로인 사이고 다노모[西鄕賴母], 부총독은 같은 번의 요코야마 지카라였다). 23일 신센구미는 시로자카白坂 관문의 수비를 담당하게 되었다.

25일 밤 신센구미는 시로자카 관문에서 신정부군과 큰 전투를 벌여 다음날 낮에 승리를 거두었다.[15] 그러나 이 전투에서 대원인 기쿠치 오菊池央가 전사했다.[16]

다시 시마다 가이의 일기에 의하면, 29일 신센구미는 시로자카 관문의 수비를 센다이번에 넘겨주고 시라카와 혼마치에 있는 본진인 야나기야柳屋에서 휴식을 취했다. 5월 1일, 신정부군의 공격에 즈음하여 신센구미는 구로카와 방면黑川口에서 항전을 하였는데, 신정부군이 대군을 형성해 각 방면에서 공격을 해 와 구막부군은 패주하고 신센구미도 세이시도勢至堂(후쿠시마현 이와세군 나가누마초[福島県 岩瀬郡 長沼町])에서 숙영을 하게 되었다. 이 전투에서 부총독인 요코야마가 전사하고,[17] 신센구미 대원인 이토 데쓰고로도 전사를 하였다.[18]

또한 시마다의 일기에 의하면, 신센구미는 5월 2일 미요촌에 숙영하고, 5월 중순에는 요네자와군米澤軍을 지원하기 위하여 나가누마長沼에 출진했다. 그후 신센구미는 5월 26일에 시라카와성을 탈환하기 위하여 시로자카 관문에서 전투를 벌였지만, 패하고 가미고야촌上小屋村까지 후퇴했다. 27일, 신센구미는 아이즈번의 유격대와 함께 오야치촌大谷地村에서 시라카와 방면으로 진격을 시작했다. 전투 초반에는 신센구미 쪽이 우세하였으나 원군이 없어 패하고 마키다촌巻田村까지 후퇴했다.[19]

---

15 「島田魁日記」, 『新選組日記』, 235~236쪽.
16 「旧幕新撰組記念卷」, 『新選組日誌』 하, 206쪽.
17 「島田魁日記」, 『新選組日記』, 236~237쪽.
18 「旧幕新撰組記念卷」, 『新選組日誌』 하, 206쪽.
19 「島田魁日記」, 『新選組日記』, 237~238쪽.

이런 상황에서 3일 후인 5월 30일에는 오키타 소지가 병사病死를 했다.[20] 병사한 장소에 대해서는 에도 센다가야千駄ヶ谷의 우에키야植木屋의 별채,[21] 또는 우에키야 헤이고로植木屋平五郎의 창고,[22] 혹은 이마도今戸의 마쓰모토 료준의 거처[23] 등이 열거되고 있다.

6월 6일, 신센구미는 후쿠라福良(고리야마시[郡山市])에서 오다이라大台 방면으로 출진해 하부토촌羽太村까지 진격했다. 12일에는 시라카와를 탈환하기 위해 오쿠마강大熊川을 공격하지만 실패하고 하부토촌으로 돌아왔다.[24]

6월 15일, 후일 오우에쓰열번奥羽越列藩들의 동맹 맹주가 되는 린노지노미야 고겐법 친왕輪王寺宮公現法親王과, 에도에서 쇼기타이와 함께 주전론을 펼치고 있었던 집당執当인 가쿠오인 기칸覚王院義観이 와카마쓰若松성에 있으며, 히지카타 도시조가 기칸을 면회하고 있었다.[25]

시마다의 일기에 의하면, 7월 1일 신센구미는 다시 시라카와를 탈환하기 위하여 가시와노柏野 부근에서 전투를 벌이지만, 앞뒤로 공격을 받아 패하고 하부토촌으로 철수했다. 이 전투에는 부상이 완치된 히지카타가 참가했다. 그 후 신센구미는 나가누마에서 마치모리야町守屋로 이동했고, 8월 1일에는 히지카타, 아키즈키, 전습 제1대대, 회천대回天隊, 신센구미가 마치모리야에서 미요 주변으로 이동했다.[26]

7월 5일, 린노지노미야는 신센구미 대원인 소마 가즈에相馬主計 등에게

20 「京都ヨリ会津迄人数」, 『新選組日誌』 하, 212쪽.
21 子母澤寬, 『新選組遺聞』, 81쪽.
22 子母澤寬, 『新選組物語』, 7쪽.
23 永倉新八, 『新撰組顛末記』, 199쪽.
24 「島田魁日記」, 『新選組日記』, 238쪽.
25 「覚王院義観戊辰日記」, 『日本史籍協会叢書 14·維新日乘纂輯』 5, 1928년 초판, 1969년 복각, 東京大学出版会, 404쪽.
26 「島田魁日記」, 『新選組日記』, 242쪽.

금전적 지원(錢一千疋)을 하고 있다.27

신센구미는 18일, 니혼마쓰二本松 방면으로 출병하기 위해 이나와시로성
猪苗代城 아래에서 숙영하고, 19일에는 신센구미의 보나리고개母成峠 출진이
결정되었다. 보나리고개는 아이즈 방어를 위한 주요 거점이었지만, 방어하
기는 어려운 지형이었다. 신센구미는 전습 제1대대와 함께 가쓰이와勝岩의
아래쪽을 수비했다. 20일, 니혼마쓰를 탈환하기 위해 출진했던 구막부군은
패퇴하여 보나리고개에 집결하였다. 21일, 보나리고개에서 전투가 시작되
었지만, 구막부군은 대패하고 가쓰이와에 포진하고 있던 신센구미도 패주했
다.28 이 전투에서 신센구미 대원 오시타 이와오大下巖 등 6명이 전사했다.29

22일, 신정부군은 이나와시로를 공격해 왔다. 와카마쓰성 주변의 군대
는 다키자와고개滝沢峠(아이즈와카마쓰시[会津若松市])와 니쓰바시강日橋川을 향해 진
격하고 마쓰다이라 가타모리와 히지카타 도시조는 다키자와고개로 출진했
다. 그러나 여기서도 방어 전투에 패해 마침내 아이즈군은 와카마쓰성에서
농성을 하게 되었다. 병력은 9000여 명, 별도로 군량미, 탄약을 담당하는
여자 병사가 1000여 명이 있었다. 23일, 신정부군은 와카마쓰성하에 방화를
하고는 진을 쳤다. 이날, 히지카타는 번론藩論을 듣기 위해 전선을 떠나 쇼나
이庄内로 향했다. 한편 신센구미는 오토리 게이스케에게 위탁되고, 시마다
가이의 인솔하에 요네자와 방면의 시오카와촌塩川村으로 이동했다.30

27 「覚王院義観戊辰日記」, 『維新日乗纂輯』 5, 492쪽.
28 「島田魁日記」, 『新選組日記』, 243쪽;『幕末実戦史』, 61~64쪽;「立川主税戦争日記」, 『新選組史
料集』, 254~255쪽.
29 「旧幕新撰組記念巻」, 『新選組日誌』 하, 225쪽.
30 「島田魁日記」, 『新選組日記』, 243~245쪽.

오우에쓰열번의 동맹 결성

신정부군과의 전투가 지속적으로 진행되던 시기인 윤 4월 22일에는 오우에쓰열번奧羽越列藩 중 25개 번의 중신이 센다이번 시로이시白石(미야기현 시로이시시[宮城県 白石市])에 모여 센다이 · 요네자와 양 번주를 맹주로 하는 시로이시맹약서가 조인되었다. 맹약서에는 중요사항에 대해서는 중의衆議 · 공평의 이념이 담겨져 있었지만, 군사적인 문제나 세세한 문제에 대해서는 큰 번의 지휘에 따르기로 되어 있었다. 그 후 윤 4월 29일의 열번회의列藩会議에서는 큰 번 주도의 방침이 부정되고, 참가 번들의 중론衆論이 중요시 되었다. 이러한 방침을 전제로 5월 3일, 각 번 대표들이 이름과 사인을 기재하여 정식으로 오우에쓰열번동맹奧羽越列藩同盟이 성립되었다.[31]

동맹이 성립하기까지의 내력을 보면, 이 해 정월 15일 동정대총독東征大総督이 내린 오우 제번들에 대한 도쿠가와 요시노부 토벌령, 이어서 센다이, 아키타, 요네자와 등에 대한 아이즈번 토벌령이 있었다. 오우진무사奧羽鎮撫使가 센다이에 도착한 3월 하순 이후, 여러 번들에게 데와出羽 지방의 구막부령을 약탈했다는 죄목으로 쇼나이번과 아이즈번을 공격하라는 명령을 내렸다. 이 명령에 따라 여러 번들이 출병을 하기는 했으나 아직까지 본격적인 전투는 없었다.

윤 4월 4일부로 아이즈번은 요네자와번을 중간에 세우고 센다이번에 대해 진무총독 앞으로 사죄탄원서 제출 알선을 의뢰했다. 그러나 총독부가 탄원서의 접수를 거부하고 즉각적인 출병을 명령했기 때문에 센다이 · 요네자와 양 번의 제창에 의해, 같은 달 11일에 시로이시에 참석한 오우 25개 번의 중신들이 아이즈를 관대하게 처분해 달라는 탄원서会津寛典嘆願書를 제출

---

31 佐々木克,『戊辰戦争』, 中公新書, 1977년, 111~123쪽.

했다. 이때까지의 동맹 활동은 '탄원동맹=평화동맹'이라는 성격을 가진 것이었다.[32]

그러나 총독부참모 세라 슈조世良修蔵 등의 강경한 의견에 의해 탄원서 접수가 거절되자 제번은 군대 해산을 거부하고 아이즈·쇼나이 두 번도 사죄를 거부했다. 25개 번의 중신들은 앞서 기술했듯이 윤 4월 22일에 시로이시, 5월 3일에는 센다이의 마쓰노이松ノ井 저택에서 회합을 거듭해 태정관에 건백서를 제출하고 통일되게 행동하기로 평결했다. 이어서 시바타新発田 등 에치고의 6개 번도 가맹을 해서 센다이번을 맹주로 하는 '오우에쓰열번동맹奥羽越列藩同盟', 즉 '동북지방제번동맹'이 성립했다. 여기에 이르러 동맹은 공수동맹으로 성격이 변모한다.

공수동맹으로 성격이 변하는 윤 4월 20일 전후, 센다이번은 총독부 옹립, 삿초병사의 추방, 에도 탈환 등을 목표로 하였다. 즉, 에도를 포함한 간토·신슈信州를 세력 범위로 하고, 나아가서는 가가加賀·기이紀伊와 연대를 하고 서남제번西南諸藩의 유지와도 제휴하여 신정부를 크게 동요시키려고 했다. 구막신이나 프랑스·미국·러시아 등과 같은 서양제국과 협력관계도 상정하고 있었다. 신정부에 대항하는 오슈 정권, 동일본 정권이라고 부를 수도 있는 권력 조직을 구상하고 있었다. 그 후 동맹군 측의 전황이 불리해지고 센다이 맹주 문제와 같은 내분이 일어났기 때문에, 당시 아이즈에 체재하고 있던 린노지노미야를 맞이해 7월 13일 린노지노미야가 시로이시로 이동한 것을 계기로 새로운 체제를 정비했다.

이때 린노지노미야를 '다이조 천황太政天皇'으로 호칭하기도 하고, 다이세이大政 원년이라고 개원하는 신정권 수립도 검토되었지만, 실제로는 맹주=

---

32 鎌田永吉, 「戊辰戦争: その歴史的意義」, 『日本史の問題点』, 吉川弘文館, 1965년, 279쪽.

린노지노미야, 총독=센다이번주 다테 요시쿠니伊達慶邦, 요네자와번주 우에스기 나리노리上杉斉憲, 참모=오가사와라 나가미치, 이타쿠라 가쓰키요를 수뇌로 하고, 이것을 제번 중역 대표가 뒷받침하는 권력기구가 형성되었다. 시로이시성 안에 군의소軍議所가 설치되고 이것을 공의부公議府로 명명했다. 이곳에 후다이다이묘譜代大名가 참석하여 매일 군략을 비롯해 치민 · 회계를 논의했다. 이렇게 하여 명백히 교토 정권에 대항하는 오우奧羽 정권으로서의 의식과 실태를 구비한 동맹이 성립한 것이었다.[33]

에노모토 다케아키의 탈주

신센구미가 한창 아이즈전쟁을 수행하고 있을 때인 8월 19일, 도쿠가와가의 해군부총재인 에노모토 다케아키榎本武揚는 지휘하에 있는 함선을 신정부군에 인도하는 것을 거부하고, 앞서 센다이로 향했던 운송선인 나가사키에 이어, 구막부 해군의 기함 가이요開陽 및 가이텐回天 · 반류蟠龍 · 지요다千代田 등 군함 4척과, 간린咸臨 · 조게이長鯨 · 미카호美嘉保 · 신소쿠神速의 운송선 4척 등 모두 8척을 이끌고 시나가와 앞바다를 출항했다. 가이요에는 육군부교대우인 마쓰다이라 다로松平太郎, 가이텐에는 나가이 나오무네가 승선하고 있었다.

그러나 함대는 조시銚子 앞바다에서 태풍을 만나 뿔뿔이 흩어졌다. 미카호는 신정부군 소속의 배에 포위되어 스스로 배에 불을 질렀다. 간린과 반류는 표류하다가 시모다에서 시미즈항으로 갔는데, 반류는 거기서 수리를 받아 출항했지만, 간린은 신정부군에게 몰수당했다.

8월 27일, 기함 가이요는 센다이만의 도나하마東名浜(미야기현 모노우군 나루세초[宮城県 桃生郡 鳴瀬町])에 입항을 했다. 이어서 9월 5일에는 지요다 · 신소쿠가,

---

33 佐々木克, 『戊辰戦争』, 129~134쪽.

18일에는 가이텐·반류가 도착했다.[34]

동맹번들의 군사회의와 히지카타를 총독으로 추대하는 안

9월 3일, 아이즈로부터 북상한 히지카타는 센다이성에서 열번동맹의 군사회의列藩同盟軍議에 참석을 했다. 이때 함대를 이끌고 센다이에 들어와 있던 에노모토 다케아키는 히지카타를 총독으로 추천했다. 동맹에 참가한 여러 번들도 이것을 승낙했다.

니혼마쓰번사인 아베이 이와네安部井磐根는 이때 받았던 히지카타의 인상을, "그 무렵 본인(히지카타)을 그 자리로 불러서 보니, 얼굴색은 푸른 편이었고, 체구 또한 크지 않았다. 칠흑 같은 머리를 길게 기르고 있었다. 한마디로 말해 미남이라 할 만한 용모로 기억한다" 즉, 얼굴색은 창백하며 작은 체구에 장발의 미남자로 기록하고 있다. 그리고 에노모토가 히지카타에게 총독 취임과 후쿠시마로의 출진을 의뢰하자, 히지카타는 총독 취임을 승낙함에 있어, 군령을 엄격하게 할 것, 이것을 어기는 자는 큰 번의 가로라 할지라도 히지카타 자신이 목을 칠 것, 최종적인 생살여탈권을 총독이 장악하는 것을 조건으로 한다고 대답했다. 여러 번은, "말할 필요가 없다. 생살여탈권은 원래 총독이라는 두 글자에 부속된 것이다. 그러므로 총독을 맡아주길 의뢰한 이상 당연히 생살여탈권도 드린다"라고, 히지카타의 조건을 인정하는 발언을 했다. 그러나 아베이 이와네는, "생살여탈권에 관한 것은 번주인 사쿄다유(丹羽)左京太夫가 결정한 다음이 아니라면 어떠한 대답도 할 수가 없다"고 말했다고 한다.[35]

---

34 佐々木克, 『戊辰戦争』, 192~197쪽; 「說夢錄」, 『箱舘戦争史料集』, 54~55쪽.
35 安部磐根, 『史談会速記録』 제1집, 합본1, 70~74쪽.

한편 「니혼마쓰번사二本松藩史」에 따르면, 에노모토 다케아키는 히지카타를 대장으로 하면 적군을 무찌르는 것은 어렵지 않다고 말하며 히지카타를 불러서 좌석에 앉게 했다. 히지카타는 씩씩한 태도로, 만약 자신에게 생살여탈권을 부여해 준다면 장군의 지위에 취임할 각오라고 말했다. 모두가 히지카타를 추천하려 할 때 말석에 앉아 있던 아베이 이와네가, 주군은 소신을 회의에 참석시켰으나 타인에게 생살여탈권을 부여하라고는 하지 않았다고 말하자 모두가 침묵을 했다. 히지카타는 실망하는 모습으로 그 자리를 떴다고 한다.[36]

이 논의의 결과, 히지카타의 총독(장군) 취임은 무산되었다. 그러나 오우에쓰열번동맹이 통일군의 지휘권을 일원화하려고 했다는 것은 주목된다. 만약 히지카타의 주장이 성사가 되었다면 군사적 측면에서는 여러 번의 가로家老까지 히지카타의 지휘하에 들어가게 되었던 것이다. 이러한 히지카타의 논리는 교토에서 신센구미의 조직화·규율화의 방침을 일시에 확대, 강화한 것이라고 말할 수 있다. 히지카타는 엄격한 규율로서 오우에쓰열번동맹의 군사력을 강화하려고 한 것이었다.

이 시점이 오우에쓰열번동맹의 분기점이었다. 그 후 아키타번秋田藩이 센다이번의 사절을 살해하고 동맹을 배신하는 등 동맹으로부터 탈락하는 번이 속출하게 된다. 센다이번의 번론藩論도 급변해 공순恭順으로 바뀌면서, 열번동맹은 와해되어 갔다.

센다이번의 항복

1868년 8월 27일, 에노모토함대의 기함 가이요의 센다이 입항을 알게 된

---

36 「二本松藩史」, 『新選組日誌』 하, 229쪽.

아이즈번 등은 에노모토에게 원군을 요청했다. 가이요는 폭풍을 만나 피해를 입고 있었으며, 에노모토는 병사 50명과 대포와 자금을 제공했을 뿐이었다. 9월 4일, 아이즈에서는 신센구미 대장 야마구치 지로 등이 지키고 있던 다카쿠촌高久村(아이즈와카마쓰시[会津若松市])의 여래당如来堂이 신정부군의 습격을 받았다.[37]

9월 8일, 연호가 메이지로 바뀌었다.

9월 11일, 신센구미와 구막부군은 쓰치유土湯에서 도리와타리촌鳥渡村으로 진격해 숙영을 하고, 12일, 후쿠시마를 거쳐 고리桑折에서 숙영을 했다. 오토리 게이스케는 이 행군에 대해, 비가 내리는 가운데 우구도 없이 피로에 지친 병사들이 겨우 세노우에瀬の上에 도착했지만, 이미 센다이번병들이 자리를 잡고 있어 다시 고리까지 행군하지 않으면 안 되는 등 극도로 곤란한 처지였다고 말했다.[38]

번론이 분열되어 있던 센다이번은 항복사죄를 결정했다. 12일, 에노모토 다케아키와 히지카타 도시조는 센다이번의 부교인 오에다 마고사부로大條孫三郎·엔도 분시치로遠藤文七郎를 만나 항복하지 말 것을 요청했지만 실패했다. 엔도는 두 사람에 대해 "에노모토는 대담하나 도리를 몰라 유신에 큰 방해가 되며, 히지카타는 도량이 좁은 하찮은 사람으로 논할 필요조차 없다"[39]며 혹평하고 있다. 오우에쓰열번동맹 가운데 히지카타 등의 입지가 서서히 좁아져가고 있었던 것이다.

---

37 「島田魁日記」, 『新選組日記』, 245쪽.
38 大鳥圭介, 『幕末実戦史』, 80쪽.
39 「仙台戊辰史」, 『新選組日誌』 하, 232쪽.

아이즈번의 항복

9월 13일, 신센구미와 구막부군은 에노모토함대가 센다이만에 도착했다는 소식을 접하자 센다이행을 결정하고 14일에는 시로이시성하에서 숙영을 했다. 15일, 오토리 게이스케는 센다이에서 에노모토 다케아키와 회견을 하고 시세의 변화를 걱정하며 눈물을 흘렸다고 한다.[40]

9월 17일, 구와나번사 17명이 신센구미에 가입을 했다. 이는 에조치(홋카이도)로 이동함에 있어 신센구미를 포함한 구막부군의 여러 부대들이 부대원의 자유의사에 따라 결정하기로 했지만, 구와나번, 빗추의 마쓰야마번, 가라쓰唐津번사들에게는 수행인원수를 제한했기 때문에 선발되지 못한 번사들이 전사나 이탈에 의해 대원수가 줄어든 신센구미에 가입해 에조치로 이동하고자 했던 것이다. 그리고 이때의 신센구미 대장은 히지카타 도시조로 되어 있다.[41]

19일, 구막부군은 센다이성하에서 기부네木船로 이동하고, 20일에는 마쓰시마松島로 다시 이동했다. 같은 날에는 앞서 구와나번사에 이어 빗추 마쓰야마번사, 가라쓰번사 등이 새로이 신센구미에 가입을 했다.[42] 이 무렵 시마다의 일기에는, "신센구미 대원 20여 명 정도, 그런데 구와나, 가라쓰, 빗추 마쓰야마 등 3번의 번병, 전습대 30여 명 등이 신센구미에 가입했다"[43]고 기록되어 있듯이, 신센구미는 20여 명이 남아 있었다. 나가레야마에 주둔하고 있을 때 270명이었던 대원들이 수많은 전투를 치르면서 그 수가 격감했던 것이다. 9월 22일, 아이즈번이 항복을 했다.

---

40 大鳥圭介, 『幕末実戦史』, 80쪽.
41 「戊辰戦争見聞略記」, 『新選組日誌』하, 233쪽.
42 「谷口四郎兵衛日記」, 『幕末史研究』제27호, 1988년, 78~79쪽.
43 「島田魁日記」, 『新選組日記』, 246쪽.

3. 하코다테 정부의 성립

센다이에서 에조치로

10월 9일, 오토리 게이스케와 히지카타 등이 이끄는 구막부군 약 2200명은 가이요·가이텐·반류·신소쿠·조게이·오에大江·호오鳳凰 등 7척의 군함에 분승하고 도나하마를 출항해 오리노하마折の浜(미야기현 이시노마키시[宮城県 石巻市])로 이동했다. 지요다와 나가사키 이 두 척은 쇼나이번을 응원하기 위해 이미 사카타酒田(야마가타현 사카타시[山形県 酒田市])로 이동해 있었다.[44]

신센구미를 태운 오에를 포함한 구막부함대 7척은 12일 출항하여 13일에 남부南部 미야코만宮古湾 구와가사키항鍬ヶ崎港(이와테현 미야코시[岩手県 宮古市])에 입항을 했다. 여기에서 병량과 연료를 확보하고, 또한 브뤼네[Jules Brunet(1838~1911)]를 찾아 요코하마에서 온 프랑스인 4명(마를린, 포르탱[Arthur Fortant], 카즈뇌브, 부피에)도 승선하여 구막부군을 도왔다.[45]

10월 17일에 구와가사키항을 출항한 구막부군함대는 19일 에조치蝦夷地의 와시노키鷲の木(가야베군 모리마치[茅部郡 森町]) 앞바다에 도착했다.[46] 20일에는 선발부대가, 21일, 22일 양 일간 전군이 상륙했다.[47]

10월 22일, 구막부군은 큰 눈이 내리는 가운데 본 도로와 샛길을 이용해서 고료카쿠五稜郭를 향해 진격했다. 본 도로는 총독 오토리 게이스케의 지휘 하에 프랑스인 브뤼네, 마를린[Jean Marlin(1833~1872)]이 소속되고, 전습사관대, 전습보병대, 유격대, 그리고 대장대우인 야스토미 사이스케安富才輔가 인솔

---

44 小杉直道,「麦叢録」, 大鳥圭介,『幕末実戦史』, 295쪽.
45 「戊辰戦争見聞略記」,『新選組日誌』하, 237~239쪽.
46 大鳥圭介,『幕末実戦史』, 83쪽.
47 「森町史」,『新選組日誌』하, 240쪽;「戊辰戦争見聞略記」,『箱館戦争史料集』, 248쪽.

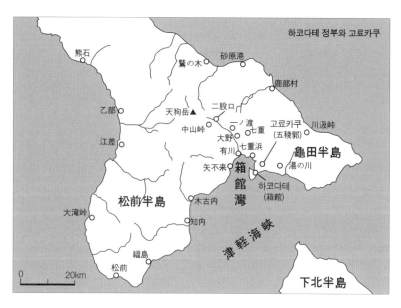

하코다테 정부와 고료카쿠

熊石　鷲の木　砂原港
鹿部村
乙部　天狗岳▲　二股口
中山峠　一ノ渡　七重　고료카쿠　川汲峠
江差　大野　（五稜郭）
有川　七重浜　亀田半島
松前半島　矢不来　箱館灣　湯の川
木古内　하코다테
大滝峠　　　（箱館）
知内
福島　津軽海峡
0　20km
松前　下北半島

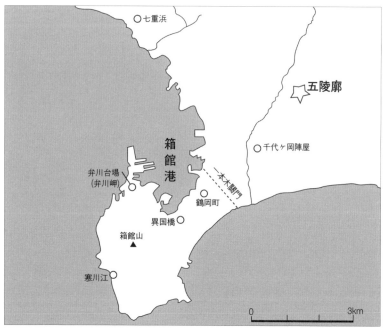

七重浜
五陵廓
箱館港
千代ヶ岡陣屋
弁川台場　　　　　木木關門
（弁川岬）
鶴岡町
異国橋
箱館山▲
寒川江
0　3km

하는 신센구미가 진격을 했다. 샛길로는 총독 히지카타 도시조의 지휘하에 프랑스인 부피에François Bouffier(1844~1881)가 소속되고, 총독 경호를 위해 신센구미 대원 몇 명이 따르고, 그 뒤를 액병대額兵隊, 충봉대衝鋒隊, 육군대陸軍隊가 소속되었다.[48]

10월 23일, 모리촌森村을 출발한 구막부군은 신정부군과 교전을 했고, 밤에 히지카타군은 시카베촌鹿部村에서 야영을 했다.[49] 그러나 그날 밤은, "북풍은 더욱 심해지고, 비와 눈이 섞여 내리는데, 장군에서 병졸에 이르기까지 몸에는 겨우 한 겹의 서양식 군복戎服을 걸쳤을 뿐, 양말도 신지 않고 모자도 없어 온몸이 흠뻑 젖었다"[50]고 하듯이, 극도로 곤란한 상황이었다. 위 기록을 통해 이 당시 구막부군의 군복이 양복이었음을 확인할 수가 있다.

10월 24일, 신센구미를 포함한 오토리군은 나나에촌七重村(기유다군 나나에초[龜田郡 七重町])에서 신정부군과 싸워 승리를 했다.[51] 이때의 전투상황은, "적병이 와해하여 도망가는 곳에 히노마루 깃발을 제일 앞에 세우고 이케다 오스미池田大隅, 쇼기타이 200여 명을 이끌고 와서 응원했다"고 하듯이, 이케다 오스미노카미池田大隅守가 히노마루日ノ丸기를 세우고 원군으로 도착했던 것이다.[52] 이날 히지카타군도 가쓰쿠미고개川汲峠(가야베군 미나미카야베초[茅部郡 南茅部町])에서 신정부군을 격파했다.[53]

25일, 오토리군은 나나에촌에서 오노大野(기유다군 오노초[龜田郡 大野町])로 이

48 「島田魁日記」, 『新選組日記』, 258쪽; 「戊辰戦争見聞略記」, 『箱館戦争史料集』, 248~249쪽.
49 大鳥圭介, 『幕末実戦史』, 85쪽.
50 「星恂太郎日記」, 『箱館戦争史料集』, 275쪽.
51 「戊辰戦争見聞略記」, 『箱館戦争史料集』, 249~250쪽.
52 「星恂太郎日記」, 『箱館戦争史料集』, 277쪽.
53 「説夢録」, 『箱館戦争史料集』, 57쪽.

동하고, 히지카타군은 유노카와湯の川(하코다테시[函館市])에 포진했다.[54]

고료카쿠 입성과 에조치 제압

1868년(메이지 원년) 10월 26일, 구막부군은 오토리군, 히지카타군 모두가 고료카쿠에 입성했다.

> 고개로부터 계속해서 들어가는 인원들, 오후 2시경, 히노마루기를 앞세우고 유유히 고료카쿠로 입성했다. 그때 이시카와 와타루(石川彌), 아베 쓰구우에몬(阿部次右衛門)의 집에도 들렀다. 제일 앞에 선 것은 마쓰다이라 다로, 신센구미 대장인 나카지마 노보리가 전습대, 유격대 병사들을 인솔하여 나팔을 불며 입성을 하였기 때문에 시중의 사람들을 비롯해(闕字), 도쿠가와가 소속의 탈출한 세력임을 알고 황송해 하였다.[55]

구막부군은 히노마루기를 앞세우고 나팔을 불면서 고료카쿠로 입성을 했다. 게다가 구막부군은 그 직후에 각국 공사에게 편지를 보내어 협력을 성사시키고 있다.[56]

고료카쿠 입성 이틀 후인 10월 28일, 히지카타 도시조는 프랑스인 카즈뇌브Andre cazeneuve, 부피에를 동반하고 쇼기타이彰義隊(에도 우에노의 쇼기타이와는 별개임)와 육군대 등을 인솔하여 마쓰마에성松前城(마쓰마에군 마쓰마에초[松前郡 松前町])으로 진격을 개시했다.[57]

---

54 「戊辰戦争見聞略記」,『箱館戦争史料集』, 251쪽; 大鳥圭介,『幕末実戦史』, 89~90쪽.
55 「峠より戦争之記」,『新選組日誌』하, 251쪽.
56 「中島登覚之書」,『新選組史料集』, 82쪽.
57 「説夢録」,『箱館戦争史料集』, 57쪽.

11월 1일, 마쓰마에 공략군은 시리우치知內에서 마쓰마에번병을 격파한 뒤 숙영하고, 2일에는 후쿠시마福島(마쓰마에군 후쿠시마초[松前郡 福島町])로 진격했다. 5일에는 마쓰마에성이 함락되고 성하에서 숙영을 한 뒤 6일에 입성을 했다.[58] 마쓰마에성을 공략할 때 개선가를 작곡하고, 성문에 히노마루기를 게양하기도 했다.[59]

히지카타 도시조를 총독으로 하는 구막부군은 그 후 11월 11일, 마쓰마에를 출진하여 에사시江差로 향했다.[60] 13일에는 오타키고개大滝峠에서 신정부군을 격파하고, 15일에는 하코다테箱館로부터 회항한 군함 가이요의 원호 사격 아래 에사시 진지로 진입했다. 그러나 가이요는 도중에 폭풍을 만나 암초에 걸려 하는 수 없이 작은 배로 철수했다(그후 가이요는 며칠 뒤 분쇄되어 침몰했다). 17일에는 구막부군이 마쓰마에번병을 구마이시熊石까지 추격했다.[61]

그 사이 신센구미는 히지카타 도시조와는 별개의 행동을 하고 있었다. 10월 30일, 신센구미는 하코다테 시중단속을 명령받아 하코다테 주둔소(후나미초 쇼묘지[船見町 称名寺])로 들어갔다.[62]

12월 5일에는 하코다테 시중단속을 전습사관들에게 넘겨주고 고료카쿠에 들어가 주둔소 4군데에 경비를 서게 되었다. 이 시기 신센구미는 "매일 눈이 내리는 가운데 프랑스식 훈련을 하였다"[63]고 한다.

12월 15일, 히지카타 도시조는 고료카쿠로 개선했다. 이날은 에조치전도를 제압한 기념으로 성대한 축제가 개최되었다. 고료카쿠, 하코다테포대,

58 「中島登覚之書」, 『新選組史料集』, 82쪽; 「島田魁日記」, 『新選組日記』, 261~263쪽.
59 「戊辰戦争見聞略記」, 『箱館戦争史料集』, 252쪽; 「説夢録」, 『箱館戦争史料集』, 59쪽.
60 「麦叢録」, 『幕末実戦史』, 299쪽.
61 「島田魁日記」, 『新選組日記』, 263~265쪽.
62 「中島登覚之書」, 『新選組史料集』, 82쪽.
63 「戊辰戦争見聞略記」, 『箱館戦争史料集』, 253쪽.

군함, 각국 군함 등이 각각 101발의 축포를 쏘았다. 주간에는 모든 배가 5색의 기장旗章을 펄럭였고, 밤에는 시가지에 꽃무늬 등불을 밝혔다. 화려함과 흥청거림이 장관이었다고 한다.[64] 에노모토 다케아키는 각 부대의 장병들에게 술과 안주를 지급했다.[65]

　이날 각국의 영사 및 하코다테항에 정박 중인 영국·프랑스 군함의 함장과 에노모토 다케아키와의 회담이 있었다. 회담에서는 하코다테 무역 기타에 관해서는 종래대로 시행하며, 구막부군의 입장이 확정된 다음에 조약을 체결하기로 했다. 또한 영국과 프랑스의 함장으로부터는 구막부군이 에조치로 건너간 취지를 일본 정부(신정부)에게 변명한다는 이야기도 있었다.[66]

미국식 선거

또한 이날은 선거에 의해 임시 직책役職者이 정해졌다. 그 이유로는 도쿠가와의 주군이 정해질 때까지 미국식 제도를 모방해 사관 이상의 선거로 직책과 담당자를 정하고자 했던 것이다.[67]

　선거의 결과는 [표 5-1]과 같았다.

　히지카타가 6위를 차지해 사관들 사이에서 높은 지지를 얻고 있었음을 알 수 있다. 이 결과를 바탕으로 직책별 선거가 치러졌다.

　여기에서는 히지카타는 부총재와 육군부교직에서 표를 얻었지만 양쪽 모두 하위였다. 이렇게 두 번의 선거를 거쳐서 [표 5-2]와 같은 각 직책과 담당자가 결정되었다.

64 小杉直道, 「麦叢錄」, 『幕末実戰史』, 303~304쪽.
65 「中島登覚之書」, 『新選組史料集』, 82쪽.
66 「說夢錄」, 『箱館戰争史料集』, 63쪽.
67 「說夢錄」, 『箱館戰争史料集』, 63쪽.

[표 5-1] 선거 결과

에노모토 가마지로	156점
마쓰다이라 다로	120점
나가이 겐바	116점
오토리 게이스케	86점
마쓰오카 시로지로	82점
히지카타 도시조	73점
가스가 사에몬	43점
세키히로 우에몬	38점
마쓰다이라 엣추	55점
이타쿠라 이가	26점
마키노 빈고	35점
오가사와라 사도	25점
쓰시마 아키라	1점

「新聞調記」, 『新選組日誌』 하, 266쪽에서 인용

총재	에노모토 가마지로	155점
	마쓰다이라 다로	14점
	나가이 겐바	4점
	오토리 게이스케	1점
부총재	마쓰다이라 다로	120점
	에노모토 가마지로	18점
	오토리 게이스케	7점
	나가이 겐바	5점
	아라이 이쿠노스케	4점
	히지카타 도시조	2점
	시바 세이이치	1점
해군부교	아라이 이쿠노스케	73점
	사와 다로사에몬	14점
	시바 세이이치	13점
	고가 겐고	9점
	마쓰오카 반키치	2점
	후루야 사쿠사에몬	1점
육군부교	오토리 게이스케	89점
	마쓰다이라 다로	11점
	히지카타 도시조	8점
	마쓰오카 시로지로	6점
	이바 지로(伊庭八郎)	1점
	마치다 하지메	1점

「사쓰마해군사」, 『新選組日誌』 하, 267쪽에서 인용

[표 5-2] 직책 및 담당자

총재	에노모토 가마지로(榎本釜次郎 = 武揚)
부총재	마쓰다이라 다로
해군부교	아라이 이쿠노스케(荒井郁之助)
육군부교	오토리 게이스케
개척부교(開拓奉行)	사와 다로사에몬(沢太郎左衛門)
하코다테부교	나가이 겐바(永井玄蕃)
회계부교	에노모토 쓰시마(榎本対馬)
회계부교	가와무라 로쿠시로(川村録四郎)
하코다테부교대우	나카지마 사부로스케(中島三郎助)
마쓰마에부교	히토미 가쓰타로(人見勝太郎)
에사시부교	마쓰오카 시로지로(松岡四郎次郎)
에사시부교대우	고스기 마사노신(小杉雅之進)
육군부교대우 · 하코다테시중단속 재판국국장(頭取)	히지카타 도시조

이렇게 하여 하코다테 정부의 에노모토 이하 수뇌부가 결정되고, 히지카타도 그 일원이 되었다. 이 시기에 하코다테 정부는 다음과 같이 급료를 정하고 있다.

1. 상등사관(지휘역[差図役]까지) : 금 2냥(両)

1. 중등사관(郷導)까지

   지휘역 하급직(差図役下役) : 금 1냥 3부(分)

   향도 : 금 1냥 2부

1. 하등사관 : 1냥 1부

   보병 : 금 1냥

직급에 따른 급여체계가 제시된 것이었다.

통행세 설정과 화폐 발행

이보다 앞서 11월에는 하코다테 시내와 고료카쿠을 연결하는 중간지점인 잇폰기一本木(하코다테시[函館市])에 관문을 설치하고 통행인의 검문을 하고 있었는데, 봄부터는 야산에 푸성귀를 캐러 가는 자가 통과할 때 한 사람당 24몬文[68]씩, 또 나그네는 한 사람당 60몬씩 징수하기로 했다. 통행세의 도입이었다. 또 1869년(메이지 2) 2월 중순에는 하코다테 시내에서 찻집, 소규모 숙박업小宿, 선술집, 메밀국수집 등을 운영하는 업자에게 허가표를 지급한 뒤 한 달에 1냥 2주朱의 상납금을 징수했다. 영업세의 실시였다.[69]

「보신전쟁견문약기戊辰戰爭見聞略記」에 따르면, 1869년 1월 2일, 신센구미는 하코다테 시중을 대대적으로 순찰하고 있다. 또 15일에는 육군대의 아오야마 지로青山次郎 등 24명과 쇼기타이 8명이 신센구미에 들어왔다. 거기에 2월 28일에는 히지카타가 시중을 철저하게 단속하라는 명목으로 신센구미에게 금 1000필疋을 지급하고 있다.[70]

1869년 1월, 하코다테 정부는 "고료카쿠에서 새로이 금을 추출하고"[71], "우리 정부에서는 이치부긴一分銀[72], 니치부긴二分銀을 제조했다. 그 금액이 25만, 즉 30만에 달한다. 이를 통보通宝라 칭한다[73]"고 하듯이, 새로운 금·은으로 통화를 주조하고 있었다.

하코다테 정부는 단기간이기는 하지만, 신정부와는 다른 독자의 기구를 가지고 세제나 화폐정책 등 내정과 외교를 전개했던 것이다.

---

68 1文은 1貫의 1/1000(역자주).
69 「箱館軍記」, 『箱館戰爭史料集』, 35~36쪽.
70 「戊辰戰爭見聞略記」, 『箱館戰爭史料集』, 256쪽.
71 「箱館軍記」, 『箱館戰爭史料集』, 34쪽.
72 一分은 錢1文의 1/10, 金1兩의 1/4(역자주).
73 「戊辰戰爭見聞略記」, 『箱館戰爭史料集』, 254쪽.

4. 하코다테전쟁과 신센구미의 종언

미야코만의 해전

1869년 3월 20일, 이전부터 쓰가루津軽(아오모리현[靑森縣])에 잠입해 있던 스파이가 돌아와서 보고를 했다. 그 보고에 의하면 지난 10일, 신정부의 군함 5척(고테쓰[甲鉄]·가스개春日]·조요[朝陽]·요슌[陽春]·데이뵈[丁卯])과 운송선 2척, 준쾌속선[亜飛脚船] 등 총 8척이 시나가와항을 출항해 17·18일경 남부 미야코만[宮古]에 입항할 예정이라는 것이었다.[74]

이에 따라 하코다테 정부 해군 소속 가이텐의 함장 고가 겐고[甲賀源吾]는 해군부교인 아라이 이쿠노스케에게 진언을 하였다. 그 내용은, 신정부군의 함선은 대군을 수송하기에는 배마다 속도가 달라서 시나가와에서 아오모리까지 직행할 수는 없다, 반드시 한두 군데에 집합지를 설정할 것이다, 우리 함대가 가장 두려워하는 것은 고테쓰다, 자신이 지휘하는 가이텐은 고테쓰보다는 해상에서 힘이 열악하다, 따라서 집합지에서 기습을 감행하여 고테쓰를 탈취하고 싶다는 것이었다. 아라이는 에노모토 총재와 상의한 뒤 장교들을 소집하여 군사회의를 연 다음, 프랑스인 브뤼네에게도 자문을 구하고 나서 이 계책을 채용하기로 했다.[75]

신정부함대의 고테쓰는 이전에 막부가 미국에서 발주한 군함으로, 선체가 철판으로 뒤덮여 있어 그와 같은 이름이 붙여졌다. 고테쓰의 배수량 1358톤으로 가이텐의 1678톤에 비해 뒤떨어지지만, 30폰드 포 1문, 70폰드 포 6문을 탑재하고 가트링포(기관포)를 갖추고 있었다. 1년 전인 1868년(메이지 원년)

---

74 「脱艦日誌」, 『新選組日誌』 하, 276쪽; 「麦叢録」, 『幕末実戦史』, 307~308쪽.
75 「古賀源吾伝」, 『新選組日誌』 하, 276쪽.

4월에 요코하마에 도착해 있었는데, 보신전쟁시 미국이 국외중립을 선언했기 때문에 귀속이 불분명한 상태였다. 그러나 그 후 전황의 전개에 따라 1869년 2월 신정부군 측에 인도되었다.[76]

3월 21일, 하코다테 정부 해군의 가이텐, 반류, 다카오高雄 등 3척은 고테쓰를 탈취하기 위하여 하코다테항을 출항했다. 다카오는 아키타秋田의 구보타번久保田藩 소유의 배였으나, 작년 10월 26일 구막부군의 점령을 모른 채 하코다테항에 입항했다가 가이텐에게 나포된 배였다.[77]

가이텐에 승선한 사람은 해군부교 아라이 이쿠노스케, 육군부교대우 히지카타 도시조, 프랑스인 니콜이, 반류에는 프랑스인 크라트가, 다카오에는 프랑스인 콜라슈가 타고, 신목대神木隊, 쇼기타이, 유격대 등이 각 함에 승선했다. 신센구미 대원인 소마 가즈에와 노무라 도시사부로野村利三郎는 히지카타를 수행해서 가이텐에 승선했다. 3월 23일, 3척의 배는 폭풍우를 만나 뿔뿔이 흩어졌다. 가이텐은 하루 종일 해상을 표류하다가 24일에 겨우 오사와항大沢港에 입항하게 되어, 결국 단독으로 고테쓰를 탈취하기로 하였다.[78]

25일 이른 아침, 가이텐은 미국국기를 게양하고 최고 속도로 달려 미야코만의 구와가사키항에 입항했다.[79] 신정부함대 8척을 피해가면서 고테쓰에 접근하자 깃발을 히노마루기로 교체하고 거포를 쏘았다. 고테쓰함은 혼란에 빠지고 배는 기울게 되었다.[80]

그러나 가이텐은 외륜선이었기 때문에 고테쓰 옆에 병행해서 댈 수가

76 『新選組日誌』 하, 277쪽.
77 「戊辰戦争見聞略記」, 『箱館戦争史料集』, 251, 258쪽.
78 「函館戦史」, 『新選組日誌』 하, 278쪽.
79 「麦叢録」, 『幕末実戦史』, 308쪽.
80 「島田魁日記」, 『新選組日記』, 273~274쪽.

없었고, 뱃머리를 고테쓰 옆에 접근시키는 게 고작이었다. 게다가 가이텐은 철갑함보다도 약 2.12m정도 높아서 고테쓰로 옮겨 타려고 준비하던 병사들이 뱃머리에서 주저하고 있었다. 이때 제독인 아라이와 함장인 고가는 격노하며 칼을 빼어 들고 "아보르다-쉐"(프랑스어로 '뛰어들어'라는 말)라고 명령을 했다. 그러자 오쓰카 나미지로大塚浪次郎(해군사관 견습 1등)를 선두로, 사사마 긴하치로 笹間金八郎(쇼기타이 지휘역), 가토 사쿠타로加藤作太郎(동 하급역), 노무라 도시사부로(육군부교부조좌역, 신센구미 지휘역대우)가 철갑함으로 뛰어들었지만 기관포에 맞거나 창에 찔리는 등 전원이 전사했다.[81]

이 사이 히지카타는 제독인 아라이, 함장인 고가, 프랑스인 니콜 등과 함께 장교檣橋(마스터에 걸려 있는 사다리) 위에서 계속 지휘를 했지만 고가는 총에 맞아 전사했다[82]. 결국 가이텐은 한 시간도 되지 않는 짧은 전투[83]에서 패해 물러나고 말았다. 3월 26일, 가이텐과 반류는 하코다테로 귀환했다. 다카오는 신정부함대가 추격을 해 와서 포격을 가했지만, 이미 선원들은 도망을 친 뒤였다고 한다.[84] 해군의 기습작전이 실패한 하코다테 정부는 드디어 최후의 육전을 맞이하게 된다.

후다마타 방면의 격전

4월 6일, 영국 상선 알비온트의 정보에 의하면 신정부군이 아오모리青森까지 접근해 왔으며, 하코다테에 있는 외국인은 24시간 이내에 퇴거하도록 명령이 내려졌다고 했다. 에노모토 총재는 곧바로 계엄 상태를 실시하고, 신센구

---

81 「函館戰史」, 『新選組日誌』 하, 281쪽.
82 「島田魁日記」, 『新選組日記』, 274쪽.
83 「脫艦日誌」, 『新選組日誌』 하, 283쪽; 「中島登覺え書」, 『新選組史料集』, 83쪽.
84 「太政官日誌」 1869년 제43호, 橋本博 편, 『改訂維新日誌』 제2권, 名著刊行會, 1966년, 114~115쪽.

미는 벤텐사키(하코다테시)의 포대를 포병과 함께 수비하게 되었다. 7일, 제외국인들은 하코다테를 철수했지만, 미국인 라이스는 시중의 병원을 맡게 되어 국기를 게양하고 경비원을 배치하는 태세를 취했다.[85]

11일, 신정부군은 에사시의 북쪽 오토베乙部에 상륙해, ① 해안선을 따라 마쓰마에에 다다라 그대로 하코다테에 도착하는 길, ② 에사시에서 내륙부를 지나 기코나이木古内를 거쳐 해안선으로 나아가는 길, ③ 후다마타二股의 나카야마고개中山峠를 넘어 일시에 하코다테의 배후에 도달하는 길, 등 3개 항로로 진군했다.[86]

히지카타는, ③ 후다마타 방면의 수비를 위해 고료카쿠를 출진하고, 여기에 육군부교가 파견添役한 오노 우추大野右仲, 오시마 도라오大島寅雄, 오하타케 덴노스케大畠伝之助(添役助), 그리고 히지카타를 경호하기 위해 신센구미 대원이 동행을 했다.[87]

13일에서 14일에 걸쳐 히지카타 일행을 포함한 후다마타 수비대는 신정부군을 맞이해 격렬한 총격전과 포격전을 전개했다. 하코다테 정부군은 3만 5000발의 탄약을 사용했고, 신정부군은 총·포탄피 수만 개를 땅 위에 어지럽게 버려두었다고 한다.[88] 수비대는 지형의 이점利點을 살려 기습공격을 감행해 신정부군을 격퇴하고 병량, 탄약, 텐트 등을 다수 압수했다.[89]

14일, 프랑스군인 폴탄은 후다마타에서 브뤼네 앞으로 보낸 편지에서 이 전투의 모습을 알리고 있다. 내용인즉, "16시간의 전투는 오늘 아침 6시에 적군이 퇴각했다. 적들이 퇴각한 이유는 피아彼我 간에 탄약이 부족했기 때문

---

85 「立川主税戦争日記」, 『新選組史料集』, 256쪽; 「戊辰戦争見聞略記」, 『箱館戦争史料集』, 259~260쪽.
86 『幕末実戦史』, 105쪽.
87 「中島登覚え書」, 『新選組史料集』, 84쪽.
88 「麦叢録」, 『幕末実戦史』, 312쪽.
89 「島田魁日記」, 『新選組日記』, 285쪽; 「脱艦日誌」, 『新選組日誌』하, 290쪽.

이다"라며 쌍방이 사력을 다해 싸운 격전이었으며, "아군의 활약상은 놀랄 만하다. 한 사람도 게으름을 피우는 자가 없고 그들의 얼굴은 탄약가루 때문에 시커멓게 되어 마치 악당의 얼굴 같았다"고 화약으로 얼굴이 검게 변한 아군의 분투를 칭찬했다.[90]

같은 14일, 센다이번의 미쿠니대見国隊 400명이 구와나번사 5명과 함께 하코다테 정부군의 원군으로서 영국 상선 엔바크를 타고 사와라항砂原港에 도착했다.[91]

23일에서 25일에 걸쳐서 신정부군은 재차 후다마타 방면을 맹공격했다. 이 전투는 이틀 주야에 걸쳐 치러졌으나 하코다테 정부군의 방어는 강력해서 신정부군은 재차 퇴각했다.[92] 이 전투는 하코다테전쟁 중에서 가장 격렬한 전투였다고 한다.

한편, 이날 신정부군의 함대가 하코다테만을 기습하여 26일에는 함대끼리 포격전을 치렀다.

하코다테 정부군의 퇴각과 프랑스 군인의 전선 이탈

4월 29일, 신정부군은 마침내 야후라이矢不来진지를 돌파했다.[93] 보고를 받은 히지카타는 후다마타 방어를 단념하고 이치노와타리一ノ渡까지 후퇴할 것을 지시했다.[94] 그날 밤 신센구미는 쇼기타이, 육군소대 등과 함께 아리카와有川로 출진해 기습공격을 감행하여 신정부군을 패주시켰다.[95]

---

90 「苟生日記」, 『箱館戰爭史料集』, 178~179쪽.
91 「戊辰戰爭見聞略記」, 『箱館戰爭史料集』, 260쪽.
92 「說夢錄」, 『箱館戰爭史料集』, 69쪽.
93 「衝鋒隊戰史」, 『幕末實戰史』, 272쪽.
94 「中島登覺之書」, 『新選組史料集』, 84쪽.
95 「島田魁日記」, 『新選組日記』, 304쪽.

5월 1일, 히지카타는 고료카쿠으로 돌아와 에노모토 다케아키나 마쓰다이라 다로와 면회를 한 다음 벤텐포대로 가서 신센구미에게 오늘 밤 아리카와로 출진할 것을 명령했다.[96] 5월 2일 밤, 신센구미는 오토리 게이스케, 쇼기타이, 전습보병대 등과 함께 나나에하마를 기습하여 신정부군을 후퇴시키기도 했다.[97] 그러나 이러한 하코다테 정부군의 기습도 단발적인 것에 불과할 뿐, 신정부군의 전선은 예정대로 전진을 계속하고 있었다.

이러한 상황 속에서 같은 날 2일, 프랑스군인 10명이 하코다테를 떠났다. 「설무록說夢錄」에는 다음과 같이 기록되어 있다.

이날, 프랑스인 교사 10명(상등사관 '브뤼네', '고라지', 하등사관 '포르탕', '마를린', '카즈뇌브', '브피에', '니콜')은 이전에 육군을 교육시키기(陸軍伝習) 위해 에도로 부임해서 가르쳤지만, 우리 육해군의 탈주에 참가하여 각기 본국에 사표를 제출하고 우리를 위해 진력한 사람들이다. 그러나 전쟁에 승산이 없자 모두 자국의 배에 승선하여 탈출하였다.[98]

이제까지 일관되게 구막부군·하코다테 정부군을 지원해 왔던 프랑스 군인들도 마침내 전선을 이탈하게 된 것이었다.

5월 3일 신센구미는 쇼기타이, 유격대 등과 함께 재차 나나에하마를 야습하고, 6일에도 쇼기타이, 전습대 등과 함께 나나에하마 야습을 감행했다. 이때는 신센구미가 선봉이면서도 주저했기 때문에 쇼기타이가 선봉에 나섰다. 나아가 8일 밤에도 유격대, 쇼기타이 등과 같이 나나에하마를 기습하기도 했다.[99]

---

96 「中島登覚え書」, 『新選組史料集』, 84쪽.
97 「函館戦史」, 『新選組日誌』 하, 303쪽.
98 「說夢錄」, 『箱館戦争史料集』, 71쪽. 단, 프랑스 인명의 기재는 7명으로 되어 있다.

하코다테 총공격

5월 10일, 신정부군의 하코다테 총공격을 앞두고 하코다테 정부의 간부들은 누각에 올라가 이별의 잔을 교환했다. 다음날인 11일, 채 날이 새기도 전에 신정부군의 총공격이 개시되었다.[100]

전투는 육상과 해상에서 진행되었다. 하코다테 정부의 군함 가이텐, 반류, 하코다테 포대는 신정부군의 군함 고테쓰·조요·데이보·가스가·요순 등과 치열한 포격전을 전개했다. 반류는 조요를 격침시키기는 했지만, 탄약이 바닥나서 전투를 계속할 수 없었다. 이 때문에 가이텐과 함께 얕은 곳으로 올라가 배에다 불을 질렀다. 신정부군의 히류飛龍·호안豊安은 하코다테산 뒤에 있는 사무카와강寒川江에 작은 배 10척을 전대시키고 있었다. 신정부 육군 1000여 명이 상륙을 하여 하코다테산에 올라갔다.[101] 이에 대항하기 위해 하코다테 정부군 150여 명 정도가 나팔을 불면서 공격해 올라갔지만, 산 정상에서 대포나 소총을 쏘아 댔기 때문에 하코다테군은 패주했다.[102]

신센구미도 또한 응전을 했지만 인원이 적어 차츰 밀리기 시작하여 하코다테 부교인 나가이 나오무네, 신센구미 대장 소마 가즈에의 지휘하에 250여 명이 벤텐포대로 퇴각해 농성을 하였다.[103]

이 전투에서 신센구미 대원인 오토베 고노신乙部剛之進, 구리하라 센노스케栗原仙之助, 쓰다 우지고로津田丑五郎, 가스야 주로粕谷十郎, 나가시마 고로사쿠長島五郎作, 아리도시 간고蟻通勘五 등이 전사했다. 이 중 아리도시는 1864년 이

---

99 「脱艦日誌」, 『新選組日誌』하, 303쪽; 『幕末実戦史』, 106쪽.
100 「函館戦記」, 『新選組史料集』, 355쪽.
101 「島田魁日記」, 『新選組日記』, 305~309쪽; 「戊辰戦争見聞略記」, 『箱館戦争史料集』, 263~264쪽.
102 「新開調記」, 『新選組日誌』하, 309쪽.
103 「説夢錄」, 『箱館戦争史料集』, 73쪽.

케다야사건시 출동을 하였고, 나가시마도 1868년 도바·후시미전투에 참가했던 교토 시절 이래의 대원이었다.[104]

히지카타의 전사

이날 그들과 앞서거니 뒤서거니 하면서 히지카타 도시조도 전선으로 나갔다.

이날 오전 5시경에 포성이 들려 고료카쿠에 있던 병사들이 밖을 보니, 적육해군이 대진격을 하여 즉각 (하코다테 정부군은) 병사를 나나에하마에 출진시켰다. 하코다테는 단지 히지카타가 병사를 인솔하여 잇폰기로부터 진격을 했다. 히지카타가 액병대를 인솔하여 후방을 경비했다. 그리하여 적군은 이코쿠바시까지 퇴각했다. 오모리하마에 있던 적함 한 척이 쓰가루진지를 향해 포격을 했다. 쇼기타이는 스나야마에서 전투를 했다. 시치리하마로 적이 뒤에서 공격해 왔기 때문에 히지카타가 이 전투를 지휘하였고, 적이 퇴각했다. 또 잇폰기를 습격하였으나 적의 탄환이 허리를 관통하여 마침내 전사를 했다.

히지카타 씨는 늘 아래로 만민을 불쌍히 여기고 전투에 임해서는 앞서 진격하였기에 장병들이 모두 분투를 하여 진격을 하니 패배하는 일이 없었다.[105]

히지카타 도시조는 마상에서 지휘하여 쇼기타이, 액병대, 미쿠니대, 사능대(祠陵隊), 전습사관대 등 계 500여 명을 이끌고 포대를 지원하기 위해 잇폰기 거리의 방어책(柵)에 이르러 전투를 하여 적을 격파한 뒤 이코쿠바시를 몇 걸음 남겨둔 거리까지 왔을 때 적군(관군)이 해안과 스나야마에서 저격을 했다. 몇 명이 쓰러졌으나 위축

---

104 「旧幕新撰組記念巻」, 『新選組日誌』 하, 310~311쪽.
105 「立川主税戦争日記」, 『新選組史料集』, 258쪽.

되는 기색이 없었다. 그러나 이미 적탄이 허리를 관통하여 마침내 전사했다. 또한 아군이 진격하여 공격할 수 없게 되자 퇴각하여 지요가오카에 이르렀다.

군감(軍監)인 오시마 도라오(大島寅雄)는 히지카타의 전사를 보자 급히 말을 몰아 고료카쿠로 돌아왔다. 모두가 이를 보고 말하기를 그대가 돌아온 일은 무엇 때문인가, 도라오가 말하기를 사태가 매우 위급하다. 제군들에게 말할 여유가 없다. 양 총재를 만나 하코다테의 패배에 대해 보고하려고 한다.[106]

위의 두 사료에 의하면, 오전 5시경 포성이 들려 고료카쿠에 있던 병사들이 밖을 보니, 신정부군이 대진격을 시작하고 있었다. 그래서 하코다테 정부군은 나나에하마에 병사들을 출동시킴과 동시에 하코다테에도 히지카타 도시조가 쇼기타이, 액병대, 미쿠니대, 사능대社陵隊, 전습사관대 등 모두 500여 명을 이끌고 출진을 했다. 히지카타 등은 잇폰기 관문을 돌파하고 이국교異国橋 부근까지 육박했지만 신정부군의 격렬한 공격을 받았다. 이때 마상에서 지휘를 하던 히지카타는 허리를 관통당해 전사하고 만다.

군감軍監인 오시마 도라오大島寅雄는 히지카타의 죽음을 확인하고는 급히 말을 몰아 고료카쿠로 돌아왔다. 병사들이 웬일인가 하고 물었지만, 오시마는 너희들에게 말할 여유가 없다며 에노모토 총재와 마쓰다이라 부총재에게 아군의 패배를 보고했다. 히지카타는 항상 부하를 소중히 다루고, 전투시에는 맨 앞에 섰기 때문에 부하들이 모두 용감하게 싸워 패하는 일이 없었다고 한다.

그리고 히지카타의 사망지에 대해서는 잇폰기 관문[107] 외에, 이국교

---

106 「島田魁日記」, 『新選組日記』, 309~310쪽.
107 「函館戰記」, 『新選組史料集』, 356쪽; 『幕末実戰史』 118쪽; 「麦叢録」, 『幕末実戰史』, 319쪽.

異国橋, [108] 쓰루오카초鶴岡町(하코다테시[函館市])[109] 등 여러 설이 있다.

1863년의 로시구미 참가 이래, 미부로시구미, 신센구미 부장을 역임하고, 나아가 보신전쟁에 참가해 싸워 온 히지카타 도시조는 여기서 35년의 생애를 마감한 것이었다.

신센구미의 항복

다음날인 5월 12일, 신정부군은 벤텐포대를 종일 공격해 왔고, 13일 아침에는 육지와 바다에서 대·소 대포를 쏘면서 포대를 공격했다. 점심때쯤 포로가 된 하코다테 해군의 수군이 사신이 되어 백기를 흔들며 신정부군으로부터 항복을 권하는 편지를 전달했다. 이후 포성은 멈췄다. 14일에는 하코다테 정부 측의 병원 의사 다카마쓰 료운高松凌雲도 신정부군의 의향을 받들어 편지를 작성했고, 병원에 있는 부상병 두 명을 사자로 내세워 작은 배에 태우고 백기를 흔들면서 포대 밑까지 다가가게 하여 항복을 권했다. 항복의 권유를 받고 벤텐포대에 있던 신센구미의 소마 가즈에는 신정부군의 군감인 사쓰마번의 나가야마 도모에몬永山友右衛門과 함께 고료카쿠로 달려가 에노모토 총재 등과 상의한 뒤 항복을 결정했다. [110]

다음날인 15일, 소마 가즈에가 신센구미 대장에 임명되었다[111]. 소마는 1867년 12월의 신센구미 명부에 이름이 보이는데, 동시기에 일어난 덴만야 사건에서는 기슈번사 미우라 규타로의 경호를 위해 출동한 경력을 갖고 있었다. 그의 신센구미 대장 취임은 하코다테전쟁의 사후 처리를 위해서였다.

---

108 「島田魁日記」, 『新選組日記』, 309쪽; 「中島登覚え書」, 『新選組史料集』, 86쪽.
109 「佐藤家文書」, 『新選組日誌』 하, 314쪽.
110 「戊辰戦争見聞略記」, 『箱館戦争史料集』, 265~266쪽; 「中島登覚え書」, 『新選組史料集』, 86쪽; 「箱館軍記」, 『新選組日誌』 하, 320쪽.
111 「明治二年巳年五月十五日新撰組」名簿 『新選組日誌』 하, 320쪽.

그리고 이날 벤텐포대는 항복을 하였다.[112]

당일 벤텐포대를 수비하였던 신센구미 대원의 명부가 남아 있는데, 계 92명, 기타 병졸 11명이 있었다. 이 중에 교토 시절 이래의 대원은 13명, 이케다야사건 이전에 입대한 대원은 시마다 가이와 오제키 마사지로(아시로의 동생) 두 명 뿐이었다.[113] 이렇게 해서 신센구미의 조직적 활동은 종언을 고했다.

17일에는 지요가오카千代ヶ岡 방면 총독인 나카지마 사부로스케中島三郎助 가 신정부군의 항복 권고를 거부하고 장남 고타로恒太郎, 차남 에이지로英次郎 등과 함께 전사했다.[114] 나카지마는 페리가 내항했을 때 부부교로서 응대에 임했으며, 하코다테 정부에서는 하코다테 부교대우 및 보병 대장대우를 역임한 인물이었다.

그리고 마침내 5월 18일 아침 7시, 에노모토 다케아키, 마쓰다이라 다로, 아라이 이쿠노스케, 오토리 게이스케 등 고료카쿠 수뇌부도 항복을 결정하고 병사 및 하인 1008명이 항복을 했다. 오후 5시에는 신정부군이 고료카쿠의 무기들을 몰수했다.[115]

이렇게 하여 하코다테전쟁은 끝났다. 이로써 도바·후시미전투에서 시작된 보신전쟁은 종결되고 신센구미의 역사도 막을 내리게 되었다.

112 「島田魁日記」, 『新選組日記』, 316쪽.
113 『新選組日誌』하, 322쪽.
114 「島田魁日記」, 『新選組日記』, 317쪽; 「說夢錄」, 『箱館戦争史料集』, 75쪽.
115 「太政官日誌」1869년 제65호, 橋本博 편, 『改訂維新日誌』 제2권, 名著刊行会, 1966년, 168~169쪽.

신센구미의 역사적 위치

1. 관료화와 서양식 군비화

신센구미의 국민적 이미지

이상 5장에 걸쳐 로시구미 시대를 포함하여 신센구미의 생성·전개 과정을
살펴보았다. 마지막으로 이 장에서는 신센구미의 역사적 위치에 대해서 검
토해 보고자 한다.

　신센구미에 관하여 종래에는 '무사 중의 무사', '최후의 무사' 등과 같은
이미지가 중심이었다. 예를 들면, 이전에 핫토리 시소服部之總는, "(이케다야사건
이후의신센구미에는) '양이' 실천을 위한 제1의 전제조건으로서 공무합체 사수라
는 사명이 부과되었다. 그것은 우선 '조슈'의, 마침내는 '삿초'의 추종자들로
부터 현 제도를 사수하는 특별경비대의 임무였다. 한 점의 부르주아적인
요소도 갖지 않는, 다만 농촌의 봉건적 근저 부분을 100% 무장화한 시위관
출신자들이 독재했던 신센구미만큼 이 임무를 위해 용감무쌍하고도 진지하
며, 직무에 충실할 수 있는 존재가 달리 있겠는가"[1]라며, 신센구미를 후진

다마 지역의 봉건적 농민이 무장을 해서 양이실천을 위해 공무합체를 사수하려고 한 집단이라는 의미를 부여했다. 막말유신이라고 하는 근대화 시대에 후진 지역인 다마에서 탄생한 반동적인 무장집단이라는 시각이다.

또 시바 료타로司馬遼太郎의 「메이지유신의 재평가·신센구미 신론新論」은 "얼마 안 있어 곤도는 나가레야마에서 사형당하고 히지카타는 그 후 고료카쿠에서 농성하다가 전사했다. 그들의 최후는 멋졌다. 무사를 동경한 그들은 사실, 일본 최후의 무사로서 무사답게 죽었다. 남자로서 역시 행복한 생애였다고 할 수 있다"[2]고, 일본 최후의 무사로서 칭찬하고 있다.

근래에는 사사키 스구루의 『보신전쟁』이, "잘 알려진 대로 신센구미는 목숨을 아끼지 않는 검사劍士들의 집단이었지만, 총을 쏘지 않았다. 시중의 좁은 도로를 돌진해서는 번병의 총격에 맞아 죽을 뿐 조금도 진격을 할 수 없었다"[3]고, 총을 소지하지 않는 검사 집단으로서의 의미를 부여했다.

이러한 평가가 이제까지의 신센구미에 대한 국민적 이미지를 형성해왔다. 핫토리가 말하는 후진 다마 지역에 대해서는 본문에서 수도 기능을 뒷받침하는 수도권이라는 의미를 부여하고 평가도 했는데, 과연 '봉건적 부분의 무장화', 혹은 시바가 말하는 '최후의 무사', 사사키가 말하는 '검사 집단'이라는 평가는 어떠할까.

이미 본론의 여기저기에서 기술해 온 바와 같이 곤도 이사미나 히지카타 도시조 등의 주관과는 별도로, 신센구미는 객관적으로 보아도 상당한 정도의 합리성·근대성을 갖춘 조직이었다. 이하, 이점을 신센구미의 조직화·규율화,

---

1 服部之総, 「新撰組」, 『服部之総全集7・開国』, 福村出版, 1973년, 63쪽; 초출은 『歴史科学』 1934년 9월호.
2 司馬遼太郎, 「明治維新の再評価・新選組新論」, 『中央公論』 1962년 4월호, 287쪽.
3 佐々木克, 『戊辰戦争』, 中公新書, 1977년, 24쪽.

즉, 관료화의 시점과 서양식 군비화라는 두 가지의 관점에서 살펴보고자 한다.

대원의 출신지와 출신계층

첫 번째의 관점인 신센구미의 조직화·규율화에 대해 살펴보고자 한다. 우선, [표 7-1], [표 7-2]에서 대원들의 출신지를 개관해 보자.

일부 대원들의 출신지이기는 하나 도호쿠 지방에서 규슈까지 거의 전국에 걸쳐 있다. 번을 단위로 대개 지역별로 구단을 편성하고 있던 에도 시대에 전국으로부터 지원병에 의해 구성된 신센구미는 특이한 존재였다고 할 수 있다.

다음으로, [표 7-3]을 보면, 대원들이 다양한 사회계층의 출신임을 알 수 있다. 즉 무사, 농민, 기타 사회 여러 계층에 분포되어 있다. 에도 시대에는 원칙적으로 병사가 될 수 있는 자는 무사에 한정되었지만, 신센구미는 지원제에 의해 이러한 제약을 뛰어넘고 있다.

조직화·관료화

또한 신센구미는 로시구미의 동지적 조직에서 관료제적 조직으로 변모해 갔다.

신센구미 조직의 변천을 보면, 미부낭사가 성립될 당시에는 국장局長 세리자와 가모, 곤도 이사미, 니이미 니시키, 부장副長 야마나미 게이스케, 히지카타 도시조, 부장보좌副長助勤 14명, 대원조사역 겸 감찰諸士調役兼監察 3명, 회계역대우 짐말담당勘定役並小荷駄方 4명, 평대원이라는 구성이었다.[4]

1864년 11월에는, 국장 곤도, 부장 히지카타, 조책임자組頭 1번 오키타

---

4 子母澤寬,『新選組始末記』, 中公文庫, 99~100쪽; 平尾道雄,『定本·新撰組史録』, 新人物往来社, 47~48쪽.

[표 7-1] 신센구미 대원의 출신지와 출신계층

도호쿠 (東北)	무쓰 (陸奥)	아라이 다다오(荒井忠雄), 이토 겐스케(伊藤源助), 이바라키 쓰카사(茨木司), 이와사키 이치로(岩崎一郎), 기쿠치 오(菊池央), 고로 다이스케(後藤大助), 시바 료사쿠(司馬良作), 시라토 도모에(白戸友衛), 무토 마타사부로(武藤又三郎), 야나기사와 도바(毛内有之助), 모나이 아리노스케(柳沢騰馬), 야마나미 게이스케(山南敬助), 요시무라 간이치로(吉村寛一郎)
	데와 (出羽)	아베 주로(阿部十郎), 고바야시 게이노스케(小林桂之), 미쓰우라 다몬(助松浦多門)
간토 (關東)	시모쓰케 (下野)	나카무라 고로(中村五郎), 마쓰이 류지로(松井龍二郎)
	고즈케 (上野)	미쓰이 우시노스케(三井丑之助)
	히다치 (常陸)	이토 가시타로(伊東甲子太郎), 시노사키 사하치로(篠崎慎八郎), 스즈키 미키 사부로(三木三郎), 세리자와 가모(芹沢鴨), 소마 하지메(相馬肇), 니이미 니시키(新見錦), 노구치 겐지(野口健司), 히라마 주스케(平間重助)
	시모사 (下総)	이나요시 류마(稲吉龍馬)
	가즈사 (上総)	이케다 시치사부로(池田七三郎), 스즈키 나오토(鈴木直人)
	아와 (安房)	나가시마 고로사쿠(長島五郎作)
	에도 (江戸)	오쿠와 구와지로(大石鍬次郎), 오키타 소지(沖田総司), 곤도 하야오(近藤隼雄), 곤도 요시스케(近藤芳祐), 사이토 하지메(斎藤一), 사쿠라이 유노사(桜井勇之進), 시바다 히코사부로(柴田彦三郎), 다무라 이치로(田村一郎田), 다무라 로쿠고로(村録五郎), 도도 헤이스케(藤堂平助), 나가쿠라 신파치(永倉新八), 미우라 쓰네지로(三浦常次郎), 야스토미 사이스케(安富才輔, 또는 히젠[肥前])
	무사시 (武蔵)	이노우에 겐자부로(井上源三郎), 우쓰미 지로(内海次郎), 곤도 이사미(近藤勇), 다우치 사토루(田内知), 나카니시 노보루(中島登), 나카지마 노보루(中西登), 누마지리 고분고(沼尻小文五, 또는 고즈케[上野]), 하야시 신타로(林信太郎, 또는 오사카[大坂]), 히지카타 도시조(土方歳三), 미야카와 노부키치(宮川信吉), 요코쿠라 진고로(横倉甚五郎)
	사가미 (相模)	다무라 긴시치로(田村金七郎)
주부 (中部)	이즈 (伊豆)	가노 미치노스케(加納道之助)
	가이 (甲斐)	이쓰미 가쓰사부로(逸見勝三郎), 시모사와 린타로(塩沢麟太郎), 다카야마 지로(高山次郎)
	시나노 (信濃)	미우라 게이노스케(三浦啓之助), 사쿠마 가쿠지로(佐久間恪二郎)

주부 (中部)	**도도미** (遠江)	우에다 우마노스케(上田馬之助)
	미카와 (三河)	안도 하야타로(安藤早太郎)
	오와리 (尾張)	사노 시마노스케(佐野七五三之助), 마쓰바라 이쿠타로(松原幾太郎)
	미노 (美濃)	이치무라 데쓰노스케(一村鉄之助), 오하시 한사부로(大橋半三郎), 가가쓰메 가쓰노스케(加々爪勝之助), 시마다 가이(島田魁), 노무라 도시사부로(野村利三郎)
	에치고 (越後)	모토이 가즈사부로(元井和三郎)
	엣추 (越中)	요시무라 요시타로(吉村芳太郎)
	가가 (加賀)	다나카 도라조(田中寅三), 야마노 야스하치(山野八十八)
긴키 (近畿)	**오미** (近江)	사사키 하지메(佐々木一)
	야마토 (大和)	하시모토 가이스케(橋本皆助)
	기이 (紀伊)	기무라 료노스케(木村良之助), 사노 마키타로(佐野牧太郎), 시바 로쿠노스케(斯波緑之助), 다케시로 후라타(武城久良太), 야다 겐노스케(矢田賢之助)
	야마시로 (山城)	이토 나미노스케(伊藤浪之助), 가와시마 가쓰지(川島勝司), 나카야마 주조(中山重蔵), 혼다 이와키치(本多岩吉), 미시나 이치로(三品一郎), 미시나 지로(三品次郎), 미즈구치 이치마쓰(水口市松)
	세쓰 (摂津)	이키 하치로(伊木八郎), 아야 이치로(漢一郎), 구에베 마사치카(久米部正親), 사사키 아이지로(佐々木愛次郎), 야가네 시게조(矢金繁三), 야마자키 스스무(山崎烝), 사카이 효고(酒井兵庫)
	이즈미 (和泉)	오제키 마사지로(尾関雅次郎), 마쓰모토 기지로(松本喜次郎)
	단바 (丹波)	슈쿠인 료조(宿院良蔵, 또는 교토[京都]), 요시다 슌타로(吉田俊太郎)
	단고 (丹後)	기시지마 요시타로(岸島芳太郎)
	하리마 (播磨)	가와이 기사부로(河合耆三郎), 스즈키 렌자부로(鈴木錬三郎), 핫토리 다케오(服部武雄), 히라야마 고로(平山五郎), 마쓰바라 주지(松原忠司, 또는 오사카[大坂])

[표 7-2] 신센구미 대원의 출신지와 출신계층

주고쿠 (中国)	이즈모 (出雲)	다케다 간류사이(武田観柳斎)
	비젠 (備前)	이토 가즈에(伊藤主計)
	빗추 (備中)	오오쓰키 가로(大槻銀蔵), 다케우치 겐타로(竹内元太郎), 다니가와 다쓰조(谷川辰蔵), 다니 산주로(谷三十郎), 다니 마사다케(谷昌武), 다니 만타로(谷万太郎)
	아키 (安芸)	아사노 가오루(浅野薫, 또는 비젠[備前])
	나가토 (長門)	사에키 마타사부로(佐伯又三郎)
시코쿠 (四国)	아와 (阿波)	간자키 히후미(神崎一二三), 기노시타 이와오(木下巌), 마고시 사부로(馬越三郎), 마에노 고로(前野五郎)
	사누키 (讃岐)	아리도시 간고(蟻通勘五)
	이요 (伊予)	하라다 사노스케(原田左之助)
규슈 (九州)	지쿠젠 (筑前)	다테가와 지카라(立川主税), 요시무라 신타로(吉村新太郎)
	지쿠고 (筑後)	기무라 히로타(木村広太), 시노하라 다이노신(篠原泰之進), 나카무라 겐도(中村玄道), 무라카미 긴노스케(村上金之助), 무라카미 만지로(村上万次郎)
	휴가 (日向)	다무라 다이자부로(田村大三郎)
	히젠 (肥前)	오노 우추(大野右仲)
	히고 (肥後)	오카다 슌타로(尾形俊太郎), 기요하라 기요시(清原清), 무라카미 기요시(村上清)
	사쓰마 (薩摩)	도야마 야효에(富山弥兵衛)
	쓰시마 (対馬)	아비루 에이사부로(阿比留鋭三郎)

『「新撰組」全隊士録』, 『新撰組情報館』에 의함. 출신은 번사라도 에도에서
출생한 것이 확인된 자는 에도로 했음. 작표 협력에 미노 유키노리(三野行徳)씨.

[표 7-3] 신센구미 대원의 출신계층

무사 (武士)	번사 (藩士)· 막신 (자제 [子弟])	이치무라 데쓰노스케(一村鉄之助, 오가키번사의 아들[大垣藩士子]), 오노 우추(大野右仲, 가라쓰번사[唐津藩士]), 기쿠치 오(菊池央, 히로사키번사의 아들[弘前藩士子]), 구리하라 센노스케(栗原仙之助, 가라쓰번사[唐津藩士]), 곤도 하야오(近藤隼雄, 막신의 아들[幕臣子]), 곤도 요시스케(近藤芳祐, 막신의 아들[幕臣子]), 사사키 하지메(佐々木一, 히코네번사의 아들[彦根藩士子]), 시라토 도모에(白戸友衛, 히로사키번사의 아들[弘前藩士子]), 나카야마 주조(中山重蔵, 아리스가와 노미야가 신하의 아들[有栖川宮家臣子]), 마에노 고로(前野五郎, 도쿠시마번사의 아들[徳島藩士子]), 마쓰하라 이쿠타로(松原幾太郎, 오와리번사의 아들[尾張藩士子]), 미시나 이치로(三品一郎, 막신[幕臣], 미시나 지로(三品次郎, 막신[幕臣弟]), 미즈구치 이치마쓰(水口市松, 오바마번사 아들[小浜藩士子]), 야마노 야소하치(山野八十八, 가가 다이쇼지번사[加賀大聖寺藩士]), 요시무라 요시타로(吉村芳太郎, 도야마번사 아들[富山藩士子])
	탈번 (脱藩) 등	아라이 다다오(荒井忠雄, 전다이라번사[元平藩士]), 이토 가시타로(伊東甲子太郎, 전시즈후번사[元志筑藩士]), 이토 겐스케(伊藤源助, 전시라카와번사[元白河藩士]), 이바라기 쓰카사(茨木司, 전나카무라번사[元中村藩士]), 오이시 구다지로(大石鍬次郎, 전히토쓰바시가 신하[元一橋家邸臣子]), 오쓰키 가로(大槻銀蔵, 전오카다번사[元岡田藩士]), 오키타 소지(沖田総司, 전시라카와번사 아들[元白河藩士子]), 사이토 하지메(斎藤一, 막부고케닌 아들[幕府御家人子]), 시바다 히코사부로(柴田彦三郎, 전히토쓰바시가 신하[元一橋家邸臣]), 스즈키 나오토(鈴木直人, 전쓰루마이번사[元鶴舞藩士]), 마쓰나미 곤노조(相馬肇, 전가사마번사[笠間藩士]), 다니 산주로(谷三十郎, 마쓰야마번사 단절[松山藩士断絶]), 다니 마사다케(谷昌武, 마쓰야마번사 단절[松山藩士断絶]), 다니 만타로(谷万太郎, 마쓰야마번사 단절[松山藩士断絶]), 다무라 이치로(田村一郎, 전다이라번사[元平藩士]), 다무라 로쿠고로(田村録五郎, 전다이라번사[元平藩士]), 도도 헤이스케(藤堂平助, 전쓰번사[元津藩士]), 나가쿠라 신파치(永倉新八, 전마쓰마에번사[元松前藩士]), 노구치 겐지(野口健司, 미토낭인[水戸浪人]), 하시모토 가이스케(橋本皆助, 전고오리야마번사[元郡山藩士]), 핫토리 다케오(服部武雄, 전아코번사[元赤穂藩士]), 마쓰우라 다몬(松浦多門, 전쇼나이번사[元庄内藩士]), 마쓰바라 주지(松原忠司, 전오노번사[元小野藩士]), 미우라 케이노스케(三浦啓之助, 마쓰시로번사 아들 단절[松代藩士子断絶]), 미키 사부로(三木三郎, 시즈쿠번사 아들[志筑藩士子]), 모나이 아리노스케(毛内有之助, 전쓰가루번사[元津軽藩士]), 야스토미 사이스케(安富才輔, 전아시모리번사[元足守藩士]), 야나기사와 도마(柳沢騰馬, 모리오카번사 아들[盛岡藩士子])

서민 (庶民)	낭인 (浪人) 등	곤도 이사미(近藤勇, 에도[江戸]), 시마다 가이(島田魁, 미노향사 아들[美濃郷士子]), 도야마 야효에(富山弥兵衛, 전사쓰마번사 하인[元薩摩藩士家来]), 하라다 사노스케(原田左之助, 전마쓰야마번 하인[元松山藩中間]), 세리자와 가모(芹沢鴨, 미토[水戸]), 하라마 주스케(平間重助, 미토[水戸]), 히라야마 고로(平山五郎, 히메지[姫路]), 야마나미 게이스케(山南敬助, 전센다이 검술가 아들[元仙台剣術家子]), 요시무라 신타로(吉村新太郎, 후쿠오카번 말담당 하인[福岡藩馬廻組家来])
	농민 (百姓)	이노우에 겐자부로(井上源三郎, 다마[多摩]), 가노 미치노스케(加納道之助, 이즈[伊豆]), 히지카타 도시조(土方歳三, 다마[多摩]), 미야카와 노부키치(宮川信吉, 다마[多摩]), 모로이 가즈이치로(元井和一郎, 에치고[越後]), 요코쿠라 진고로(横倉甚五郎, 다마[多摩])
	상인 (商人)	이케다 시치사부로(池田七三郎, 가즈사의 잡곡상[上総雑穀商]), 가와이 기사부로(河合喜三郎, 하리마의 쌀집 장남[播磨米屋長男]), 다니가와 다쓰로(谷川辰蔵, 빗추 상가의 삼남[備中商家三男])
	직인 (職人)	사사키 아이지로(佐々木愛次郎, 오사카 금속장식구 직공 아들[大坂錺職人子]), 시노하라 다이노신(篠原泰之進, 지쿠고 석공 장남[筑後石工長男]), 혼다 이와키치(本多岩吉, 교토 궁궐 목수 차남[御所大工頭二男])
	조닌 (町人)	다테가와 지카라(立川主税, 히젠[筑前])
	의사 (医師)	아사노 가오루(浅野薫, 아키[安芸]), 다케다 간류사이(武田観柳斎, 이즈모[出雲]), 야마자키 스스무(山崎烝, 오사카 침구의사 아들[大坂鍼医子])
	종교자 (宗教者)	안도 하야타로(安藤早太郎, 허무승[虚無僧]), 가쓰라야마 다케하치로(葛山武八郎, 허무승[虚無僧]), 사노 시메노스케(佐野七五三之助, 오와리신관 아들[尾張神職子]), 시바 로쿠노스케(斯波緑之助, 기이 승려[紀伊僧侶])

『「新撰組」全隊士録』, 『新撰組情報館』에 의함. 무사는 입대 시에 탈번 또는 단절이라는 기재가 있는 자는 탈번 등으로, 확인할 수 없는 자는 번사·막신으로 분류했다. 낭인 등에 관해서는 다른 신분에서 무사신분을 획득한(했다고 생각되는) 자, 향사 등의 신분을 획득한 자, 이전에 무가봉공인, 무가의 하인 (中間·若党) 등 원래 무사신분이 아니었던 자를 분류했다. 작표 협력에 미노 유키노리(三野行德)씨.

소지, 2번 이토 가시타로, 3번 이노우에 겐자부로, 4번 사이토 하지메, 5번 오가타 도시타로, 6번 다케다 간류사이, 7번 마쓰하라 주지, 8번 대포조 다니 산주로, 짐말·잡구담당 하라다 사노스케, 대원조사역 겸 감찰, 회계역, 서기, 단속역 등 8명, 평대원 약 40명으로 되어 있다. 5 번 조편제番組編成로 되어 각

책임자組頭가 임명되어 있다.

나아가 1865년 5월 하순경에는 총장 곤도, 부장 히지카타, 참모 이토 가시타로, 조책임자 1번 오키타, 2번 나가쿠라, 3번 사이토, 4번, 마쓰하라, 5번 다케다, 6번 이노우에, 7번 다니, 8번 도도, 9번 스즈키 미키사부로, 10번 하라다, 대원조사역 겸 감찰 7명, 회계역 1명, 기타 짐말담당, 서기, 단속역 등을 설치했다. 그리고 검술은 오키타 등 7명, 유술은 시노하라 등 3명, 문학은 이토 등 5명, 포술은 2명, 마술 1명, 창술 1명으로 각각 사범을 정해 오장 20명, 평대원 100명으로 조직되어 있었다.[6] 조책임자에 이동이 있으며 오장직을 새로 두고 있다.

조직화·관료화가 추진된 모습을 엿볼 수가 있다.

법도의 제정

신센구미는 더 나아가 엄격한 법도를 제정하여 조직 내의 질서를 유지했다.

신센구미의 법도가 명문화된 것은 아직까지 발견되지 않고 있다. 본문에서 언급한 것처럼, 1863년 5월경에 4개조의 법도를 정했다고 생각된다.[7] 또한 1864년 5월경, 아베 주로 등 많은 탈주자가 생겼을 때 "미부낭사의 규칙은 도망을 간 자는 발견하는 대로 동지가 처형할 것이라는 규정"[8]이라며, 이 시기에 탈주한 자는 발견하는 대로 처형할 것을 규정한 규칙도 존재하였다.

그 후, 1865년 5월 하순경, 신센구미의 조직 개편과 아울러 법도를 명문화했다고 한다. 이 시기 니시무라 가네후미도, "신센구미는 나아가 규율을

---

5 「行軍錄」, 『新選組日誌』 하, 276쪽.
6 西村兼文, 「新撰組始末記」, 『新選組史料集』 25쪽.
7 제2장 주 24·25 참조.
8 「時勢叢談話」, 『新選組日誌』 하, 167쪽.

설립하고 대오를 편성하다 …… 엄중하게 법령을 세워 그 처벌에는 냉혹하다"[9]며, 이 법도의 엄격함을 기록하였다.

단, 1865년 4월 1일에, 귀족인 구제가久世家의 가신이, 며칠 전에 신센구미로부터 거칠고 난폭한 행위를 당했다며 마쓰하라 주지를 힐문했을 때, 마쓰하라가 난폭한 행위를 한 대원은 이미 할복을 시켰기 때문에 원만히 해결하기를 바란다고 대답한 것에 대해, 구제가 측은 자기들이(신센구미 측) 정한 규칙으로 처벌하는 것은 바람직하지 않다고 불만을 표시하였다.[10]

물론 이러한 사적인 규칙인 4개조가 공적으로 어디까지 정당성을 가졌으며, 또한 실효성을 구비했는가 하는 의문점도 있다. 그러나 신센구미가 법도를 통하여 자의적이 아닌 객관적인 질서 유지를 지향한 사실은 인정해야 할 것이다.

봉급과 격려금

신센구미의 봉급은 현금이었다. 신센구미의 봉급에 관해서는 고가 모사쿠古賀茂作의 「금은출입장·해설」[11]에서 상세하게 다루고 있다. 이하 이 해설을 참고로, 봉급과 격려금報奬金에 대해서 살펴보자.

나가쿠라 신파치에 의하면, 1863년 9월부터 12월경의 수당은, 국장이 월액 금 50냥, 부장이 40냥, 부장보좌가 30냥, 평대원이 10냥이었다.[12] 나가쿠라는 당시 신센구미가 아이즈번에 위탁된 뒤로 위세도 좋아지고 무록無祿일지언정 여러 번저에도 자유로이 출입이 가능해져 매우 위풍당당했다고 한다.[13]

---

9 西村兼文,「新撰組始末記」,『新選組史料集』, 25~26쪽.
10 「蓬草年錄」,『新選組日誌』하, 302쪽.
11 新人物往来社 편,『新選組史料集』, 306~315쪽.
12 永倉新八 증언,「金銀出入帳·解說」,『新選組史料集』, 311쪽.
13 永倉新八,『新撰組顛末記』, 43쪽.

한편, 1863년 10월 4일부터 8일경에는 대원이 60명 정도 있었으며, 한 사람당 월 3냥이 지급되었다는 기록도 있다.[14]

그리고 하코다테전쟁 중에는 신센구미 대원인 이시이 유지로石川勇次郎 의 기록에 의하면, "1. 상등사관(지휘역까지) 금 2냥, 1. 중등사관(향도까지) 지휘역 하급역 금 1냥 3부, 향도 금 1냥 2부, 1. 하등병사 금 1냥 1부, 보병 금 1냥"[15]과 같이 계급별로 급료를 규정하고 있었다.

이처럼 신센구미는 월 단위의 봉급제도를 도입하고 있었다. 봉급제도 는 에도 시대의 무사에게서 널리 보이는 가록으로서의 영지나 봉록이 아닌 개인에 대해서 지급되었다는 점에서 특이한 것이었다.

또한 격려금도 있었다. 예를 들면 8·18정변시에는 출동한 대원들에게 조정으로부터 1명당 1냥씩 지급되고(곤도 편지 14), 1864년 5월에는 오사카에 서 장군을 경호한 공로에 따라 은 100매가 지급되고 있다(곤도 편지 17). 또 이케 다야사건시에는 조정으로부터 300냥, 아이즈번에서 금 25냥과 칼, 기타 물 품이, 막부로부터는 곤도에게 금 10냥과 별도로 금 20냥이 지급된 것을 비롯 해, 출동한 대원들에게 격려금 500냥이 지출되고 있다.[16]

더 나아가 1866년 12월에는 나카가와노미야로부터 신센구미에게 은 20매가 지급되고 있다.[17] 1867년의 산조제찰사건 시에는 "이날 밤 신센구미 의 활약상에 대해 포상을 함에 있어 갑·을을 정한다"[18]고 하듯이, 아이즈번으 로부터 활약상에 따라서 포상금이 지급되고 있다.

이들은 모두가 논공행상·위로의 의미를 가지는 임시 지급금이며, 실력

---

14 「東西紀聞」 2, 418쪽.
15 「金錢出納帳」, 『新選組史料集』, 313쪽.
16 『会津藩庁記録』 5, 494쪽.
17 『朝彦親王日記』 2, 244쪽.
18 「新撰組始末記」, 『新選組史料集』, 32쪽.

주의·업적주의에 입각한 것이었다.

공문서와 공인

신센구미는 조직으로서 공문서도 작성하고 있었다. 현재 1867년 11월 14일
부터 다음해 3월 1일까지의 「금은출입장」[19]이 남아 있는데, 신센구미의 회
계담당자가 작성한 것으로 추측된다. 작성은 아마도 몇 년에 걸쳐서 이루어
졌다고 생각된다.

「금은출입장」에 대해서도 고가 모사쿠의 「금은출입장·해설」이 상세
하다. 이하, 이 해설문을 참고로 출입장에 대해서 살펴보고자 한다.

전체는 3부로 나뉘어져, 「시작」 부분은 회계담당자 내부의 금전의 거래
등이며 「수당비용출처手宛入用出口」는 지출, 「돈수령처金請取口」는 수입이다.

지출을 보면, 예를 들면 다음과 같은 예를 들 수 있다.

ⓐ (11월) 17일 일동 10냥임. 야마다 이치로(山田一郎), 칼에 관련한 비용 전달.

ⓑ (11월) 19일 일동 17냥임. 시치조(七条)건에 관해 지급된 것.

ⓒ (12월) 2일 일동 1냥 2부 2주(朱) 히지카타 검술용 낡은 토시 1개.

ⓓ (12월) 10일 일금 6냥임. 쇠그물 속옷 비용, 요시무라에게 전달.

ⓔ (12월) 일동 344냥 3부. 일동 수당 전달.

ⓕ (12월) 일동 3000냥. 야마나카구미(山中組), (합계) 10가(家)에 변제.

ⓖ (정월) 15일 일동 100냥임. 요코하마 환자수당 시마다에 맡겨 둠.

ⓗ (2월) 일동 100냥임. 마쓰모토 료준 비용(石料).

---

19 三鷹市龍源寺所蔵, 『新選組史料集』, 306쪽; 『特別陳列·新選組』, 京都国立博物館, 101쪽.

여기에는, ⓐ 니조 오가와카도小川角에 있는 칼 연마사 야마다 이치로에게 도검 수리 대금, ⓑ 시치조아부라코지에 있는 이토파 숙청시의 수당금, ⓒ 히지카타 도시조의 검술 연습용 토시 대금, ⓓ 요시무라 간이치로의 쇠그물 속옷 대금, ⓔ 대원 일동에 대한 수당, ⓕ 오사카의 호상 야마나카가山中家(고노이케鴻池)에 변제금, ⓖ 에도 귀환 후에 부상자가 입원한 요코하마병원에서의 시중역인 시마다 가이에 지출금, ⓗ 의사 마쓰모토 료준에 지불한 약값 등 월, 일, 금액, 지출목적, 지출자 등이 간결하게 기록되어 있다.

한편 수입 중에는 다음과 같은 기재가 있다.

ⓐ (11월) 19일 일동 20냥임. 아이즈로부터 4명의 장의수당 수령.

ⓑ (12월) 8일 일동 4000냥. 오사카의 나카야마구미 합계 10가(家)로부터.

ⓒ (12월) 13일 일동 2000냥. 고보리 가즈마(小堀数馬)로부터 수령.

ⓓ (12월) 13일 일동 42냥. 기슈로부터 미야카와에게.

ⓔ (12월) 20일 일동 20냥. 아이즈로부터 선생에게 위문금.

ⓕ (정월) 7일 일동 500냥. 오사카성으로부터 수령.

ⓖ (정월) 7일 일동 4200냥. 오사카성 재정담당자(賄方)로부터 수령.

ⓗ 에도에서 일동 2000냥. 아이즈로부터 수령.

여기에서는 ⓐ 아부라코지에서 암살한 이토 이하의 장의비용을 아이즈 번으로부터 수령, ⓑ 나카야마가조합, ⓒ 막부 교토대관으로부터의 수령금, ⓓ 덴만야사건시 사망한 대원 미야카와 신키치에 대한 기슈번으로부터의 조의금, ⓔ 이토파에게 저격을 당해 부상을 입은 곤도에 대한 아이즈번으로부터의 위문금, ⓕ 오사카성, ⓖ 오사카성 재정담당자, ⓗ 아이즈번으로부터

의 수령금 등이다. 4000냥이 넘는 다액의
수입도 있다. 야마나카가에 대해서는 앞
서의 지출 부분에 3000냥 변제라고 기록
되어 있다.

신센구미는 회계장부(공문서)를 작성
하는 조직이기도 했다.

기타 1864년에 히지카타 도시조가
교토에서 기록한 일기를 도미자와 마사히
로에게 맡겨 다마의 사토가에 전달했다는
기록도 있다.[20] 원본·필사본 등은 남아 있
지 않으나 이것 또한 히지카타의 사적인
기록이 아니라 공문서일 가능성도 있다.

또 신센구미의 도장(公印)이 있었다는
것도 주목할 필요가 있다. 현재 곤도가 다
마의 나카지마 지로베 및 고지마 시카노

신센구미의 도장

스케에게 보낸 편지 17·18의 봉투(包紙) 두 점이 남아 있는데, 거기에 신센구미의
도장이 찍혀 있다. 신센구미는 공인(公印)을 사용한 조직이기도 했다.

신센구미가 상당한 수준의 합리성과 근대성을 갖춘 조직이었음을 알
수가 있다.

조직화·관료화에 대한 반발

그러나 신센구미의 조직화·관료화는 시위장 시대부터 동지로서 활동한

---

20 『新選組日誌』 상, 160~161쪽.

고참 대원들로부터 반발을 초래하게 되었다.

우선, 1863년 4월 17일부의 이노우에 마쓰고로의 서한에 의하면 시위장 이래의 동지인 히지카타·오키타·이노우에 겐자부로가 마쓰고로에게 곤도가 덴구가 되었다고 호소를 하고 있다.

다음으로 1864년 8월 하순경에는, 곤도가 대원들을 가신(부하)처럼 취급한다고 비판받은 사건이 발생했는데, 이것도 시위장 이래의 동지인 나가쿠라와 하라다가 교토에서 신센구미에 참가한 사이토·오제키·시마다·가쓰라야마 등과 모의를 하여 아이즈번에 호소한 사건이다.[21] 곤도가 대원들을 가신(부하)처럼 통제하려고 한 것에 대한 반발이었음을 알 수 있다.

또 1867년 6월 13일에는 신센구미가 막부의 신하로 편입될 때에도 신센구미 대원인 이바라기 쓰카사 등이 아이즈번에 대해 두 명의 주군을 섬길 수는 없다며 막신화에 저항하는 의미로 할복을 했다.[22] 이는 막부관료제로의 편입을 거부한 것이라고 할 수 있다.

그밖에도 고슈 가쓰누마전쟁에 패한 뒤인 1868년 3월 10일 아침, 새로이 당파를 만들려는 나가쿠라 등에 대해 곤도는 화를 내면서 자신의 가신이 된다면 앞으로 행동을 같이 하겠지만, 그렇지 않다면 나가쿠라의 제안을 거절한다고 말했다. 그러자 나가쿠라 등도 화를 내면서 작별인사를 하고 그 자리를 떠나 신센구미는 와해되었다고 한다.[23] 여기에서도 곤도가 대원 일동을 가신=부하로서 통제하려 한 점이 비판받고 있다.

시위장 이래의 동지들은 곤도의 조직화·관료화의 방향을 결코 환영하지는 않았던 것이다.

---

21 永倉新八, 『新撰組顚末記』, 112~115쪽.
22 「丁卯雜拾錄」 1, 193~195쪽.
23 永倉新八, 「浪士文久報国記事」, 『新選組日記』, 173쪽; 『新撰組顚末記』, 175쪽.

「후시미도바전쟁도」 중 신센구미의 니조조 입성도(상),
후시미부교쇼 철수도(하). 교토국립박물관 소장.

서양식 군비화

다음으로 서양식 군비화에 대해 살펴보고자 한다. '무사 중의 무사', '최후의
무사'라는 이미지와는 별도로 신센구미는 착착 서양식 군비화를 추진하고
있었다.

우선, 1864년 10월로 추정되는 9일자의 곤도 이사미와 사토 히코고로
앞으로 보낸 편지(히지카타 편지 16)에서, 히지카타는 신센구미 전원이 매일 포술
훈련을 거듭하여 서양식 총기류에 꽤나 숙달되었으며, 막부 - 조슈전쟁의
선봉도 맡을 수 있을 정도가 되었다고 자신하고 있었다.

또 1865년 9월에 작성된 막부 - 조슈전쟁을 대비한 행군록[24]에서는 '대

---

24 「異聞錄」, 小島資料館所蔵, 『新選組日誌』 상, 353쪽.

포대', '대포대 책임자 다니 산주로·도도 헤이스케', '소총대', '소총대 책임자
오키타 소지·나가쿠라 신파치' 등의 기술이 있다.

더욱이 「낭사문구보국기사」[25]의 1865년 3월 중순경에는 신센구미가
니시혼간지의 경내에서 혼간지 주지가 밖으로 나왔을 때 대포를 쏘았기 때
문에 주지가 놀라 자빠졌다는 이야기가 실려 있다.

1867년 9월 후반경에는 교토에서 신센구미가 조총 훈련과 부대 조련을
실시하고, 히지카타도 이러한 훈련에 강한 관심을 가지고 있었다.

그 외, 메이지 초기의 작품이기는 하지만, 「후시미도바전쟁도」 중 1867
년 12월의 신센구미의 니조조 입성도 그림에서는, 신센구미가 모두 소총을
지참하고 있으며, 1868년 정월 4일 후시미부교쇼 철수도 그림에서도 모두
소총을 소지하고 있다. 위 그림에서는 단다라하오리의 모습에 의문이 가고,
밑의 그림에서는 후방에서 저격당하는 상황이 실제로 있었는지 등에 의문
이 가지만, 전체적으로 신센구미가 총포대로서의 성격을 기본적으로 지녀
가고 있었음을 알 수가 있다.

더욱이 나가쿠라 신파치의 「낭사문구보국기사」에는, 후시미부교쇼
의 전투에서 포격전으로는 결말이 나지 않으니 히지카타가 칼을 빼서 돌격
하도록 명령했고, 삿초군이 후시미부교쇼가 내려다보이는 고코궁에서 대
포를 쏴 포격전이 되었다는 점, 부교쇼에서 밖으로 나온 나가쿠라가 궁지에
빠졌을 때 부교쇼 담벼락 위에서 시마다 가이가 이것을 붙잡으라고 소총을
내려주었다는 점, 전쟁의 최종 단계에서 아이즈번과 신센구미 모두 총을
버리고 칼을 들고 돌격했다는 점 등이 기록되어 있다.[26]

---

25 永倉新八, 「浪士文久報国記事」, 『新選組日記』, 116쪽.
26 永倉新八, 「浪士文久報国記事」, 『新選組日記』, 149, 151, 154쪽.

히지카타 도시조가 도바·후시미의 전투를 경험한 뒤, 에도에서 앞으로의 전쟁은 대포나 소총의 시대이며, 검이나 칼은 도움이 되지 않는다고 말한 적도 있다고 전해진다.[27] 전환기에 어울리는 말이지만, 사실 앞서 살펴본 바와 같이 신센구미는 이보다 이른 교토 시대에 서양식 군비화를 진행시키고 있었다.

에도로 귀환한 신센구미에 대해 살펴보더라도, 예를 들면 1868년 3월의 가쓰누마전쟁시 "이번에 고슈 히가시하치요군 아라이촌東八代郡 新居村 출신으로 곤도 이사미의 대포 담당을 맡고 있는 유키 무니조가 이것을 붙잡아"[28]라고, 가이국甲斐國 히가시하치요군 아라이촌(히가시하치요군 이치노미야마치[東八代郡 一宮町]) 출신(실은 히카와촌[日川村] 출신이라고 한다)의 유키 무니조가 대포를 담당하고 있었음을 알 수가 있다.

또한 「금은출입장」에 의하면, 신센구미는 에도에서 신식 소총이나 망토, 바지를 구입하고 있다. 신센구미가 서양식 복장을 갖춰 입기 시작한 것을 알 수 있다.

2. 막부의 동향

막말기의 막정개혁의 전개

이상으로 신센구미가 칼로 상징되는 '무사 중의 무사', '최후의 무사'가 아니라 관료화·서양식 군비화를 추진한 근대적 성격을 가진 집단이었음을 분명히 했지만, 실은 이러한 행동은 막말기의 에도 막부의 동향과도 일치한다.

---

27 「譚海」, 『新選組日誌』 하, 132쪽.
28 「勝沼·柏尾坂戦争記」, 『新選組史料集』, 209쪽.

당시, 최대의 재정적 기반을 바탕으로 대규모 관료제와 군대를 유지하고, 공적인 외교 경로를 통해 정확한 정보를 대량으로 획득하고 있었던 것은 역시 막부였다.

막말기, 내외로 긴장이 고조되어 가는 가운데 막부는 결코 무위무책으로 있지는 않았다. 오히려 서양화·근대화를 향해 '막말기 3대 개혁'으로 불리는 개혁정치를 전개해 가고 있었던 것이다.

안세이개혁

그 첫 번째가 1853년(가에이[嘉永] 6)의 페리 내항을 계기로 시작된 안세이安政개혁이다. 이는 로주 아베 마사히로阿部正弘를 중심으로 개명파 관료 가와지 도시아키라川路聖謨, 이와세 다다나리岩瀬忠震, 나가이 나오무네, 오쿠보 이치오大久保一翁 등에 의해 추진되었다. 같은 해 아베는 시나가와에 포대를 축조하도록 명령하고 대선건조 금지령을 해제하는 등 해방海防의 강화를 도모했다.[29]

1854년(안세이 원년) 미일화친조약 체결 후, 아베는 사의를 표명하지만, 13대 장군 이에사다나 전 미토번주 도쿠가와 나리아키德川斉昭 등이 만류하여 그들의 신임을 얻고 로주에 유임을 해 안세이개혁을 개시했다.[30]

1854년, 하타모토·고케닌에게 검·창·포술 등을 강습하는 강무장을 설치하고, 1856년에는 쓰키지築地에 강무소講武所를 준공했다. 이어 1859년에는 간다의 오가와초로 이전했다. 강무소의 과목 중에는 서양 포술도 포함되어 있었고, 교수로는 다카시마 슈한高島秋帆, 가쓰 가이슈 등이 있었다.[31]

1855년에는 나가사키의 데지마出島 부근에 막부의 해군전습소海軍伝習所

---

29 芝原拓自, 『日本の歴史 23·開国』, 小学館, 1975년, 70~76쪽.
30 守屋嘉美, 「阿部政権論」, 『講座日本近世史 7·開国』, 有斐閣, 1985년.
31 熊澤徹, 「幕府軍制改革の展開と挫折」, 坂野潤治他 편, 『日本近現代史 1』, 岩波書店, 1993년.

가 설립되어 네덜란드인 펠스 라이켄Pels Rijcken 해군 중위 등 22명의 교관에 의한 교육이 개시되었다. 전습생傳習生으로서는 막신이나 여러 번의 번사 약 100명이 참가했다. 1859년 2월 전습소가 폐쇄될 때까지 막신인 가쓰 가이슈, 에노모토 다케아키, 페리를 응접한 나카지마 사부로스케 등 막부의 전습생 외에 사쓰마번의 고다이 도모아쓰五代友厚, 사가번의 사노 쓰네타미佐野常民 등 여러 번에서 온 청강생도 참가했다.32

1857년에는 간다 오가와초에 반쇼시라베쇼蕃書調所가 개교를 했다. 이것은 양서나 외교서 번역의 효율화를 도모하기 위해 1855년에 막부의 덴몬카타天文方에서 독립을 해서, 구단九段에 설립되어 있었던 양학소洋学所를 개칭한 것이었다. 개교를 위해 가쓰 가이슈나 가와지 도시아키라 등이 진력을 하고 교수보조로서 조슈의 무라타 조로쿠村田蔵六(후일의 오무라 마쓰지로[大村益次郎])나 사쓰마의 마쓰모토 고안松本弘安(후일의 데라시마 무사노리[寺島宗則]) 등이 함께 했다.33

이처럼 막부는 일찍이 서양화·군사화를 위해 노력했다. 그리고 그것은 전국 통치자로서 삿초를 포함한 여러 번들을 주도하는 것이었다.

분큐개혁

1862년 6월, 조정은 시마즈 히사미쓰가 수행을 하는 칙사 오하라 시게토미大原重徳를 에도에 파견을 해 장군의 상경과 막부 정치의 개혁을 요구했다. 조정이 노리는 목표 중의 하나가 도쿠가와 요시노부와 마쓰다이라 요시나가의 복권이었다. 그들은 장군 후계자 문제로 이이 나오스케井伊直弼와 대립하여 칩거당하고 있었다. 당초 막부는 요시노부 등의 복권에 대해 난색을

---

32 石井寛治,『大系日本の歴史12·開国と維新』, 小学館, 1989년, 39쪽.
33 宮崎ふみ子,「蕃書調所＝開成所に於ける陪審使用問題」,『歴史学研究』제430호, 1967년.

표했지만, 마침내 도쿠가와 요시노부를 장군후견직에, 마쓰다이라 요시나가를 정사총재직에 취임시켰다. 조정의 명령을 받아 막부의 인사가 이루어진 것은 전대미문의 일이었다.

또 존왕양이과격파에 의해 치안이 악화된 교토의 치안 회복을 목적으로 윤 8월 1일에 교토슈고쇼쿠를 설치했다. 교토슈고쇼쿠는 교토의 조정, 귀족, 절과 신사를 관리하고 있었던 교토쇼시다이, 오사카조다이大阪城代, 나아가서는 교토 근방近国의 다이묘들을 지휘하는 권한을 가진 비상직非常職으로, 아이즈번 내의 반대를 무릅쓰고 마쓰다이라 가타모리가 번병 1000여 명을 이끌고 취임을 했다. 앞서 기술한 대로 1863년 2월의 곤도 등의 로시구미 결성은 이러한 흐름 가운데서 이루어진 일이었다. 요시노부·요시나가 정권에 의한 분큐개혁은 요시나가의 참모인 요코이 쇼난橫井小楠의 헌책을 수용해, 공무일화公武一和를 대방침으로 하여 전개되었다. 1862년 윤 8월에는 참근교대를 격년제에서 3년마다 참근하도록 바꾸고, 다이묘의 처자가 본국으로 귀국하는 것도 허락했다.

1863년에는 가쓰 가이슈의 구상에 따라 고베에 해군조련소가 건설되었다. 여기에는 하타모토, 고케닌 외에 사쓰마, 도사, 기타 제번사도 많이 모집되었고 견습생 대표塾頭로는 사카모토 료마가 임명되었다.

이외에도 막부는 직속의 보병·기병·포병 등 3병을 만들고 네덜란드로부터 장비 도입을 도모했다. 또 미국이나 네덜란드에 함선을 발주하고, 더 나아가 네덜란드에 유학생을 파견하는 등 구미의 지식이나 기술을 습취하는 데 노력했다.[34]

---

34 이상, 『日本の歷史23·開国』, 小学館, 1975년, 196~198쪽.

게이오개혁

도쿠가와 요시노부는 1862년에 장군후견직, 1864년 3월에 금리수위총독에 취임하는 등 공무합체파의 핵심 인물이었다. 1866년 12월에 장군으로 취임하여 1868년 정월에 에도로 돌아올 때까지 에도에 있지 않았던 장군이었다. 요시노부는 프랑스어를 배우고 프랑스 요리를 먹는 등 친불파로 여겨졌다. 요시노부 체제하에 에도에서는 오구리 다다마사小栗忠順, 구리모토 곤栗本鯤 등 친불파 막부 관료들에 의한 게이오개혁이 전개되었다.

1865년 막부는 프랑스로부터 240만 달러의 차관을 얻어 요코스카橫須賀 제철소를 기공했다. 프랑스 공사 로슈의 대막부 접근정책을 배경으로 한 것이었지만, 막부 측의 추진자인 간조부교 오구리 다다마사는 거기에 조선소, 수선소 등을 건설해 강대한 막부 해군의 거점으로 삼을 계획이었다. 제철소의 소장은 프랑스 해군기사 베르니였으며, 52명의 프랑스인이 협력했다.

1866년 12월 8일, 프랑스 정부가 파견한 군사고문단이 일본에 왔다. 사절단은 샤를 슈르비스 샤노완느 대위를 단장으로 하고, 보병·포병·기병 등 3병과의 사관·하사관 등 모두 15명으로 구성되어 있었다. 그들은 막부의 보병·포병·기병의 훈련을 담당했지만, 주로 훈련을 받은 자들은 하타모토나 고케닌이 아닌, 그들이 납부한 군역금으로 고용한 용병들이었다.

로슈를 비롯해 프랑스 해군 극동함대사령관 오이에 제독, 샤노완느 등은 막신인 마쓰다이라 다로, 오토리 게이스케, 에노모토 다케아키 등과 손을 잡고 대삿초교对薩長交 전파戰派를 형성했다.

본문에서도 기술하였지만, 보신전쟁 후반기인 1869년(메이지 2) 3월 25일에 있었던 미야코만의 해전에서 해군부교(제독) 아라이 이쿠노스케와 막부군함 가이텐의 함장 고가 겐고는, "아보르다-쉐(뛰어들어)"라고 외쳤듯,35 막부의 조련은 상당히 철저한 것이었다.

기타, 당시 막부 수뇌부는 로슈의 진언에 따라 수상격인 로주 이타쿠라 가쓰키요 아래에서 오가사와라 나가미치가 외국사무총재(외무대신), 이나바 마사쿠니가 국내사무총재(내무대신), 마쓰다이라 야스히데松平康英가 회계총재(재무대신), 마쓰다이라 노리카타松平乗謨(후일의 오규 유즈루[大給恒])가 육군총재(육군대신), 이나바 마사미稲葉正巳가 해군총재(해군대신)라는 분담책임체제가 정해졌다. 이는 메이지 이후의 내각제의 선구적인 형태라고 한다.[36]

이상으로 살펴본 바와 같이, 막부는 막부 최후의 단계까지 개혁정치를 전개하고 있었던 것이다. 이는 종래 주장되어 온 '삿초=개명적=근대화 성공'과 '막부=보수적=근대화 실패'를 대비적으로 파악하는 막말유신관의 재검토를 요청하고 있다. 근년에 에도와 도쿄의 수도 기능, 막부 관료와 유신 관료 등, 에도 시대와 메이지 시대의 연속적인 면이 구체적으로 밝혀지고 있다.[37]

신센구미도 이러한 움직임 속에서 새롭게 자리매김할 필요가 있다. 즉, 신센구미 또한 착실히 관료화·근대화의 길을 걷고 있었으며, 결코 '무사 중의 무사', '최후의 무사'로서 시대에 뒤떨어진 존재가 아니었다고 하는 점이다.

---

35 「函館戦史」, 『新選組日誌』 하, 281쪽.
36 芝原拓自, 『日本の歴史23・開国』, 小学館, 1975년, 亀掛川博正, 「慶応幕政改革について」, 『政治経済史学』 제166호, 1980년.
37 大石学 편, 『江戸時代への接近』, 東京堂出版, 2000년.

주코신서中央新書 편집부의 나미키 미쓰하루並木光晴 씨로부터 신서 집필 건으로 전화가 있었던 것은 2003년 9월이었다. 9월 18일에 스기나미구杉並区 다카이도高井戸의 커피점에서 만나 한 시간 정도 서로의 생각에 대해서 이야기를 나눴다.

이야기를 마치고 돌아가려 할 때 마침 저자가 시대 고증을 담당하고 있는 NHK 대하드라마 "신센구미!新選組!"가 화제가 되었다. 아직 방송하기 전의 준비단계라 내용에 대해서는 그다지 이야기할 수 없었지만, 당시 신센구미와 관련된 책에서 소개하고 있는 '무사 중의 무사', '최후의 무사' 등으로 대표되는 신센구미상像에 위화감을 가지고 있다는 점과 신센구미를 막말유신이라는 역사과정 가운데에 자리매김할 필요가 있다는 점 등을 생각나는 대로 말했더니 나미키 씨의 표정이 진지하게 변한 것처럼 느껴졌다.

다음 날, 나미키 씨에게서 '신센구미'를 출판 기획하고 싶다는 연락이 왔고, 10월 하순에는 편집회의에서 이것이 인정되었다는 소식을 들었다. 이 무렵이 되자 서점에는 대하드라마의 영향 탓인지 신센구미에 관한 서적이 다수 진열되어 있었다. 나미키 씨는 "신센구미붐 속에서 가장 뒤늦은 책이 되겠네요"라고 말했다.

그 사이 저자는 ① 근무지인 도쿄가쿠게이대학 근세사연구회의 수업에서 2003년 12월부터 2004년 5월까지 이에치카 요시키家近良樹 편『막말유신 논집3: 막정개혁』(吉川弘文館, 2001년)을 중심으로, 또 2004년 3월에는 대학원 집중수업에서 이노우에 이사오井上勳 편『일본의 시대사20: 개국과 막말의 동란』

(吉川弘文館, 2004년)을 중심으로 막말유신기를 생각할 기회를 가졌다.

②나아가 2002년 4월부터 2004년 3월까지의 2년간 게이오기주쿠대학 대학원 법학연구과의 수업을 가사하라 히데히코笠原英彦 씨와 함께 담당을 하게 되어 막말유신기에 관한 정치사의 관점에서 접근하는 기회를 얻었다.

③2004년 3월에는 공동연구·공동집필의 성과로서 졸저『신센구미정보관』(教育出版)을 간행하여 신센구미에 관한 기초정보의 수집, 축적, 공유화의 필요성과 신센구미를 역사적으로 자리매김하는 연구의 필요성을 주장했다.

④이 시기를 전후하여 2003년 1월부터 2004년 9월까지 매주 방영된 대하드라마 "신센구미!"의 고증考證회의에서는 신센구미 측에서 본 막말유신의 모습을 탐구하기 시작했다. 이 과정에서 당시 '대정봉환', '사쿠라다문 밖의 변' 등의 용어는 사용되지 않고 '대정반상大政返上', '사쿠라다문 일건' 등의 용어로 교체시킬 필요성과, "곤도 등이 '무사' 신분을 획득하는 것은 언제인가", "'다마'의 향사 의식은 어느 시기에 형성되었는가", "삿초세력이 '토막'이라는 용어를 사용한 것은 어느 시점에서부터인가"라는 문제에도 직면했다. 이러한 ①~④의 문제의식은 모두 이 책을 집필하는 중요한 전제가 되었다.

그러나 이 책의 집필은 공사로 바쁜 일정 때문에 생각만큼 진척이 되지 않았다. 겨우 2004년 4월 이후 나미키 씨와 매주 다카이도나 시부야의 커피점에서 만나 20쪽 내지 30쪽 분량의 원고를 건네주게 되었다.

당초, 저자의 구상은 신센구미론과 막말유신론에 관한 몇 개의 논문을 싣는 것이었다. 그러나 대하드라마가 방영되기 시작하자 주위사람들로부터 "저것이 정말로 있었던 일인가", "픽션이라면 사실은 어떠했을까" 등등의 많은 질문을 받게 되었다.

그래서 신서로서는 이례적인 스타일이 되었지만 서술에 즈음해서는 가능한 한 출전을 명시하기로 했다. 곤도 이사미의 입이 컸다는 사실과 이케다야사건에서의 오키타 소지의 각혈, 야마나미 케이스케과 아케사토明里의 이별 등, 널리 알려져 있는 일화에 대해 전면적으로 신용할 수도 없고, 또한 픽션이라고 무시할 수도 없어 출전과 함께 기술하기로 한 것이다.

이러한 스타일은 사실인가 픽션인가에 대한 최종적인 판단을 독자들에게 맡기는 형식이며, 나아가서는 앞으로의 신센구미 연구의 진전에 의해 수정될 수 있다는 것을 상정하고 있다. 독자 여러분이 이 책과는 다른 기술을 발견했을 때에는 출전과 함께 비교 검토가 가능하기 때문이다.

최근에 신센구미에 관한 관심이 높아짐에 따라 각지에서 신센구미에 관한 흥행물과 박물관 전시 등이 활발해졌다. 새로운 연구성과와 사료의 발굴도 있었다. 이 책에서는 이와 같은 지역사의 연구성과를 가능한 한 반영했다. 따라서 신센구미붐의 총결산이라고 할 수 있을지도 모르겠다.

그런데도 이 책의 집필이 끝나고 나서 모르는 것이 더 늘어만 갈 뿐이다. 향후 다시금 막말기·메이지 초기의 각지의 사료를 발굴하고 싶다는 생각이다.

마지막으로, 최종 집필 단계에서 사료의 해석, 도판·부록의 작성, 본문 교정 등을 도쿄가쿠게이대학 근세사연구실 졸업생인 사토 히로유키佐藤宏之, 다케무라 마코토竹村誠, 미노 유키노리三野行徳, 야나기사와 리사柳沢利沙, 대학원생 오시마 요이치大嶋陽一 군 등으로부터 도움을 받았다. 주코신서 편집부의 나미키씨는 통상적인 편집 작업에 더해 저자가 다량으로 추가한 원고를 컴퓨터에 입력해 주었다. 이러한 도움을 준 분들께 마음으로부터 감사를 드리고 싶다.

2004년 10월
오이시 마나부

이 책은 오이시 마나부大石學의 『신센구미: 최후의 무사新選組』(中公新書, 1773)를 우리말로 옮긴 것이다. 일본에서는 대중용으로 집필된 책이나, 일본사가 많이 소개되어 있지 않은 한국에서는 아마도 역사 전공서로 분류될 수도 있을 것이다.

옮긴이가 이 책을 번역하게 된 배경에는 한두 가지의 이유가 있다. 최근에 한국 청소년들에게 번역되어 널리 읽히는 일본 만화 중에는 일본의 역사에서 제재와 소재를 빌려온 것이 많이 있다. 그중에 하나가 『바람의 검심』이다. 『바람의 검심』이 일본 역사에서 제재와 소재를 빌려왔다고 해도 만화는 어디까지나 픽션물이기 때문에 그와 관련한 역사서도 동시에 소개가 되어야 한다고 생각했다. 이러한 생각에서 이와 관련이 있다고 생각된 『신센구미』를 번역하게 되었다.

신센구미는 치안유지와 민간무력을 활용한다는 취지에서 1862년 연말부터 구상된 낭인 모집에서 출발한다. 모체는 낭인부대(로시구미[浪士組])로, 신센구미는 이 부대에서 분리 독립한 집단이다. 주로 교토의 치안유지를 목적으로 활동했던 신센구미는, 당시 교토슈고쇼쿠이었던 아이즈번주 마쓰다이라 가타모리 휘하에 소속되어, 이케다야사건 등을 통해 교토에 잠복하고 있던 과격파 존왕양이론자들을 단속했다. 유신 이후에는 구막부군과 함께 보신전쟁을 치렀다.

신센구미가 교토에서 활동하던 시기는 본문에도 나와 있듯이 정치적

담론으로는 '개국'과 '양이'가, 정치세력으로는 '공무합체파'와 '존왕양이파'가 격돌하던 막말의 격동기였다.

일반적으로 오늘날의 일본에서는 2차 대전 이전에 극성을 부렸던 황국사관皇国史観이 상당히 불식되고 자유로운 역사연구가 가능하게 되었지만, 막말유신기에서 근대국가의 창출기인 메이지 시대에 대한 고찰은 여전히 승리한 사쓰마·조슈 중심의 사관薩長史観=王政復古史観이 영향을 미치고 있다고 생각된다. 이러한 역사관에서 본다면 신센구미는 시대착오적인 반동집단인지도 모른다.

그러나 신센구미의 모태가 되는 낭인부대의 부대원 대부분이 그 당시 진보적인 정치신념인 존왕양이주의자들이었으며, 저자가 지적했듯이, 시간이 흐름과 동시에 신센구미는 조직화·관료화·장비와 군복의 서양화 등을 추진했다는 점에서, 신센구미의 일반적인 이미지인 '무사 중의 무사', '최후의 무사'(이러한 점 때문에 『바람의 검심』같은 만화가 만들어지고 널리 읽혀졌는지도 모른다)로는 전부 설명될 수 없는 측면들이 있다. 게다가, 잔존 신센구미를 포함해 최후까지 저항했던 구막부군이 구성한 하코다테 정부의 구성·운영 방법 등을 보면 결코 시대에 역행하는 반동집단이라는 관점에서는 설명될 수 없는 부분들도 있다. 오히려 신센구미를 포함한 구막부군과 사쓰마·조슈를 중심으로 한 왕정복고파는 근대국가 창설을 둘러싸고 주도권 다툼을 했다고 보는 편이 더 타당할지도 모르겠다.

보기에 따라서는, 국가와 황실에 대한 충성심으로 가득 찬 존왕주의자들만이 등장하는 듯한 단조로운 일본근대사에, 어쩌면 조금은 재미를 보태주는 존재가 신센구미일지도 모른다. 판단은 이 책을 읽은 독자들의 몫이리라.

그런데 역자가 『신센구미』를 번역하게 된 데에는 또 다른 이유가 있다.

본서가 다루는 시기와 내용이 역자의 전공과 일치하기 때문에 조금이라도 오역이 적은 번역을 할 수 있지 않겠는가 하는 생각에서였다. 일본어로 쓰인 도서는 많은 사람들이 번역을 하고 있는데, 비전공자가 번역을 하다 보니 웃지 못할 오역이 이루어지고 있다. 역자가 접한 기초적인 번역 실수 중엔 더글라스 맥아더Douglas MacArthur(1880~1964) 장군의 'マッカーサー'를 필리핀 전 대통령 막사이사이Ramón Magsaysay(1907~1957)로 번역한 경우와, 『논어論語』 안연顔淵 12편에 나오는 "군군신신부부자자君君臣臣父父子子"라는 문장에서 군주의 군君을 2인칭의 '그대'로 번역한 사람도 있었다. 이러한 실수는 일본어의 문제라기보다는 전공지식과 관련된 문제라고 할 수 있다.

그러나 일본어에 대한 이해와 직결되는 문제도 있다. 예컨대, 한자의 음이나 훈을 그 글자의 의미와는 관계없는 일본어에 대응시킨 차자借字(즉 아테지[当て字])나 읽지 않는 한자를 한글 문장 속에 그대로 표기하는 경우가 많다. 이러한 결과로 오늘날 우리글 속에 생경한 일본어가 한자의 모습을 빌어서 그대로 살아남아 우리말을 훼손하고 있다. 이러한 현실을 감안할 때 전공자가 전공 분야의 도서를 번역하는 것이 오도된 지식을 전달하는 것을 최소화할 수 있는 방법이라 생각한다.

일본사 관련 서적의 번역은 적어도 ① 전공의 여부, ② 역사적 사건과 관련된 용어, 직책명에 대한 이해, ③ 인명에 대한 이해, ④ 일본어 문장 중 한자에 대한 이해(즉, 일본어 문장속의 한자는 기본적으로 일본어라는 원칙에서 번역에 임해야 함) 등 4가지 요소를 소화할 수 있어야 큰 오역이 없는 번역을 할 수 있다고 생각한다. 이 책 또한 이러한 관점에 입각하여 번역을 하였으나 오역의 비난에서 완전히 자유로울 수는 없을 것이다.

다음으로 『신센구미』와 관련하여 만화 『바람의 검심』에 대해 몇 가지

설명을 하고자 한다. 한국에서『바람의 검심』으로 번역된 원작은, 와쓰키 노부히로和月伸宏(1970~)의『루로니 겐신 메이지켄카쿠로만담るろうに剣心: 明治剣客浪漫譚』이다. 미국을 비롯한 외국에서는 로마자로『Rurouni Kenshin(루로니 겐신)』, 혹은『Samurai X(사무라이 엑스)』로 소개되었다.

이 만화는 슈에이샤集英社의『주간 소년 점프週刊少年ジャンプ』에서 1994년부터 1999년까지 연재되었고, 단행본으로는 전 28권까지 간행되었다. 이후 만화영화로도 제작되었다. 'るろうに(루로니)'는 작자가 만든 용어로, 한자 표기는 '유랑인流浪人'이다.[1] 그리고 미국 등지에서『Samurai X(사무라이 엑스)』로 소개된 이유는, 작중 주인공인 히무라 겐신緋村剣心의 왼쪽 볼에 X자 모양의 큰 칼자국이 있기 때문이라고 한다.[2]

등장인물의 이름에는 작자의 출신지인 니가타현, 특히 구舊 고시지마치越路町를 포함하는 나가오카시長岡市와 관련이 있는 지명이나 신사의 이름이 많이 사용되고 있다.

메이지 시대 초기의 일본을 무대로 하는 이 만화의 등장인물이나 무술의 유파는, 일부를 제외하고는 가공적인 것이나, 적보대赤報隊나 신센구미新選組, 그리고 1878년(메이지 11) 5월14일의 오쿠보 도시미치大久保利通암살사건 등은 역사적 사실로, 작자는 이러한 역사적 사실을 스토리의 전개상 중요한 국면 전환점에 접목시키고 있다. 이하, 등장인물과 그 모델이 되었던 신센구미 및 역사적 실존 인물을 간략히 소개하고자 한다.

주인공 히무라 겐신緋村剣心의 모델은, 막말 4대 살인마[3] 중의 한 사람으로

---

1 '유랑인'의 일본어 음은 루로닌(るろうにん)이다. 작자가 어떤 이유로 'るろうに'까지만 표기하게 되었는지 궁금해서 역자의 일본인 지인에게 물어보니, 'るろうにんけんしん'보다는 'るろうにけんしん'이 발음하기 편해서 그렇게 하였다는 설이 있다고 알려주었다.
2 역자도 가까운 비디오대여점에『바람의 검심』1권을 대출하여 직접 확인을 했다.
3 막말 4대 살인마는, 히고번사 가와카미 겐사이(河上彦齋), 사쓰마번사 나카무라 한지로(中村半

'살인마 겐사이人斬り彦斎'라는 이명을 가졌던 가와카미 겐사이河上彦斎(1834~1872, 히고번사肥後藩士, 존왕양이파)다.

우도 진에鵜堂刃衛는 같은 막말 4대 살인마 중의 한 명인 오카다 이조岡田以藏를 모델로 하고 있다.

사가라 사노스케相楽左之助의 이름은 신센구미 10번조장 하라다 사노스케原田左之助에서, 시노모리 아오시四乃森蒼紫의 이미지는 신센구미 부장 히지카타 도시조土方歳三, 세타 소지로瀬田宗次郎는 신센구미의 오키타 소지沖田総司, 다케다 간류武田観柳는 신센구미의 다케다 간류사이武田観柳斎, 사이토 하지메斎藤一는 신센구미의 사이토 하지메 등에서 유래한다.

그 외에, 역사적 실존인물로서는, 야마카타 아리토모山県有朋, 사가라 소조相楽総三, 오쿠보 도시미치大久保利通, 가와지 도시요시川路利良, 가쓰라 고고로桂小五郎, 다카스기 신사쿠高杉晋作 등이 등장하고 있다.

끝으로, 일본에서의 신센구미 연구는 어떠한지 소개하고자 한다.

일본에서는 최근까지 히지카타 도시조와 오키타 소지의 연구에 편중되어왔다. 거기에는 이유가 있는데, 시바 료타로司馬遼太郎의 소설 『신센구미혈풍록新選組血風錄』과 『불타는 검燃えよ劍』(한국에는 『타올라라 검』으로 번역되었음―역자 주)과 이것을 원작으로 겟소쿠 신지結束信二가 각본을 쓴 동명의 두 TV영화의 주인공이 히지카타 도시조였다. TV영화에서는 히지카타 도시조역으로 구리즈카 아사히栗塚旭, 오키타 소지역은 시마다 준지島田順司가 맡았다. 둘 다 큰 인기를 끌었는데, 히지카타는 원작만큼 인기를 끌었고 오키타는 원작을 뛰어넘는 폭발적인 인기를 끌었다.

次郎, 후일의 기리노 도시아키[桐野利秋]), 도사번사 오카다 이조(岡田以藏), 사쓰마번사 다나카 신베(田中新兵衛)의 4명이다.

참고로 연도를 소개하면 두 개의 원작의 간행과『신센구미 혈풍록』의 방영이 1960년대 중반,『불타는 검』의 방영은 1970년이었다. 현재 신센구미 연구의 제일선을 담당하고 있는 사람들의 대부분은 시바 작품이나 TV영화를 통해 신센구미의 팬이 되었으며, 히지카타, 오키타, 그 외의 많은 인물들에 대한 연구에 몰두했다고 자인하고 있다.

　　이에 반해 곤도 이사미는 인기가 없다. 시바의 작품에서는 머리가 조금 둔한 남자로 묘사되었고, TV영화에서는 곤도역을 맡았던 후나바시 겐船橋元이 배우로서 구리즈카나 시마다보다는 대선배였음에도 불구하고 조연에 머물렀다. 소설이나 영화에 영향을 받은 많은 사람이 신센구미 연구에서 곤도 이사미를 경시하고 있는 점은 지적하지 않을 수 없다.

　　히지카타 도시조와 오키타 소지는 긴 편지를 쓴 적이 없다. 때문에 1970년에는 특히 오키타에 관한 픽션이 많았다. 오키타에 대해서 많은 저작이 있는 오우치 미요코大內美子子의 최초 작품인『오키타 소지沖田総司』(新人物往来社, 1972년)는 소설이다. 오우치의 선배 격으로 오키타에 관해 다수의 저작을 낸 모리 마키코森満喜子는 그중 하나에『소설 오키타 소지小說 沖田総司』(新人物往来社, 1978년)라고 확실하게 소설이라고 명기했다.

　　그 후 연구자들에 의해 히지카타나 오키타뿐만이 아니라, 사이토 하지메斉藤一, 야마자키 스스무山崎烝, 하라다 사노스케原田左之助, 시마다 가이島魁, 다치카와 지카라立川主税 등과 같은 유명하지 않았던 대원들의 연구가 진행되어, 히지카타 등과 같은 유명한 대원들의 실상규명에 큰 도움을 줌과 동시에 신센구미 전체의 연구 수준을 향상시키기도 했다.『신센구미 사료집新選組史料集』(1993),『신센구미일지新選組日誌』상·하(1995), 1998년에는 논문집『신센구미연구최전선新選組研究最前線』상·하 두 권,『신센구미대사전新選組大辭典』(1994)에 이어, 2001

년에는 『신센구미대인명사전新選組大人名事典』 상·하 두 권이 간행되었다.

옮긴이는 이 책을 번역함에 있어 가능한 한 사건명, 직책명, 인명 등의 정확성에 최선을 다하려고 했으나, 그중에는 역자의 미력함 때문에 확인하지 못한 것들도 있으며 오역도 있을 것이다. 독자 여러분들의 비판으로 바로잡을 수 있다면 기쁨으로 여기겠다. 하루속히 한국에 일본사가 뿌리를 내려 학문으로서 자립하기를 바란다.

이 글을 맺으면서 역자에게 논형을 소개해주신 박동성 박사님과 논형 출판사의 소재두 사장님, 그리고 편집부에도 감사 인사를 드린다.

마지막으로 오늘의 역자가 존재할 수 있도록 도움을 주신 모든 분과 이 책과 인연을 맺은 독자 여러분에게도 감사의 말씀을 드린다.

2009년 6월

이 원우

■ 사료

日本史籍協会 편,『会津藩庁記録 1~6』(1918~1926년 초판, 1969년 복각, 日本史籍協会叢書 1~6, 東京大学出版会)

1863년(분큐 3) 1월부터 1864년(겐지 원년) 말까지의 사료집. 아이즈번주 마쓰다이라 가타모리(松平容保)가 교토슈고쇼쿠(京都守護職)로서 교토에 체재하고 있었던 시기의 것이다. 교토의 번저와 에도번저·아이즈번청과의 왕복 문서를 교토번저에서 수집한「密事文書」, 조정과 막부 간을 주선한 비사를 기재한「公武御用達控」, 조정과 막부, 각 번과의 내정을 탐문한「見聞録」, 주선 담당자(公用方)인 히로사와 야스토(広沢安任)의 개인 기록인「鞅掌録」, 그 외의 사료를 수록하고 있다.

日本史籍協会 편,『朝彦親王日記 1·2』(1929년 초판, 1969년 복각, 日本史籍協会叢書7·8, 東京大学出版会)

나카가와노미야 아사히코 친왕(中川宮朝彦親王, 1824~1891), 후일의 구니노미야(久邇宮)의 일기. 나카가와노미야는 후시미노미야 사다유키 친왕(伏見宮貞敬親王)의 11남. 고메이 천황의 신임을 얻어 공무합체파의 중심인물로서 활동했다. 일기는 1864년 7월부터 1867년 9월까지로, 조정이나 막부를 비롯한 정치 동향에 관한 기사가 많이 보인다.

橋本博 편,『改訂維新日誌 1~10』(名著刊行会, 1966년)

1868년 2월부터 1877년 1월까지의 10년간, 태정관에서 반포된『太政官日誌』에「江城日誌」, 「鎮台日誌」, 「鎮将府日誌」, 「東京城日誌」등을 포함해, 1877년에 사법성이 간행한「憲法志料」를 부록으로 부친 다음, 편자가『維新日誌』로 이름 붙인 것이다. 그 뒤『太政官日誌』는 오늘날의 관보의 전신인 포고류를 수록해서 1868년부터 1877년까지 간행되었다.

『加賀藩史料』幕末 편(1958년 초판, 1980년 복각, 前田育徳会発行, 清文堂出版)

가가번의 편년 사료집. 헤키 겐(日置謙) 편, 侯爵前田家編集部刊行. 가나자와번의 역사와 번주 마에다가의 역사를 합쳐서 1538년부터 1847년까지의 사료를 수록하고 있다. 이 책에서 사용한 막말편은 이 사료의 후속편으로 상·하권으로 되어 있으며, 1848년부터 1871년까지의 사료를 수록하고 있다.

「覚王院義観戊辰日記」(日本史籍協会 편, 『維新日乗纂輯 5』, 1928년 초판, 1969년 복각, 日本史籍協会叢書 14, 東京大学出版会)

우에노토에이잔(上野東叡山)의 싯토(執当, 서무를 총괄하는 직)를 역임한 가쿠오인 기칸(覚王院義観, 1823~1869)의 일기. 기칸은 쇼기타이에 참가해서 주전론을 전개한 인물이다. 우에노전쟁의 패전이나, 린노지노미야(輪王寺宮)를 추대해서 북쪽으로 향한 실태 등을 기록하고 있다.

日本史籍協会 편, 『甲子雜錄 1~3』(1917년 초판, 1970년 복각, 日本史籍協会叢書 52~54, 東京大学出版会)

오와리의 통속작가(戯作者)인 고데라 교쿠초(小寺玉晁)가 시국에 관련해서 수집한 정치·사회·풍속 등에 관한 사료 중에 1864년 정월부터 12월까지 분을 편년으로 정리한 것이다.

日本史籍協会 편, 『楫取家文書 1·2』(1931년 초판, 1970년 복각, 日本史籍協会叢書 55·66, 東京大学出版会)

조슈번사 가토리 모토히코(楫取素彦)와 관련된 사료. 1865년부터 2년에 걸쳐 히로시마를 무대로 한 막부와의 대응을 정리한 「히로시마 응접 일건 서류」 외에, 금문의 변에 연루하여 친척집에 연금(親類預)되었을 때에 편집한 「篋秘錄」, 1865년과 1866년에 번명(藩命)으로 다자이후이후에 출장하여 산조 사네토미(三条実美) 등 5명의 구게를 방문했을 때의 기록 「太宰府滞留五卿関係書類」 등 기타 사료를 수록하고 있다.

日本史籍協会 편, 『官武通紀 1·2』(1913년 초판, 1976년 복각, 續日本史籍協会叢書 17·18, 東京大学出版会)

센다이번사 다마무시 사다유야스시게(玉虫左太夫誼茂, 1823~1869)가 번명에 의해 1862년부터 1864년까지의 기간에 수집한 자료들이다. 사다유는 보신전쟁 중인 1868년 10월에 신정부군에 붙잡혀 1869년 4월에 할복을 했다.

佐藤昱, 『聞きがき新選組·新装版』(新人物往来社, 2003년)

히노숙역 촌장인 사토 히코고로의 손자 사토 히토시(佐藤仁)가 집필한 가사(家史)인 「籬蔭史話」 상~하편 중, 중편을 증손자인 사토 아키라(佐藤昱)가 편집·간행한 것이다. 사토가(佐家)의 문서나 전승(傳承) 등에 입각해 곤도·히지카타·신센구미의 일화 등을 수록했다.

日本史籍協会 편 『吉川経幹周旋記 1~6』(1926~1927년 초판, 1970~1971년 복각, 續日本史籍協会叢書 68~73, 東京大学出版会)

이와쿠니(岩国)번주였던 깃카와 쓰네마사가 종가인 야마구치번주 모리 다카치카(毛利敬親)를 도와서 국사(國事)를 주선했던 경위를 편술한 기록이다. 1853년 여름에 시작하여 1868년 6월까지의 기록이다.

山川浩, 『京都守護職始末 1 · 2』(1911년 초판, 1965~1966년 복각, 平凡社 東洋文庫)

아이즈번사 야마카와 히로시(山川浩, 1845~1898)가 1862년에 번주 마쓰다이라 가타모리가 교토 슈고쇼쿠에 취임했을 시 상경하게 되어 측근으로 견문한 것을 기록한 것이다. 기간은 1862년에 교토슈고쇼쿠를 설치한 때부터 1868년 도바 · 후시미전쟁까지다.

杉浦清助, 「苟生日記」(須藤隆仙 편, 『箱館戦争史料集』, 新人物往来社, 1996년)

저자는 구막신이다. 가이고쿠부교하의 관리(外国奉行支配定役), 포병지휘관(砲兵差図役頭取奥), 오쿠즈메총대(詰銃隊) 등을 역임했다. 1868년 구막부 해군에 참가. 하코다테 정부에서는 단속역(頭取) · 외교담당(外国掛)으로서 각국 영사관과 교섭을 맡았다. 하코다테전쟁이 끝난 뒤에는 누마즈군사학교(沼津兵学校)의 교수대우, 해군성주계부(海軍主計副)를 역임했다. 「苟生日記」는 1868년 정월 1일부터 1869년까지의 스기우라 개인 기록이다.

『孝明天皇紀 1~5』(1907년 초판, 1967~1969년 복각, 平安神宮発行, 吉川弘文館)

고메이 천황 일대의 편년 사료로, 출생한 1831년 6월 14일부터 사망한 1866년 12월 29일까지의 36년에 이른다. 1891년 5월에 공작인 산조 사네토미 등 9명의 화족이 천황의 업적을 후세에 전할 것을 제안해, 다음해인 1892년 정부는 고메이천황업적조사과(先帝御事跡取調掛)를 설치하고 편찬하게 했다.

日本史籍協会 편, 『再夢紀事 · 丁卯日記』(1922년 초판, 1974년 복각, 續日本史籍協会叢書 105, 東京大学出版会)

에치젠 후쿠이번주 마쓰다이라 요시나가를 섬긴 번사 나카네 셋코(中根雪江)의 기록이다. 『再夢紀事』는 1862년 4월 25일부터 8월 27일까지 사이에 생긴 일들을 중심으로 기록하고, 「丁卯日記」는 1867년 10월 13일부터 12월 그믐까지 발생한 사건들을 기록하고 있다.

史談会 편, 『史談会速記録 · 합본 1~44』(1900년 초판, 1972~1976년 복각, 原書房)

사담회(史談会)는 1888년에 궁내성으로부터 시마즈 · 모리 · 야마우치 · 미토 등 4가(家)에 대해서 1853년부터 1871년까지의 국사(國事)에 관해서 조사하도록 하명이 있어 시마즈가 이외의 유력 번주가(雄藩家)들이 모인 것에서 시작되었다. 『史談会速記録』은 매월 월례회의 담화속기를 게재한 것이다. 정치 · 전기(戰記) · 인물관계가 중심이다. 1892년에 제1집을 발행하고 1938년에 제411호가 발행된 것이 확인되고 있다.

永倉新八, 「七ヶ所手負場所顕ス」(新人物往来社 편, 『新選組史料集日』, 1995년)

나가쿠라 신파치가 1911년 12월 7군데에 상처가 난 유래를 기록한 것이다. 연대순으로 1863년 6월의 오사카 스모선수와의 난투, 1864년 6월의 이케다야사건, 7월의 금문의 변, 덴노산전투, 1868년 2월 에도의 스자키(洲崎)유곽에서의 싸움, 4월 미부성의 전투, 윤 4월 닛코가도 자우스산의 전투 등에 관한 모습들을 기록하고 있다.

日本史籍協会 편,『七年史 1~4』(1904년 초판, 1978년 복각, 續日本史籍協会叢書 1~4, 東京 大学出版会)

아이즈번사 기타하라 마사나가(北原雅長)가 기록한 아이즈번 통사다. 기타하라는 금문의 변에서 보신전쟁 동안 각지에서 싸운 경력을 가진 자로서 아이즈번이 관계된 여러 사건을 중심으로 정리한 것이다. 대상 시기는 1862년 정월에서 1869년 12월까지의 7년간이다.

島田魁,「島田魁日記」(木村幸比古 편·역,『新選組日記』, PHP新書, 2003년)

원본은 영산역사관(霊山歴史館) 소장의 2책본(二冊本)으로, 저자인 신센구미 대원 시마다 가이는 하코다테전쟁 후에 쇼묘지(稱名寺)에 수용되었다가, 나고야성으로 다시 옮겨졌는데, 이 무렵에 쓰인 것으로 추측된다. 1863년 2월의 로시구미 상경에서 1869년 5월의 고료카쿠 함락때까지의 신센구미 통사다.

子母澤寛,『新選組遺聞』(万里閣書房, 1929년, 中公文庫, 1977년)

「도쿄 니치니치신문」의 기자였던 시모자와 간(子母澤, 1892~1968)이 미부의 야기타메사부로나 곤도 유고로 등으로부터 청취한 것을 정리한 것이다. 시모자와의 조부는 게닌(家人)으로 구막부군으로서 쇼기타이(彰義隊)와 고료카쿠 등에서 싸웠다. 고로(古老)의 증언으로 사료로서는 귀중하지만, 틀린 곳도 발견된다는 점에서 비판적인 검토가 필요하다.

西村兼文,「新撰組始末記」(1889년 탈고, 新人物往来社 편,『新選組史料集』, 1995년)

니시무라 가네후미(1832~1896)는 신센구미가 주둔소로 사용했던 니시혼간지의 사무라이(侍)로, 직접 견문한 것과 취재한 것을 자료로 집필한 것이다. 근왕가의 입장에서 신센구미에 대해서 기술하고 있다.

子母澤寛,『新選組始末記』(万里閣書房, 1928년, 中公文庫, 1977년)

1923년경부터 고로 등의 이야기를 수집해 신센구미 이야기를 집필한 것이다. 서문에 "역사를 기술할 생각은 없다. 단지 신센구미에 대한 항간의 여러 이야기 혹은 사실(史實)을 지극히 구애됨이 없이 정리한 것에 지나지 않는다. 따라서 기록문서의 번잡한 것은 가능한 한 피했다"고 밝혔듯이, 사실관계에 대해서는 주의를 필요로 한다.

永倉新八,『新装版·新撰組顛末記』(新人物往来社, 1998년)

1913년 3월 17일부터 6월 11일까지「永倉新八」라는 제목으로「小樽新聞」에 연재된 나가쿠라 신파치의 회고담을 정리한 것이다.

菊地明·伊東成郎·山村竜也 편,『新選組日誌·コンパクト版』상·하(新人物往来社, 2003년)

1834년부터 1869년까지 신센구미에 관한 사료를 편년체로 정리한 것으로, 신센구미에 관해서 가장 기초적인 사료집이다. 본서도 이 사료집에서 많은 부분을 의존하고 있다.

子母澤寬, 『新選組物語』(春陽堂万, 1932년, 中公文庫, 1977년)

『子母澤寛新選組』3부작 중의 세 번째 작품. 1931년의 『문예춘추』 연재를 정리한 것이다. 서명에 「物語」가 있듯이, 앞의 두 작품에 비하면 창작성이 강하다.

石川忠恕, 「説夢録」(須藤隆仙 편, 『箱館戦争史料集』, 新人物往来社, 1996년)

초판은 1895년이며, 저자는 구막신으로 우에노전쟁 후에 막부군함에 승선하여 하코다테 정부의 에사시부교조사역을 역임했다. 시나가와 앞바다의 구막부함대의 탈출에서 하코다테전쟁까지의 기록이다.

黒板勝美・国史大系編修会 편, 『新訂増補国史大系・徳川実記 4・5』(吉川弘文館, 1984년)

에도 막부가 장군의 행적을 중심으로 편집한 사서. 초대 도쿠가와 이에야스에서 10대 이에하루까지를 『徳川実記』, 11대 이에나리에서 15대 요시노부까지를 『續徳川実記』로 부른다. 『徳川実記』는 1799년에 하야시 줏사이(林述斎)의 건의에 의해 시작되어, 1809년에 원고를 쓰기 시작해 1843년에 완성을 해 막부에 헌상되었다. 계속해서 『續徳川実記』의 편집이 진행되었지만, 미완인 채로 막말을 맞이하게 되었다.

立川主税, 「立川主税戦争日記」(新人物往来社 편, 『新選組史料集』, 1995년)

1867년에 교토에서 입대하여 하코다테전쟁 동안에는 히지카타 도시조의 속관(屬官)이 된 다테카와 지카라(立川主税, 1835~1903)가 1868년 3월 고슈 가쓰누마전쟁에서 1869년 5월 하코다테전쟁 종료까지의 경과를 기록했다. 원문서는 존재하지 않고, 히지카타 도시조의 생가에 사본이 존재한다.

日本史籍協会 편, 『丁卯雑拾録 1・2』(1922년 초판, 1972~1973년 복각, 日本史籍協会叢書 140~141, 東京大学出版会)

오와리의 통속작가인 고데라 교쿠초가 1867년 정월부터 12월까지의 정치・경제・문화에 관해서 수집한 사료를 편년체로 정리한 것이다.

日本史籍協会 편, 『東西紀聞 1・2』(1917년 초판, 1968년 복각, 日本史籍協会叢書 142~143, 東京大学出版会)

오와리의 통속작가인 고데라 교쿠초가 1863년 정월부터 12월까지의 정치・경제・문화에 관해서 수집한 사료를 편년체로 정리한 것이다.

日本史籍協会 편, 『徳川慶喜公伝・史料編 1~3』(1918년 초판, 1975년 복각, 續日本史籍協会 叢書 1~3, 東京大学出版会)

에도 시대 산쿄(三卿)의 하나인 히토쓰바시가(一橋家)와 막부에 근무하고, 메이지기에는 실업가로서 활동을 한 시부사와 에이이치(渋沢栄一, 1840~1931)가 옛 주인 도쿠가와 요시노부를 위해 수집한 사료를 본전(本伝) 4권, 사료편 3권으로 정리한 것으로, 1842년 10월부터 1869년 9월까지의 사료를 편년으로 수록하고 있다.

中島登, 「中島登覚え書」(新人物往来社 편, 『新選組史料集』, 1995년)

1867년 만추 이후, 정식으로 신센구미 대원이 된 나카지마 노보리(中島登, 1838~1887)가 1868년 3월의 고슈 가쓰누마전쟁에서 기타간토, 아이즈, 하코다테 등의 전쟁 경과를 상세하게 기록하고 있다. 성립은 1869년 6월부터 9월 사이로 되어 있다. 원문서는 존재하지 않고 히지카타 도시조의 생가에 사본이 존재한다.

日本史籍協会 편, 『中山忠能履歴資料 1~10』(1932~1934년 초판, 1974~1975년 복각, 日本 史籍協会叢書 159~168, 東京大学出版会)

궁내성이 나카야마 다다야스(中山忠能,1809~1888)의 사적(事績)조사를 했을 때에 편찬한 사료 집. 교토의 나카야마가(中山家)문고에 소장되어 있던 명령서(達書), 건백서, 풍문서 등을 1852년부터 1869년까지 대부분 편년체로 수록하였다. 나카야마 다다야스는 왕정복고 때 중심적인 역할을 한 구게다. 의주, 국사담당역(國事掛)으로서 활동을 했다. 장녀인 요시코(慶子)는 고메이 천황의 곤스케(權典侍)로서 메이지 천황의 생모다.

小杉直道, 「麦叢録」(大鳥圭介述・中田薰村 편, 『幕末実戦史』, 幕末維新史料叢書 9, 新人物 往来社, 1969년)

하코다테 정부의 에사시부교를 역임한 고스기 나오미치가 하코다테전쟁 패전후 쓰가루의 히로사키(弘前)에서 유폐 중에 전쟁에 관한 것을 회고해서 기록한 것. 초판은 1874년 간행.

脇田修・中川すがね 편, 『幕末維新大阪町人記録』(清文堂史料叢書 제70권, 清文堂, 1994년)

오사카 조닌 히라노야 다케베(平野屋武兵衛, 1801~?)가 막말에서 메이지에 걸쳐 기록한 일련의 기록물. 일기, 메모(留書), 여행기, 오사카에서 유행한 노래의 채록 등. 막말・유신기의 오사카의 사회문화 상황을 알 수 있다.

大鳥圭介述・中田薰村 편, 『幕末実戦史』(1911년 초판, 幕末維新史料叢書 9, 續日本史籍協 会叢書 제4기, 1981년 복각, 新人物往来社, 1969년)

막신으로 보병부교가 된 오토리 게이스케(大鳥圭介)가 『舊幕府』, 『同方會報告』에 발표한 「南柯紀行」, 「獄中日記」를 나카다 쇼손(中田薰村)이 편집을 해서 1911년에 『幕末実戦史』라는 제목으로 간행을 했다. 1868년 4월의 에도 탈주에서부터 1870년에 이른다. 부록인 「衝鋒隊戦史」는 편자 나카무라가 충봉대 사관일지를 기초로 해서 현존하는 대원의 청취록을 인용하면서 편찬한 것이다. 그리고 「獄中日記」에 대해서는 日本史籍協会 편, 『維新日乗纂輯 3』(1926년 초판, 1969년 복각, 日本史籍協会叢書 12, 東京大学出版会)에도 수록되어 있다.

勝海舟全集刊行会 편, 『幕末日記』(勝海舟全集 1, 講談社, 1976년)

막말・메이지기의 막신・정치가인 가쓰 가이슈(勝海舟)가 기록한 1867년 10월부터 1868년 정월 29일에 이르는 「慶応四年戊辰日記」와, 1862년 윤 8월부터 1868년 4월에 이르는 「幕末日記」를 수록하고 있다.

関川平四郎, 「箱館軍記」(須藤隆仙 편, 『箱館戦争史料集』, 新人物往来社, 1996년)

원본은 에사시초(江差町) 교육위원회소장. 세키카와는 당시 에사시초에 거주하며 회선업(廻船業), 금융업, 양조업 등을 경영하며, 마쓰마에번(松前藩)의 어용상인(御用達), 마치토시요리(町年寄, 마치의 대표자) 등을 역임했다. 시민의 눈으로 본 하코다테전쟁의 모습이 기록되어 있다.

大野右仲, 「函館戦記」(新人物往来社 편, 『新選組史料集』, 1995년)

이전에 히젠(肥前) 가라쓰번(唐津藩) 번사로 신센구미 대원이 되어 히지카타 도시조의 측근을 역임한 오노 우추(大野右仲)가 1869년 4월부터 5월에 걸쳐 하코다테 전쟁의 모습을 기록한 것이다.

杉浦梅潭, 『箱館奉行日記』(杉浦梅潭日記刊行會 발행, みずうみ書房, 1991년)

요쇼시라베쇼(洋書調所) 책임자(頭取)와 나가사키부교를 역임한 다음, 1866년부터 4년 간에 걸쳐 하코다테부교를 근무한 스기우라 바이탄(杉浦梅潭, 1826~1900)의 일기. 하코다테부교의 직무와 실태를 알 수가 있다.

秦林親, 『秦林親日記』(新人物往来社 편, 『新選組史料集』, 1995년)

1864년에 이토 가시타로와 함께 신센구미에 가입한 하타 시게치카 즉, 시노하라 다이노신 (1828~1911)이 이토파의 입장에서 기록한 기록. 자서전 부분과, 1865년 7월부터 1874년 4월에 이르는 기록 부분으로 되어 있다. 막부 - 조슈전쟁시에 히로시마 출장, 천황능지기, 보신전쟁 등에 관한 기사가 상세하다. 「秦林親日記」는 日本史籍協会 편, 『維新日乗纂輯 3』(1926년 초판, 1969년 복각, 日本史籍協会叢書 12, 東京大学出版会)에도 수록되어 있다.

鈴木棠三 · 小池章太郎 편, 『藤岡屋日記 10~15』(近世庶民生活史料, 三一書房, 1991~1995년)

에도의 소토간다(外神田)에서 헌책방을 경영하는 스도 요시조(須藤由蔵, 1793~?)가 1804년에서 1868년까지 시내에 포고했던 법령(마치후레[町触]),막부 정치관계, 천재기근, 소문(風評), 익명의 세상풍자 노래(落首) 등을 기록한 것이다.

末松謙澄, 『防長回天史上 · 下』(柏書房, 1967년)

조슈번을 중심으로 한 막말유신의 역사서. 1888년 궁내성은 시마즈 · 미토 · 야마우치 · 모리 등 각 다이묘가에 대해서 막말의 사적(事蹟) 편찬을 명령했다. 모리가(毛利家)에서는 1896년 말, 스에마쓰 겐초가 총재가 되어 야마지 아이잔(山路愛山), 사카이 도시히코(堺利彦) 등이 편찬사업에 참가하며 진행되었다. 1899년에 사업이 완료되어 인쇄가 시작되었지만 곧 중지되었다. 스에마쓰는 모리가의 양해를 구해 자력으로 『防長回天史』라는 서명으로 간행해, 1920년에 전 12권의 간행을 마쳤다.

「星恂太郎日記」(須藤隆仙 편, 『箱館戦争史料集』, 新人物往来社, 1996년)

저자는 센다이번사였지만 탈번하여 보신전쟁 때 귀번해, 번의 정규 군대인 '액병대(額兵隊)'의 지휘자가 되었다. 후일, 번이 신정부에 공순을 표하자 호시는 액병대를 인솔해서 구막부군에 참가한다. 1868년 8월의 액병대 출진에서 10월 27일의 고료카쿠 입성까지를 기록하고 있다.

「戊辰戦争見聞略記」(須藤隆仙 편, 『箱館戦争史料集』, 新人物往来社, 1996년)

주인공인 이시이 유지로(石井勇次郎)는 구 구와나번사. 말 기마경호무사(馬廻り)를 지냈다. 오토리 게이스케와 행동을 함께 했으며, 하코다테 도항시에 신센구미에 가입했다. 이시이의 의뢰로 구와나번의 성의 정문(大手勤め)을 지키는 기마무사(馬廻り)인 다케우치 소다유(竹内惣太夫)가 기록한 것이다. 1867년 6월 14일부터 1869년 11월 23일에 이른다.

日本史籍協会 편, 『淀稲葉家文書』(1926년 초판, 1975년 복각, 日本史籍協会叢書 187, 東京大学出版会)

요도번주인 이나바 마사쿠니(稲葉正邦)가 로주 재직 중인 1864년 5월부터 1868년 2월까지 수취한 서간 · 의견서 · 건백서 · 탐색서 등을 정리한 것이다. 마사쿠니는 1863년에 교토쇼시다이가 되고, 다음해인 4월에 로주가 되었다. 1865년 4월 11일에 사임한 뒤, 다음해 4월 13일에 재임되었다. 1866년 5월의 막정개혁에 즈음해서는 국내 사무총재에 취임, 1868년 2월 21일까지 그 직책에 있었다.

松本順, 「蘭疇自伝」, 『松本順自伝 · 長与専斎自伝』(1902년 집필, 1980년, 平凡社新 東洋文庫)

막말 메이지기의 서양의(蘭方医) 마쓰모토 준(松本順, 1832~1907)의 자전이다. 마쓰모토 준은 에도 시대에는 마쓰모토 료준이라고 칭했다. 난주(蘭疇)는 호. 곤도 이사미나 신센구미와 교류가 있었으며, 보신전쟁시에는 구막부군에 종군하여 오슈(奥州, 일본의 도호쿠 지역) 각지를 전전했다. 자전에는 막말에서 메이지에 걸친 의학의 근대화와 사회의 동정 등이 기록되어 있다.

日本史籍協会 편, 『連城紀聞 1 · 2』(1922년 초판, 1974년 복각, 日本史籍協会叢書 189 · 190, 東京大学出版会)

오와리의 통속작가인 고데라 교쿠초가 1865년 정월부터 12월까지의 정치 · 경제 · 문화 등에 관한 사료를 편년체로 정리한 것.

永倉新八, 「浪士文久報国記事」(木村幸比古 편 · 역, 『新選組日記』, PHP新書, 2003년)

신센구미 대원인 나가쿠라 신파치의 수기로, 1863년 2월의 로시구미 상경에서 1869년 5월의 하코다테전쟁에서 히지카타 도시조의 전사까지의 신센구미의 활동을 기록했다.

전시도록(展示圖錄)

日野市ふるさと博物館 편, 『新選組のふるさと日野: 甲州街道日野宿と新撰組』(新選組フェ
スタin日野実行委員会発行, 2003년 5월)

京都国立博物館 편집, 『特別陣列・新選組史料が語る新選組の実像—圖錄』(「特別陣列・新
選組」圖錄制作委員會 발행, 2003년 9월)

多摩市教育委員会・パルテノン多摩共同企画展, 『新選組の人々と旧富澤家』(多摩市教育
委員会生涯學習振興課文化財係 편집・발행, 2003년 11월)

日野市新選組まちおこし室製作, 『日野宿叢書第二冊・圖錄日野宿本陣: 佐藤彦五郎と新選
組』(日野市 발행, 2004년)

NHK・NHKプロモーション 편집・발행, 『新選組!展』(2004년 3월)